Irmie Schüch-Schamburek

dresscode
woman

Der Style Guide für den
perfekten Auftritt

braumüller
lesethek

Bibliografische Information der Deutschen Nationalbibliothek
Die Deutsche Nationalbibliothek verzeichnet diese Publikation in der
Deutschen Nationalbibliografie; detaillierte bibliografische Daten
sind im Internet über http://dnb.d-nb.de abrufbar.

Printed in Austria

1. Auflage 2010
© 2010 by Braumüller GmbH
Servitengasse 5, A-1090 Wien

www.lesethek.at
www.braumueller.at

Bildquellen:

Giorgio Armani (4, 24, 95, 279/2, 288, 289, 296); Michael Danler (6, 232, 287), Lancôme (10); istockphoto.com/© Valua Vitaly (12, 52);
Dior (13, 14, 22, 27/M., 29, 46, 280/4); Clarins (16); Shiseido (17, 28/u. r.); Maybeline (18/o.); Sensai (26/o., 28/u. l.); Clinique (20, 27/u.,
28/o.); NIVEA (25); MAC (26/u.); Yves Saint Laurent (27/o., 28/M.); Wella (30, 32/o., 99); L'Oreal Paris (32/M.); Marlies Möller (32/u.); Austrian
Hairdressing Award 2010 (34); Boss (45); Pier Antonio Gaspari (49), istockphoto.com/ © Iconogenic (56); istockphoto.com/© ariwasabi (58);
Popp & Kretschmer (61, 136/o., 168, 170, 171, 197, 206, 256, 307, 322/o.); Wolford (70, 82/u., 87, 124, 157); La Redoute (91, 195/M.);
Grüne Erde (97/o.); www.zalando.de (100/o., 135/o., 142/u., 146/o., 154/o., 291); www.mytheresa.com (100/u., 108/3, 136/u., 137/u., 144/u.,
151/o., 152/o., 153/u., 159/o., 159/u., 160/M., 161/M., 162/o., 162/M., 164/o., 164/M., 185/o., 186/o., 187/u., 199, 203/u., 210/1, 210/2,
210/3, 210/4, 211/4, 212/M., 217/2, 226/o., 227/3, 234/3, 234/4, 237/M., 276/u., 300, 324/u.); www.stylebop.com (101/o., 102/o., 103/u.,
105/1, 105/2, 106/1, 106/2, 107/3, 108/1, 108/4, 109/1, 109/4, 132, 132/o., 135/u., 144/o., 145, 146/u., 152/u., 155/o., 163/o., 178, 179,
182/u., 183/u., 184, 185/u., 187/o., 191/o., 202, 203/o., 265/o., 278/o., 322/u., 323/o., 324/o.); www.polyvore.com (101/M.); Otto (101/u.,
105/4, 109/2, 142/o., 168, 174, 175, 192, 278/u., 299); DAKS (102/M.); Guess (102/u.; 107/2, 107/4, 108/2, 109/3, 139/u., 303); Monsoon
(103/o., 138/u., 139/o., 160/o., 160/u., 162/u., 186/u., 195/u., 277/o.); Toscablu (103/M.); Sassoon Professional (104); Bench (105/3); Peek
& Cloppenburg (106/3, 106/4., 107/1, 132/u., 134, 276/o., 311); Triumph (110, 115/2, 118, 120, 122/o.); Intimissimi (113/1, 113/4, 114/u.,
115/1, 115/3, 295); Calvin Klein (113/2, 201, 248, 279/4); Lejaby (113/3); Agent Provocateur (114/o., 122/M., 122/u.); p2 (115/4); Palmers
(116, 117); Esprit (121); Skiny/Huber (123); Calzedonia (126, 127/o., 127/u., 128/o., 129); Falke (127/M., 128/M./ 128/u.); Neckermann
(137/o., 183/o., 263, 264, 265/M., 265/u., 277/u.); Schmitt Schäfer (138/o.); Emilia Lay (146/M.); Trendvision (150/o., 159/M., 164/u., 194);
Madeleine (150/u., 190, 191/u., 195/o., 278/M., 232/u.); Mango (151/u., 153/o., 163/M.); Maronski (154/u.); Karen Miller (155/u.); 7 for all
mankind (155/u.); Napapijri (161/u.); Jones (163/u.); Burberry (182/o.); Pringle (196); Marlene Birger (200, 227/1); Stiefelkönig (210/5); Louis
Vuitton (211/1, 218/2, 231/u., 237/u., 308, 334/2, 334/3); Geox (211/2, 211/5); Humanic (211/3, 212/o., 212/u., 218/3); Hermès (216/1,
216/3, 216/4, 218/4, 231/o., 237/o., 312, 355/4); Aigner (216/2, 239/u.); Etro (217/1); Versace (217/3, 334/4); Cartier (217/4, 251/o.); Camel
(218/1); New Yorker (219); Roland Strasser (220); Dolce&Gabbana (222/1, 222/4); Tom Ford (222/2, 222/3); DSquard2 (223/4, 223/5); Montblanc (222/5, 223/2); Roberto Cavalli (223/1, 223/6); Silhouette (223/3, 326/o.); Marc Cain (226/u.); Gianfranco Ferre (227/2); Nannini (227/4,
266); H&M (229); Mühlbauer (233, 234/1 und 4); Accessorize (234/2, 326); Capo (235, 266/u.); Knirps (239/o.); Piaget (240, 242, 243/u.,
247/u., 253/o., 274); Pandora (243/o., 244/o., 245, 292); Gellner (244/u.); Chopard (246/o., 251/M.); Autore (246/M., 280/1), Chanel (246/u.);
Pomellato (247/o.); Breguet (250/o.); Breitling (250/M.); Bulgari (250/u.); Jaeger-LeCoultre (251/u., 280/2); Longines (252/o.); Omega (252/M.);
Patek Philippe (252/u.); Rado (253/M.); Rolex (253/u.); Zenith (254, 325/o.); Mothwurf (261); Romy Hubegger (266/o.); Golden Times (267);
Picard_Piazza (279/1); Roeckl (279/3); Parfümerie FILZ (280/3); Jörg Kaiser (304); Palido (325/u.); Rimowa (332)

Alle übrigen Fotos: © Caro Strasnik, www.crazypixx.com
Illustrationen: Mag. Marianne Zahel
Zeichnungen Gesichtsformen: Claudia Molitoris

Satz, Layout und Moodboards: reiter ad work, A-8010 Graz
Druck: Druckerei Theiss GmbH, A-9431 St. Stefan im Lavanttal
ISBN 978-3-99100-021-1

Irmie Schüch-Schamburek

dresscode
woman

Der Style Guide für den
perfekten Auftritt

Inhalt

Erfolgsfaktor Styling

So wie die Erzählung „Kleider machen Leute" des deutschen Schriftstellers Gott-fried Keller anschaulich den Aufstieg eines armen Schneiders beschreibt, der auf-grund seiner noblen Kleidung für einen Grafen gehalten wird, ist auch in Wirk-lichkeit das Aussehen oft maßgeblich für Erfolg. Das äußere Erscheinungsbild ist eines der wichtigsten Kommunikationsmittel. Über 60% des Eindrucks und der Erinnerung an eine Person sind der Optik und der Körpersprache zuzuschreiben, circa 30% der Stimme und der Sprache und nur 7% dem Inhalt des Gesagten. Dem Motto entsprechend „ein Blick sagt mehr als tausend Worte" wird die gese-hene Person in Sekundenbruchteilen vom Unterbewusstsein kategorisiert – und da niemand frei von Vorurteilen ist, automatisch bestimmten wertenden Attribu-ten und Klischees zugeordnet. Analysiert man die Wirkung der visuellen Erschei-nung im Detail, ist ein gelungener Auftritt das Zusammenspiel verschiedener Faktoren, an deren Spitze die Gepflegtheit steht. Schließlich vermittelt sie Selbst-bewusstsein, Gesundheit, Vitalität und Leistungsfähigkeit sowie Wertschätzung gegenüber sich selbst und anderen. Danach gilt es, den angemessenen Stil pas-send zur jeweiligen Situation zu finden, um seine Persönlichkeit bestmöglich zu präsentieren und die Erwartungshaltung des Gegenübers positiv zu unterstrei-chen. Dies basiert im Geschäftsleben zumeist auf klassischen Dresscodes, die klar persönliche Werte, berufliche Position sowie die Firmenphilosophie ausdrücken. Entsprechen die Äußerlichkeiten nicht der positiven Erwartung, benötigt man viel Zeit und Energie, um seine Persönlichkeit wieder ins rechte Licht zu rücken. Amerikanische Attraktivitätsforscher haben auch den Zusammenhang von Aus-sehen und Verdienst untersucht und bewiesen, dass als attraktiv wahrgenom-mene Frauen durchschnittlich besser verdienen als ihre weniger ansehnlichen Kolleginnen. Es lohnt sich also – im wahrsten Sinne des Wortes –, dem Aussehen entsprechende Aufmerksamkeit zu widmen.

Das perfekte Erscheinungsbild

„*Moden* vergehen,
Stil bleibt bestehen.“

Yves Saint Laurent
(französischer Couturier)

© Michael Danler

Das Zitat des Modedesigners beschreibt das Wesen der Mode, sich ständig zu verändern und immer wieder neu zu erfinden – wobei es die höchste Schneiderkunst ist, zeitlose Kreationen zu erschaffen, die als Klassiker in die Geschichte eingehen und immer als tragbar gelten. Das Geheimnis eines perfekten Stils liegt in einer vollkommenen Harmonie der Proportionen sowie einer gekonnten Symbiose aus klassischen und modernen Elementen. Es gibt einige Konstanten, die seit Jahrzehnten nur geringfügigen Änderungen unterworfen sind – wie gewisse Kleider- und Kostümschnitte, Stile sowie anlassbezogene Dresscodes. Diese werden durch variable Elemente wie Modefarben, Silhouettenformen, Rocklängen oder Stilelemente ergänzt. Sie unterliegen einem saisonalen Wandel und dienen dazu, dem Look einen aktuellen und modischen Touch zu verleihen. Typisch hierfür sind kleine Details: So mag bei einem Kostüm die Silhouette einmal gerader oder körpernaher geschnitten sein, die Grundschnitte von Jacke und Blazer bleiben aber immer fast gleich. Auch sind einmal Ton-in-Ton-Kombinationen, dann wieder starke Farbkontraste en vogue. Gewisse klassische Farben wie Schwarz, Weiß, Elfenbein oder Beige findet man jedoch in jeder Saison.

Schließlich überholt sich die Mode manchmal selbst und offeriert gegensätzliche Paralleltrends, bei denen es nur mehr auf die individuelle Interpretation ankommt. So können beispielsweise Glockenhosen eines In-Designers – von Kate Moss getragen – das neueste Must-have von Fashionistas sein, für alle anderen hingegen stehen sie zur gleichen Zeit an der Spitze der Out-Liste und wirken im

Alltag peinlich. Zudem gibt es regionale und kulturelle Unterschiede betreffend Farben, Stile und Schnitte. Die richtige Balance zwischen stylish und altbacken zu finden, erfordert Wissen, Geschmack und Mut.

Der strategische Einsatz von Kleidung

Wir benötigen bei Weitem nicht so viel neue Kleidung, wie wir sie in den Wohlstandsländern konsumieren. Sie dient hier in erster Linie als soziales Statement, besonders in der Geschäftswelt, in der kaum Zeit für aufwendiges Sozialengagement ist. Frei nach dem Zitat von Niccolò Machiavelli „Jeder sieht, was Du scheinst. Nur wenige fühlen, was Du bist", sind Kleidung und Accessoires ein wichtiges Zeichen von Status, Macht und Hierarchie, das ganz bewusst eingesetzt werden kann. Beliebtes Tool für subtile Messages an das Gegenüber sind Marken. Eine Rolex am Handgelenk bewirkt eine ganz andere Einschätzung der Person als eine Jaeger-LeCoultre oder gar eine Swatch. Eine Kelly Bag à la Hermès vermittelt eine andere Lebenseinstellung als eine Umhängetasche des italienischen Fashion-Labels Diesel. Auch die Tatsache, ob es das Original, eine gute Kopie oder ein billiges Fake eines Labels oder eines Looks ist, weckt verschiedenste Assoziationen. Zudem spielt die Qualität von Kleidung eine wichtige Rolle. Eine beruflich erfolgreiche Frau trägt keine Polyester-Kostüme, keine abgenutzten Schuhe und schon gar nicht billigen Modeschmuck. Sie stellt ihren Reichtum, Erfolg und ihre Macht nicht durch protzigen Luxus zur Schau, sondern durch subtile Signale, die auch Haltung, Gestik, Mimik und Sprache mit einbeziehen. Laut Moritz Freiherr von Knigge tragen auch die Status-Tugenden Bescheidenheit, Wissen, Gemeinsinn, Erfolg, Dynamik, Weltoffenheit und Tradition – wie ein klingender Name – zu einer entsprechenden Wahrnehmung bei. So ist es für jedermann auf den ersten Blick möglich, die Managerin von einer möglicherweise ebenso anwesenden Sekretärin, Hostess oder Assistentin zu unterscheiden.

Ein gelungener Gesamteindruck ist neben Gepflegtheit und passendem Dresscode auch die Summe vieler kleiner Details wie strategisch gewählte Muster, Schnitte oder Farben. Die Wirkung einer Person kann in hellen, freundlichen Farben, kräftigen Kontrasten oder dezenten gedeckten Farben völlig unterschiedlich ausfallen. Je nachdem, welchen Eindruck man dem Gegenüber vermitteln möchte, können gewisse Stylings Stimmungen forcieren. Hosenanzug und Kostüm mit Bluse wirken immer förmlich, distanziert und unterstreichen in den meisten Branchen die berufliche Kompetenz. Die Kombination eines Twinsets mit Business-Hose oder -Rock wirkt etwas legerer sowie femininer und stellt die Kommunikation auf eine etwas ungezwungenere Stufe. Noch lockerer, schon fast auf privater Basis, wirkt ein Casual-Styling aus Top und einem neutralen Rock.

Auch die Passform des Outfits verrät viel über die Persönlichkeit ihrer Trägerin. Ein korrekt sitzender, hochwertiger Hosenanzug sowie ein perfekt passendes Kleid oder Kostüm wirken geschmackvoll und stilsicher. Eine Disharmonie von Inhalt und Form signalisiert dem Unterbewusstsein hingegen sowohl kleidungstechnisch als auch in Sachen Kompetenz ein Manko. So deutet eine zu groß geschnittene Jacke darauf hin, dass man möglicherweise seiner Aufgabe nicht gewachsen ist, schlecht sitzende Kleidung erweckt im Unterbewusstsein Misstrauen. Ähnliches gilt für die Körperhaltung. Je nach Haltung kann man Geradlinigkeit, Offenheit und Selbstbewusstsein signalisieren, aber auch linkisch, misstrauisch oder arrogant wirken.

Guter Geschmack ist erlernbar

Geschmack und ein feines Gespür für Farben, Formen und Stile können bis zu einem gewissen Grad erlernt werden. Menschen mit musischem Talent haben oft eine natürliche Gabe für ein harmonisches Styling, rational talentierte Menschen sind in Stilbelangen meist weniger geschickt, haben aber dafür ihre Talente in anderen Bereichen. Für diese Gruppe sind möglichst genaue Vorgaben und Informationen wichtig. Sie sollten sich einerseits an den Styling-Knigge halten, der die korrekte Passform beschreibt sowie vorschreibt, wann und wie Stile, Farben und Schnitte zu tragen und zu kombinieren sind, und sich andererseits an modischen Trends orientieren, die bei einem Schaufensterbummel zumeist gut erkennbar oder in Magazinen sowie im Internet leicht zu recherchieren sind und gewisse Richtlinien im Styling vorgeben. Auch die Konsultation eines Farb- und Stilberaters oder eines Personal Shoppers, zumindest aber eine kompetente Beratung im Geschäft ist hilfreich.

Eine geschmackvolle Zusammenstellung der Garderobe sollte nicht nur den 08/15-Anforderungen entsprechen, sondern Feingefühl, Stil und Klasse zeigen. Des Weiteren unterstreicht eine gute Qualität der Bekleidung die Persönlichkeit positiv und ist ab einer gewissen beruflichen Position sowie einem gewissen Alter unerlässlich. Schließlich ist es wichtig, sich in seiner Kleidung wohlzufühlen, wofür ein möglichst hoher Tragekomfort und Authentizität unentbehrlich sind.

Die perfekte Styling-CI

Die hohe Kunst des Stylings versteht es, einer Person eine eigene CI (Corporate Identity) zu geben, einen hohen Wiedererkennungswert, der darüber hinaus auch positiv wahrgenommen wird. Dies kann einerseits durch gewisse Farben, Accessoires, wie etwa durch das ständige Tragen eines Haarreifens, oder eines auffälligen Haarschnittes erreicht werden, andererseits durch das gesamte Styling an sich – was die wesentlich schwierigere, aber raffiniertere Variante darstellt. Die Styling-CI darf allerdings nicht als etwas Absolutes verstanden werden, da verschiedene Anlässe auch verschiedener Outfits bedürfen.

Über die Styling-CI kann auf subtile Art und Weise Nähe oder Abgehobenheit demonstriert, Dazugehörigkeit oder durch das Brechen von Dresscodes gegenüber der Gruppe Abgrenzung signalisiert werden. Es ist eine emotional wirkende Methode, seinem Gegenüber seine Wertsysteme, kulturelle Basis oder Standpunkte zu kommunizieren. Wer es versteht, auf diesem psychologischen Parkett zu tanzen, verschafft sich Vorteile und kann seine Zielsetzungen rascher und effektiver erreichen. Dabei ist es jedoch besonders wichtig, immer seine Glaubwürdigkeit zu behalten.

Stilpersönlichkeiten

„Ändert sich der Zustand der Seele, so ändert dies zugleich auch das Aussehen des Körpers und umgekehrt: Ändert sich das Aussehen des Körpers, so ändert dies zugleich auch den Zustand der Seele." Diese Weisheit von Aristoteles gilt nicht nur für den Körper, sondern auch für Kleidung. Und auch der griechische Philosoph Heraklit weist mit seinem Zitat „Panta Rhei – Alles fließt. Es gibt nichts Dauerhafteres außer der Veränderung" darauf hin, dass die persönliche Entwicklung eines Menschen und somit zumeist auch sein Styling einem stetigen Wandel unterliegt. Schließlich sollen das Innere und das Äußere eine harmonische Einheit bilden, um Persönlichkeit, Charme und Physis bestmöglich zu präsentieren.

Und ebenso wie bei jeder neuen geistigen Programmierung ist auch bei der Bekleidung eine schrittweise Veränderung oft zielführender als eine Radikalkur. So sollten neue Farben vorerst besser dezent eingesetzt und neue Stilelemente anfangs bei Details oder Accessoires ausprobiert werden. Dadurch wird die Garderobe sukzessive ergänzt, der Stil typgerechter und moderner.

Jeder Mensch verkörpert entsprechend seiner Persönlichkeit und Physiognomie einen oder mehrere Stilpersönlichkeiten. Sie bilden die Grundlage der jeweiligen Garderobe, die dann in die verschiedenen Stilrichtungen akzentuiert werden kann. Die häufigsten weiblichen Archetypen sind die Königin, die Weise, die Kriegerin, die Liebende und die Magierin. In jeder Frau steckt zumindest ein kleiner Persönlichkeitsanteil dieser Frauenbilder. Ergänzend dazu finden sich mehrere Abwandlungen, die sich in den verschiedenen Modestilen wiederspiegeln. So kann bei Bedarf je nach Lust, Laune und persönlicher Präferenzen ein passender Stil gewählt werden.

Beauty-
Styling

Bei jedem Gespräch gilt die größte Aufmerksamkeit dem Gesicht des Gegenübers – und es hinterlässt auch den prägendsten Eindruck. Selbst wenn die einzelnen Details nicht bewusst wahrgenommen werden, kategorisiert das Unterbewusstsein das Gesehene innerhalb von Sekundenbruchteilen. Wirken die Augen lebendig und ausdrucksvoll oder müde und abgespannt? Ist der Teint makellos, vital und ebenmäßig oder fleckig, speckig und unrein? Setzen die Lippen farbenfrohe Signale oder sind sie blass und unscheinbar? Entspricht das Make-up dem gegebenen Anlass? Auch Frisur und ein gepflegter Gesamteindruck wie perfekte Fingernägel oder ein exakter Haarschnitt hinterlassen eine bleibende Erinnerung.

Unendlich viele Beauty-Techniken bieten die Möglichkeit kurzfristiger sowie nachhaltiger Veränderungen. Wie ein Schauspieler – allein durch verschiedene Stylings – gänzlich unterschiedliche Persönlichkeiten darstellt, können auch wir uns nach Lust und Laune oder einem bestimmten Anlass entsprechend verwandeln. So verändert eine andere Haarfarbe oder Frisur die Persönlichkeit maßgeblich und auch der Unterschied zwischen einem ungeschminkten Gesicht und einem extravaganten Make-up ist enorm.

Inwieweit die verschiedenen, persönlichen Beauty-Looks variieren, hängt vom Grundtyp, dem Umfeld und der Persönlichkeit jeder einzelnen Frau ab – der Fantasie sind jedenfalls keine Grenzen gesetzt, vorausgesetzt man hat das entsprechende Know-how und weiß, die verschiedenen Beauty-Tools richtig zu nutzen. Einen kleinen Überblick darüber vermitteln die nächsten Seiten.

Perfekt gepflegt

„*Ab 50 ist jede* *Frau*
für ihr *Gesicht* *selbst*
verantwortlich."

Coco Chanel

Ein perfekter Look beginnt mit einer entsprechenden Pflege von Gesicht und Körper. Denn auch geschickt gewählte Farben und ein bis ins kleinste Detail ausgeklügelter Modestil können andauernde Versäumnisse der Hautpflege nicht kaschieren.

Welches Pflegekonzept das passende ist, hängt einerseits von den Anforderungen an den persönlichen Beauty-Look ab und andererseits vom Temperament der Benutzerin. So ist es wenig sinnvoll, eine mehrwöchige Beauty-Kur zu beginnen, wenn der Wille für die regelmäßige Anwendung fehlt. Auch die Pflegebedürfnisse der Haut ändern sich stetig. Im Sommer sind etwas leichtere Konsistenzen als im Winter gefragt. Krankheit, Kälte sowie physischer und psychischer Stress erfordern andere Pflegekonzepte. Um die passenden Produkte zu finden, ist es gut, einen erfahrenen Beautycoach zurate zu ziehen sowie die Produkte vorab zu testen.

Gesichtspflege

© Dior

Das A und O einer effektiven Pflege ist die Gesichtsrei-
nigung, die morgens und abends durchgeführt werden sollte und sowohl alltäglichen Schmutz als auch
tief sitzende Verunreinigungen aus den Poren entfernt. Nach der Reinigungsmousse oder der -lotion
– für besonders empfindliche Haut – sowie etwaigen
Make-up-Entfernern folgt das Gesichtswasser. Es
entfernt die letzten Spuren der Reinigungsprodukte,
schließt die Poren und verhindert Ablagerungen in den Hautzellen. Zudem
erfrischt oder beruhigt es, je nach Ausrichtung, die Haut und bereitet sie perfekt
für die nachfolgende Pflege vor. 1- bis 2-mal wöchentlich sollte das Reinigungs-
ritual um ein Peeling erweitert werden, das abgestorbene Hautschüppchen
gründlich eliminiert und das Hautbild verfeinert. Dadurch dringen Pflegeprodukte
besser in die Dermis ein.

Die Basispflege besteht aus einer Feuchtigkeit spendenden Gesichtscreme für
trockene, lipidarme Haut, einer Lotion für Mischhaut sowie ölige Haut und einer
Augenpflege, auf die auch in jungen Jahren nicht verzichtet werden sollte. Eine
tagsüber einwirkende Gesichtspflege spendet der Haut Feuchtigkeit, schützt vor
Umwelteinflüssen wie UV-Strahlen, Kälte oder Stress und verleiht einen strahlenden, vitalen Teint. Am Abend sind regenerative Eigenschaften gefragt, da die
Zellerneuerung der Haut verstärkt in der Nacht stattfindet. Je nach persönlichen
Ansprüchen und Bedürfnissen minimieren die neuesten Hightech-Pflegeproduk-
te zudem feine Linien und Falten, straffen, mindern Pigmentverschiebungen und
verjüngen das Hautbild. Wichtig: Die Pflege sollte nicht am Kinnrand enden,
sondern auf Hals und Dekolleté ausgeweitet werden. Auch der restliche Körper
verlangt nach einem regelmäßigen Beautyritual inklusive Peeling und Pflege.

Zusätzlich zur Basispflege komplettieren Masken und Seren das perfekte Pflegekonzept. Masken werden üblicherweise 1- bis 3-mal pro Woche ergänzend
vor den Pflegeprodukten, zumeist abends, angewendet und weisen vielfältige
Funktionen auf: Sie haben eine klärende, beruhigende, nährende oder vitalisie-
rende Wirkung und führen der Haut verstärkt Wirkstoffe zu. Zudem bestechen
sie zumeist durch einen vitalisierenden Soforteffekt und garantieren so einen
Beautykick für zwischendurch. Seren sind die wirkstoffreichsten aller Pflegeprodukte und üblicherweise auf besondere Bedürfnisse sowie nachhaltige Wirkung
ausgerichtet. Sie regenerieren, straffen und verjüngen die Haut und minimieren

Falten. Es gibt sie als ein- oder mehrwöchige Kur, als morgendliche und / oder abendliche Ergänzung zur Basispflege, als einmalige Effektpflege sowie zur regelmäßigen, kurzfristigen Anwendung, beispielsweise 1-mal wöchentlich.

Körperpflege

© Dior

Die Körperhaut weist je nach Region völlig verschiedene Hauttypen auf und hat damit unterschiedliche Pflegeansprüche. Im Gegensatz zum häufig sensiblen und trockeneren Dekolleté erscheint der Rücken durch seine höhere Zahl an Talgdrüsen eher fett. Arme und Beine, speziell Ellbogen und Knie, sind bei vielen Menschen stärker beansprucht und Kälte vermehrt ausgesetzt als der restliche Körper, weshalb die Haut dort auch eher trocken und spröde ist. Schon bei der Reinigung unter der Dusche hilft dem Hauttyp gemäß ausgewähltes Duschgel dabei, die Haut richtig zu pflegen und beispielsweise trockener Haut nicht zusätzlich Lipide und Feuchtigkeit zu entziehen. Ein Duschpeeling rubbelt Ellbogen und Knie glatt und lässt die Haut besser atmen. Grundsätzlich gilt als Faustregel: Je empfindlicher und trockener die Haut ist, desto kürzer sollte die Dusch- und Badezeit und desto niedriger die Wassertemperatur sein, da ausgiebiges, heißes Duschen zusätzlich austrocknet.

Bezüglich der Pflegeprodukte in Form von Creme, Milch, Öl und Lotion sollte grundsätzlich zwischen Dekolleté, Händen, Füßen und der übrigen Haut unterschieden werden. Für das Dekolleté eignen sich ab einem Alter von 30 Jahren Anti-Aging-Produkte sowie Texturen mit Lichtschutz, da es im Sommer meist ständig der Sonne ausgesetzt ist. Die Hände bedient eine breite Palette an Cremes jeden Hauttyp und jede Altersgruppe. Zudem bieten Spezialpflegeprodukte gegen Pigmentflecken oder problematische Nagelbetten effektive Lösungen. Die Haut der Füße ist die am meisten beanspruchte des gesamten Körpers und reagiert daher bei vielen Menschen mit verstärkter Hornhautbildung an Fersen und Ballen. Spezielle Cremes und Tinkturen wirken dem entgegen und sorgen für eine weiche, gepflegte Haut. Für den Rest des Körpers genügt eine hauttypgemäße Körperpflege, die nach dem Duschen oder Baden aufgetragen wird. Diese kann durch Produkte, die neben der Hautpflege auch für Straffung und Bräune sorgen sowie gegen Hautalterung aktiv sind, ergänzt werden. Für den häufig durch Rasur und Schweißbildung sensibilisierten Achselbereich sind Deodorants mit pflegenden und schweißregulierenden Eigenschaften das richtige Beautytreatment.

Tipps & Tricks

- Die Suche nach der optimalen Hautpflege bedarf einiger Zeit. Ganz wichtig: Hauttyp und etwaige Allergien sowie Hautkrankheiten müssen vorher bekannt sein. Bei Unsicherheiten helfen Kosmetikerinnen oder der Hautarzt. Vor dem Kauf einer Creme sollte die Verträglichkeit mittels einer Probepackung getestet werden.

- Sparen am falschen Ende geht häufig auf Kosten der Haut. Auch wenn die Anti-Aging-Creme teuer war, muss sie regelmäßig – täglich und über mehrere Wochen – und nicht zu sparsam verwendet werden, um ihre Wirkung entfalten zu können.

- Beim Gebrauch von Selbstbräunern ist darauf zu achten, dass diese sowohl die Hände als auch die Textilien färben. Aus diesem Grund müssen die Hände nach dem Auftragen auf die Haut sofort gründlich gereinigt und muss zusätzlich die vom Hersteller angegebene Zeit, in der keine hellen Sachen getragen werden dürfen, berücksichtigt werden.

- Auch im Urlaub sollten die Pflegeprodukte stets an Board sein. Statt alle Tiegel und Tuben mitzunehmen, am besten je nach Reisedauer kleine Portionen abfüllen. Praktische Behältnisse und Spachtel gibt es dafür in der Apotheke.

- Da sich die Haut durch akute Einflüsse wie Stress oder saisonaler Klimawechsel stetig verändert, kann es vorkommen, dass die aktuellen Pflegeprodukte keine optimalen Resultate mehr zeigen. Sollte dies eintreten, muss unbedingt das Pflegekonzept verändert oder ergänzt werden.

- Die Haltbarkeit von Kosmetika ist nach dem Öffnen meistens auf maximal zwölf Monate begrenzt. Wenn die leichte Sommerpflege eingewintert wird, sollte sie daher kühl und trocken aufbewahrt werden, bis sie wieder zum Einsatz kommt.

- Haare in Achselhöhlen und auf Beinen sind ebenso wie ein sichtbarer Damenbart oder ungepflegte Hände stylingtechnisch ein absolutes No-go.

„Make-up soll das Gesicht nicht schmücken, sondern es verschönern – und jedes Mal, wenn dies erreicht ist, sieht das Gesicht jung aus."
Coco Chanel

© Clarins

Make yourself up

Zu einem gepflegten, attraktiven Äußeren zählt auch ein perfekter Make-up-Look. Dieser variiert in Aufwand und Intensität je nach Anlass und Beschaffenheit des Teints. Während junge Damen mit unkapriziöser Haut mit einem Minimum an dekorativer Kosmetik ein perfektes Aussehen erlangen, bedarf es bei Problemhaut oder ab einem gewissen Alter ein Quäntchen mehr an Beautyprodukten, um das gleiche Ergebnis zu erzielen. Auch der individuelle Typ und das Styling geben verschiedenste Parameter für ein gelungenes Make-up vor. Grundsätzlich gilt es, ebenso wie bei der Kleidung positive Merkmale optisch hervorzuheben und Schwächen zu kaschieren.

Beim Tages- und Business-Make-up liegt der Fokus auf einem möglichst natürlichen Look. Dezenter Lippenstift oder Lipgloss, Wimperntusche, wenn nötig gezeichnete Augenbrauen, etwas Rouge und Produkte, die einen ebenmäßigen Teint bewirken, sind ausreichend. Wer seinen Typ akzentuieren möchte, greift zu kräftigeren Farbtönen bei Lidschatten und Lippen und ergänzt das Augen-Make-up je nach Trend mit Highlightern oder Lidstrich. Für abendliche Events darf das Make-up-Styling durchaus extravaganter und auffälliger sein. Als Grundregel gilt jedoch, entweder Augen oder Lippen optisch zu betonen, da der Look sonst zumeist aufdringlich wirkt.

Die folgende Anleitung für ein perfektes Make-up beinhaltet alle gängigen Schritte, die Profivisagisten anwenden. Diese können jedoch je nach Bedarf variiert und einige auch gänzlich weggelassen werden.

Der Teint

Die Pflege

© Shiseido

Jedes gute Make-up beginnt mit der Vorbereitung der Haut. Sie sollte gereinigt und frei von trockenen Schüppchen sein. Eine schnell einziehende Feuchtigkeitspflege versorgt sie mit Vitaminen und Nährstoffen und schützt im besten Fall auch vor Sonnenstrahlen. Speziell die Augenpartie sollte vor dem Schminken immer eingecremt werden.

Der Concealer

© Shiseido

Mithilfe dieses Abdeckstiftes lassen sich Augenschatten, kleine Hautunreinheiten und Rötungen leicht kaschieren. Wichtig ist, dass der Concealer für die Augenpartie ein bis zwei Nuancen heller ist als der natürliche Hautton. Um alle Schatten gut zu erkennen, ist es hilfreich, den Kopf nach vorne zu beugen und mit den Augen nach oben in den Spiegel zu schauen. Jetzt werden nach Bedarf die Gesichtskonturen mit einem Concealer und / oder einer etwas dunkleren Nuance abschattiert und korrigiert (siehe Kapitel Gesichts- & Kopfformen).

Die Foundation

© Maybeline

Danach folgt das Grundieren des Gesichts mit der Foundation. Die Foundation wird mit einem Pinsel, Schwämmchen oder den Fingern aufgetragen und sorgfältig verteilt. Wichtig ist, dass sie zur Augenpartie und zum Hals hin weich ausläuft, um unschöne Ränder zu vermeiden. Der Farbton sollte eine Nuance heller sein als der Hautton. Um den perfekten Ton zu finden, muss oft ausgiebig getestet werden; dies ist aber für ein harmonisches, ebenmäßiges Hautbild unerlässlich.

Der Puder

Nach dem Auftragen der Foundation mattiert, optimiert und fixiert Puder den Teint. Statt der häufig mitgelieferten Puderquaste kann auch ein dicker, weicher Pinsel zur Anwendung kommen. Dieser wird sanft über den Puder gestrichen und der Puder dann behutsam auf das Gesicht aufgetragen. So lässt er sich perfekt dosieren, ohne einen maskenhaften Effekt zu erwirken. Etwas mehr darf es auf häufig glänzenden Partien wie Stirn, Nase und Kinn sein. Wie sehr ein Gesicht glänzen darf und ob überhaupt Puder nötig ist, hängt von der Hautqualität und aktuellen Trends ab. Generell kann der Puder auch zum Fixieren des Rouges benutzt werden.

Das Rouge

Sind Foundation und Puder aufgetragen, wird Rouge und / oder Bronzing-Puder eingesetzt. Die Platzierung des Rouges ist von der Gesichtsform abhängig. Als Faustregel gilt: Lächeln und den höchsten Punkt der Wangen zart mit dem Rouge highlighten. Etwaige Kanten nach außen verwischen und ein Zuviel an Farbe mit einem Hauch Puder ausgleichen.

Tipps & Tricks

- Die Farbe der Foundation sollte bei Bedarf an die durch die verschiedenen Jahreszeiten wechselnde Teintfarbe angeglichen werden.

- Die Grundierung sollte exakt dem Hautton entsprechen, nicht nur in der Schattierung, sondern auch in der Farbnuance des Farbtyps. Am leichtesten lässt sich der Farbton durch Ausprobieren auf der Innenseite des Unterarms testen. Mehrere Nuancen nebeneinander zeigen, welcher Ton am besten passt.

- Großzügig unter den Augen verteilter Puder fängt alle Partikelchen auf, die vom Lidschatten während des Schminkens der Augen abfallen. Diese ganz zum Schluss mit einem Pinsel wegwischen.

- Überschüssiger Puder kann entfernt werden, indem er mithilfe eines Pinsels mit leichtem Druck in Richtung des Haarwuchs verstrichen wird.

- Zu viel Rouge auf dem Pinsel lässt sich einfach abklopfen, indem man mit dem Stiel leicht auf den Handrücken schlägt. Alternativ kann der Pinsel auch kurz auf einem Taschentuch abgetupft werden. Sparsame Verwendung des Rouges vermeidet flächiges und fleckiges Auftragen.

- Cremerouge lässt sich am besten mit den Fingern auftragen. Es wird in sehr kleinen Portionen auf die Haut getupft und anschließend kreisförmig von innen nach außen Richtung Ohransatz verteilt.

- Dezenter Glanzpuder setzt frische Highlights und kann anstelle von Lidschatten und Rouge verwendet werden.

- Ein Hauch Bronzing-Puder zaubert eine gesunde, zarte Bräune ins Gesicht. Den Puder nicht nur auf die Wangen, sondern auch auf Kinn, Nase und Haaransatz geben. Das rundet den erfrischenden Effekt ab.

- Kompaktpuder lässt sich schnell und unkompliziert auftragen. Er verzeiht zudem kleine Fehler beim Auftragen und eignet sich besonders gut, um unterwegs glänzende Partien zu mattieren und das Make-up aufzufrischen.

Die Augen

Nachdem der Teint ebenmäßig geschminkt ist, gilt es, das Augen-Make-up zu kreieren. Abstehende Brauen bringt ein Kamm mit Brauengel in Form, ein Brauenstift füllt kleine Löcher optisch auf. Seine Farbe sollte immer heller sein als die Farbe der Härchen, damit die Brauen nicht zu hart und wie ein Balken wirken. Anschließend erfolgt die Betonung der Augen durch Lidschatten, Eyeliner und Mascara.

Der Lidschatten wird mit dem Applikator oder einem speziellen Pinsel aufgetragen. Beginnend mit der hellsten Nuance und endend mit der dunkelsten können die Farben die Augen optisch vergrößern, ihre Form unterstreichen oder optimieren und die Augenfarbe strahlen lassen (siehe Kapitel Gesichts- & Kopfformen). Um die Nuancen natürlich zu verwischen, helfen Applikatoren, Finger und Wattestäbchen. Nach dem Lidschatten ist der Eyeliner an der Reihe. Weißer Kajal am inneren unteren Augenlid aufgetragen, vergrößert das Auge; schwarzer Kajal verkleinert es, bewirkt aber geheimnisvolle und ausdrucksstarke Blicke. Weiche Stifte lassen sich leicht auftragen und besonders gut mit dem Lidschatten verwischen. Flüssige Eyeliner bedürfen für ein perfektes Ergebnis einiger Übung, sind aber der unangefochtene Klassiker für einen divenhaften Look. Weiche Filzstifte sind leichter anzuwenden und bewirken fast das gleiche Ergebnis.

Der letzte und wichtigste Schritt für ein gelungenes Augen-Make-up ist das Auftragen der Wimperntusche. Durch sie bekommen die Augen ein zusätzliches Strahlen und einen offenen, wachen Blick. Das Bürstchen oder der Kamm der Mascara wird so nah wie möglich am Ansatz angesetzt und bis zu den Spitzen durchgezogen. Dies sollte mehrmals hintereinander sowohl von oben als auch von unten geschehen, um alle Wimpern zu erreichen. Zum Abschluss immer von unten tuschen, damit die Härchen einen schönen Schwung nach oben bekommen. Zusammenklebende Wimpern lassen sich mit der Bürstchenspitze trennen. Für tolle Highlights sorgen Mascaras mit Glitzerpartikeln.

Tipps & Tricks

- Der Lidschatten sollte immer mit der Augenfarbe sowie mit dem Outfit harmonieren. Ist er optimal aufgetragen, kann er kleine Makel kaschieren und Vorzüge hervorheben.

- **Tief liegende Augen:** Ein heller Ton von den Wimpern bis zur Lidfalte und ein etwas dunklerer, abgetönter Ton ab der Lidfalte in Richtung Braue sind hier perfekt. Der obere und der untere Lidrand bekommen mit Kajal oder Eyeliner eine Kontur, die sich leicht verwischen lässt. Glanzpunkte oberhalb der Lidfalte – mit einem Tupfer gold- oder silberglänzenden Lidschattens – sorgen für ein schimmerndes Highlight. Mascara, großzügig auf allen Wimpern aufgetragen, holt die Augen optisch nach vorne.

- **Mandelförmige Augen:** Für diese Form sind ein heller Lidschatten unter der Braue, eine mittlere Nuance auf dem beweglichen Lid und ein dunkler Lidschatten auf dem äußeren Augenbereich oberhalb des Wimpernkranzes optimal. So wirken die Augen größer und strahlender. Diesen Effekt unterstreicht das mehrmalige großzügige Tuschen der Wimpern.

- **Eng stehende Augen:** Diese Augenform ist meistens bei Menschen mit einer schmalen Nase zu finden. Um die Augen weiter voneinander entfernt erscheinen zu lassen, hilft sehr heller Lidschatten im inneren Augenbereich, der nach oben und außen hin ausgeblendet wird. Die äußere Hälfte des Auges wird mit dunklen Farbtönen betont, die leicht mit dem hellen Ton verwischt werden. Mascara, nur auf den äußeren Wimpern aufgetragen, unterstützt diesen Effekt.

- **Weit auseinanderstehende Augen:** Diese Augenform besitzen meist Menschen mit einer breiten Nase, vor allem jene mit einer breiten Nasenwurzel. Um die Augen optisch näher beieinander erscheinen zu lassen, sollte heller Lidschatten von den Außenwinkeln nach innen dunkler werden. Mascara nur auf den inneren Wimpern auftragen.

- **Schlupflider:** Schlupflider lassen sich mit einem kleinen Kniff kaschieren. Es genügt, Glanzlidschatten auf dem gesamten beweglichen Lid sowie unter dem Brauenbogen aufzutragen. Ein schmaler, dunkler Lidschattenstrich oberhalb entlang der tatsächlichen Lidfalte täuscht eine Falte vor, die überschüssige Haut rückt so in den Hintergrund. Auf einen Lidstrich am oberen Wimpernkranz sollte verzichtet werden, da dieser diese optische Wirkung wieder zunichtemacht.

Die Lippen

© Dior

Der letzte Schliff für ein perfektes Make-up ist das In-Szene-Setzen des Mundes. Eine Lipbase polstert die Lippen auf und bietet eine Fixierung für lang anhaltende Farben. Eine zarte, verwischte, helle Linie außerhalb der Konturen lasst bei Bedarf den Mund plastischer erscheinen oder korrigiert ungleiche Lippenhälften. Anschließend wird die Lippenkontur beziehungsweise die Linie innerhalb der heller gesetzten Kontur mit einem Lipliner nachgezogen. Dann wird der Lippenstift aufgetragen. Profis tun dies immer mithilfe eines feinen, speziellen Pinsels, da dies ein exaktes Ausmalen des Mundes ermöglicht. Um überschüssige Farbe zu entfernen, werden nun die Lippen mit einem Kosmetiktuch vorsichtig abgetupft.

© Dior Ready-to-Wear Spring/Summer 2010

Danach wird eine zweite Schicht Lippenstift aufgetragen, um die Haltbarkeit und Brillanz der Farbe noch zu steigern. Wird statt Lippenstift ein Lipgloss verwendet, wird dieses nach dem Lipliner aufgetragen – es kann aber auch nach dem Lippenstift als Glanzspender fungieren. Eine dunklere Nuance als Basis und eine hellere unter dem Lippenbogen sorgen für ein Extra-Highlight. Werden schmale Lippenlinien optisch vergrößert, sollte der Lippenstift – zumindest entlang der äußeren Konturen matt sein. Ist besonders langer Halt erwünscht, fixieren Spezialprodukte den Lippenstift. Ebenfalls ein gutes Fixativ: ein Hauch losen Puders.

Tipps & Tricks

- Schmale Lippen wirken oft verkniffen und unfreundlich. Ein heller Konturenstift und helles Lipgloss täuschen mehr Volumen vor. Dunkle Farben sind in diesem Fall generell tabu, weil sie den Schmaleffekt noch verstärken.

- Eine hellere Farbe in der Mitte der Lippen – unter dem Amorbogen – lässt die Lippen praller wirken.

- Wenn Lippenstiftfarbe um den Mund herum in kleine Fältchen ausläuft, sollte ein spezieller Konturenstift oder ein Fixiergel verwendet werden, um die Farbe zu begrenzen. Der Mund sieht sonst schnell konturenlos und ungepflegt aus.

- Um Lippenstift gleichmäßig abzutupfen, am besten eine Lage eines Papiertuchs benutzen und gegen die Lippen drücken. Alternativ kann der Mund auch nach der ersten Farbschicht leicht gepudert werden, um eine bessere Fixierung zu erreichen.

- Bei blassen Lippen sollte ein Lippenstift in pastelligem Rosa oder Beige verwendet werden, da kräftige Töne schnell zu dunkel wirken. Bei dunklen Lippen sehen dunkle, kräftige Farben sehr gut aus. Ein zu heller Lippenstift kann die Lippen grau erscheinen lassen.

- Mit Lippenstift lassen sich auch unregelmäßig gefärbte Lippen ausgleichen. Für die Grundierung der helleren Lippe eignet sich ein durchscheinender, dunkler Lippenstift. Anschließend wird auf den gesamten Lippen ein klassisch deckender Lippenstift aufgetragen.

- Gegen Lippenstift auf den Zähnen hilft ein einfacher Trick: Einen Finger wie einen Lutscher in den Mund stecken, Lippen leicht zusammenpressen und den Finger langsam herausziehen. Überschüssiger Lippenstift, der die Zähne färbt, wird so entfernt.

- Kussechte Lippenstifte halten zwar länger, trocknen aber bei schlechter Qualität die Lippen aus.

- Die Lippenfarbe sollte zum jeweiligen Farbtyp passen, da das Gesicht sonst fahl wirkt.

Die Nägel

© Giorgio Armani Cosmetics

Ein perfekter Nagel-Look bedarf des richtigen Werkzeuges. Für das Formen von Finger- und Fußnägeln sind Saphir- oder Diamantblattfeilen sowie elektrische Feilen am besten geeignet, da diese besonders nagelschonend sind – vorausgesetzt, man feilt immer vom Nagelrand in Richtung Mitte.

Nach dem Feilen wird die Nagelhaut vorsichtig mit einem entsprechenden Styling-Tool oder einem mit Watte umwickelten Holzstäbchen nach hinten geschoben. Sie sollte nicht geschnitten werden, da es bei unsachgemäßer Behandlung zu Verletzungen und Entzündungen kommen kann und die Haut dadurch unschön verhärtet. Außerdem schützt die Nagelhaut Nagel und Nagelbett vor Schmutz und Bakterien.

Um beim Lackieren ein optimales Resultat zu erzielen, sollten die Nägel perfekt gefeilt, möglichst sauber und fettfrei sein, da sonst der Lack nicht haftet. Ein Unterlack als Grundierung pflegt und schützt nicht nur, sondern füllt auch kleine Längsrillen der Nägel auf. Dann wird der Überlack nach Bedarf mehrmals und mit etwas Zeitabstand zügig und reichlich vom Nagelansatz in Richtung Spitze aufgetragen – zuerst in der Mitte des Nagels, danach seitlich mit etwas Abstand zum Nagelbett. Spezielle Sprays oder Überlacke als Finish sorgen für sekundenschnelle Härtung der Lacke. Zudem verleihen sie dem Lack eine Extraportion Glanz und konservieren die Lackierung.

Fingernagel-Formen

Fingernägel variieren je nach Veranlagung in ihrer Form und verlangen unterschiedliche Feiltechniken, die sich auch bei längeren Nägeln nicht ändern: Ovale Nägel (links) können sowohl rund als auch eckig gefeilt werden, während eckige Nägel (rechts) einen geraden Abschluss verlangen. Konische Nägel (Mitte) sehen rund gefeilt am besten aus.

Tipps & Tricks

- Egal welcher Nagel-Look gerade hip ist, für die Nägel gilt: Bleiben Sie Ihrem Typ treu.

- Zarte Nagellackfarben lassen die Finger länger und somit die ganze Hand graziler erscheinen. Diese Wirkung wird durch einen farblich abgestimmten (ganz nach persönlichem Geschmack helleren oder dunkleren) Streifen in der Nagelmitte noch verstärkt.

- Bei kürzeren Nägeln und großen Händen eignen sich besser dunkle Töne, da sie die Hände optisch verkleinern. Helle Töne sind bei kleineren Händen oder kurzen Fingern ideal.

- Ein Klassiker ist die sogenannte „French Manicure". Hierfür wird nach dem Unterlack weißer Lack quer über die Nagelspitzen gestrichen und / oder die weiße Unterseite des Nagels mit einem weißen Nagelstift ausgemalt. Danach wird ein sehr blasses, leicht transparentes Rosé oder Apricot auf den Nagel aufgetragen und dieses mit einem Überlack fixiert.

- Halbmondförmig gefeilte Nägel, die circa zwei Millimeter über die Fingerkuppen reichen, sind am praktischsten, da zu ihnen fast alle Farben passen. Zu eckig gefeilten Nägeln passt am besten French Manicure.

- Als Alltags- oder Business-Styling bieten sich freundliche Rot- oder Rosétöne an, aber auch ein sanftes Beige oder ein dunkles Braun.

- Nagellack sollte niemals über noch feuchte Lackschichten gestrichen werden, da sonst das Ergebnis verpatzt ist.

- Vor dem Lackieren der Nägel kein ausgedehntes Bad nehmen, da die Nägel durch Wasser aufquellen, sich beim Trocknen wieder zusammenziehen und der danach aufgetragene Lack abblättert.

© NIVEA

Beauty Tools

„Es ist gar **nicht leicht,** *so* **schön** *zu sein, wie man* **aussieht.“**

Sharon Stone

© Sensai Colours, Make-up Brushes

Ein gelungenes Make-up hängt nicht nur vom handwerklichen Geschick der Visagistin ab, sondern auch von ihrem Know-how über alle Produktmöglichkeiten. Denn wer beispielsweise die verschiedenen Foundation-Texturen nicht kennt, kann sie auch nicht entsprechend verwenden. Auch die Qualität der Schminkutensilien und -produkte trägt wesentlich zu einem perfekten Look bei.

Schminkpinsel & Co.

© MAC

Oft lässt die Qualität der in günstigen Make-up-Produkten mitgelieferten Werkzeuge zu wünschen übrig. Am besten sind hochwertige Naturhaarpinsel, die je nach Bedarf verschiedene Eigenschaften besitzen sollten. Kurze, festere, schräg geschnittene Borsten eignen sich perfekt, um Augenbrauenbögen mit Puder nachzuziehen, etwas weichere Varianten sind als Lippenpinsel ideal. Um den Lidschatten aufzutragen, ist graduiertes, weiches Pinselhaar perfekt – kompaktere Varianten sollten für den lidkranznahen Bereich, etwas lockerer gebundene Pinsel für Highlighter und Akzente verwendet werden. Der Rougepinsel sollte groß und graduiert sein und sehr locker gebundenes Haar aufweisen. Der Puderpinsel ist im Gegensatz zu den anderen Modellen nicht flach, sondern hat eine runde, bombierte Spitze, die für eine großflächige und regelmäßige Verteilung des Puders sorgt. Brauenkamm und -bürste bändigen widerspenstige Härchen und bringen Brauen in eine perfekte Form.

Abdeckstifte & Highlighter

© Yves Saint Laurent Parfums

Die meist in cremiger Form in Tiegeln und Tuben sowie als Stifte erhältlichen Concealer sind etwas heller als die Foundation und kaschieren kleine Makel. Als Highlighter verwendet, sorgen sie unter den Brauenbögen oder entlang des Nasenrückens für helle Akzente. Rötungen wie kleine Äderchen und Flecken verdeckt am besten ein Abdeckstift in der Komplementärfarbe Grün, lila- und braunstichige Pigmentierungen verlangen Gelb und dunkle Augenschatten – sie sind zumeist blaustichig – nach einer orange getönten Korrekturfarbe. Die Textur am besten sanft mit einem Pinsel auftragen und dann leicht einklopfen, sodass keine Ränder zu sehen sind.

Make-up-Base & Foundation

© Dior   © Dior

Make-up-Base oder -Primer glättet sanft die Haut, polstert Fältchen auf und lässt das Make-up frischer erscheinen und länger halten. Je nach Hauttyp und persönlichen Vorlieben wird danach eine flüssige, kompakte oder pudrige Foundation aufgetragen, die für einen makellosen, ebenmäßigen Teint sorgt. Spezielle Formeln bieten darüber hinaus einen effektiven Sonnenschutz, pflegen, mattieren oder weisen Anti-Aging-Effekte auf. Grundsätzlich sind für trockene Haut und Fältchen eher flüssige, Feuchtigkeit spendende Texturen und für fettige Haut eher pudrige Konsistenzen passend. Das Auftragen mit Pinsel, Schwämmchen oder Fingern ist Gewohnheits- und Übungssache.

Der Puder

© Clinique

Puder ist lose, als Kügelchen oder gepresst erhältlich und sollte wie die Foundation optimal zum Hautton passen. Um die richtige Menge Puder zu dosieren, hilft es, vor dem Auftragen den Pinsel kurz auf einem Taschentuch abzustauben. Wird der Puder mit einem Pad oder einer Quaste aufgetragen, sollten Überschüsse vorher abgeschüttelt werden. Auch beim Puder gibt es unterschiedliche Texturen, die jeden Hauttyp von trocken bis fettig bedienen oder sich farblich anpassen. Praktisch für Zwischendurch: Powder Paper, kleine mit Puder beschichtete Seiden- papierblättchen für das Mattieren des Teints.

Wimpernzange & Mascara

© Clinique

Die Wimpernzange formt einen ausdrucksstarken Schwung in die Wimpern und lässt so das Auge größer und den Blick wacher erscheinen. Sie sollte immer vor der Mascara angewandt werden, da sonst die Wimpern brechen können. Wimperntusche wird mit einem kleinen Bürstchen oder Kamm auf die Härchen aufgetragen, umhüllt sie mit Farbe und macht sie je nach Produkt dichter, voller, länger, geschwungener – oder alles zusammen. Für einen noch stärkeren Effekt kann vorher eine Wimpernbase aufgetragen werden. Wimperntusche gibt es wasserlöslich und wasserfest, für Allergiker und Kontaktlinsenträgerinnen und mit den unterschiedlichsten Bürstchen.

Lidschatten

© Yves Saint Laurent Parfums

Lidschatten gibt es in unendlich vielen Variationen und Looks – als Stift, Puder, feucht oder trocken, matt schimmernd, glitzernd, dezent oder in schrillen Farben. Qualitätskriterien sind die Haltbarkeit und die Intensität der Farbe. Billige Lidschatten setzen sich schon nach wenigen Wimpernschlägen in der Lidfalte ab, bilden unschöne Ränder und wirken matt oder grobkörnig. Aufgetragen wird der Lidschatten ganz nach Wunsch mit einem Pinsel oder dem meist mitgelieferten Applikator.

Kajal & Co.

© Sensai Colours,   © Shiseido
Eyeliner Pencil

Je nach Trend sind bunte Lidstriche, dicke Balken, eine subtile rauchige Optik oder ein dezenter dünner Strich gefragt. Der Klassiker, mit dem alle Varianten geschminkt werden können, ist der Kajalstift. Die Kür eines perfekten Make-ups ist ein mit einem flüssigen Eyeliner sauber gezogener Lidstrich. Der Umgang damit bedarf einiger Übung sowie einer ruhigen Hand. Eine tolle Alternative sind Lidstrich-„Filzstifte", die sehr einfach in der Anwendung sind und mit denen sich fast das gleiche Ergebnis erzielen lässt wie mit Flüssiglinern. Augenbrauenstifte optimieren die Brauenform und können zudem kleine Lücken auffüllen. Der Stift sollte immer heller sein als die Brauen und in kleinen Strichen aufgetragen werden.

Rouge & Bronzer

© Dior

Um dem Teint nach dem Make-up noch mehr Vitalität zu verleihen, eignen sich Rouge oder Bronzing-Puder. Ein Hauch Rouge auf den Wangen oder Bronzer auf den passenden Stellen (siehe Kapitel Gesichts- & Kopfformen) macht den Look lebendig. Ob als cremige Textur oder Puder, matt oder mit Schimmer – die Haut erhält ein Strahlen und sieht erholt und gesund aus. Für trockene Haut oder einen ganz natürlichen Look ohne Foundation eignet sich am besten Cremerouge, das allerdings vor dem Puder aufgetragen wird. Für andere Hauttypen sind alle Texturen verwendbar.

Lippenstift & Co.

© Dior

Lippenstifte und Lipglosse sind die beliebtesten Beautykomplizen und in unendlich vielen Farben und Looks erhältlich. Darüber hinaus punkten manche Lippenstifte und Glosse mit pflegenden Wirkstoffen und UV-Schutz. Zudem sind sie „kussecht", bieten ein lang anhaltendes Finish oder lassen die Lippen voller wirken. Lipprimer und Lipfix, als Stifte oder Cremen erhältlich, sorgen für ein lang anhaltendes Finish, minimieren kleine Fältchen und garantieren, dass die Lippenstiftfarbe nicht ausläuft. Besonders perfekte Konturen lassen sich mit einem Lippenkonturenstift erreichen. Dieser sollte immer gut angespitzt sein, um die Linie exakt zu zeichnen.

Nagellack & Co.

© Dior

Ein perfektes Nagel-Finish besteht aus einem Unterlack, der etwaige Rillen auffüllt und für eine längere Haftbarkeit des Nagellackes sorgt, einem Überlack, der den Nagellack fixiert, schützt, den Glanz erhöht und manchmal schnelltrocknende Eigenschaften besitzt, und dem Nagellack. Letzterer kann transparent, semitransparent oder deckend sein und bewirkt je nach Farbe und Stil der Nägel verschiedenste Looks. Wer keine schönen Nägel hat oder extravagante Looks liebt, kann auf die natürlichen Nägel Kunstnägel kleben (lassen).

„Wenn **Männer** *sich mit ihrem* **Kopf** *beschäftigen, nennt man das* **Denken.** *Wenn Frauen das Gleiche tun, heißt das* **Frisieren."**

Anna Magnani
(italienische Filmschauspielerin)

Haarmonie

Kaum ein anderes Körpermerkmal kann so stark verändert werden wie der Schopf. Das trifft sich gut, denn die wenigsten Frauen sind mit ihrer natürlichen „Haarpracht" zufrieden. Haben sie dicke Locken, sehnen sie sich nach seidigem, weichem, glattem Haar, Frauen mit ebensolchen Schnittlauchlocken träumen wiederum von üppiger Löwenmähne. Mit den verschiedensten Schnitt- und Stylingtechniken kann man sich jedoch seiner Traumfrisur deutlich nähern.

Dauerwellen zaubern Fülle, Form und / oder Locken ins Haar, spezielle Stylingprodukte und Föhntechniken sorgen für mehr Volumen, Extensions (Haarverlängerungen) verdoppeln und / oder verlängern die Haarpracht. Auch verschiedenste Schnitt- und Färbetechniken verändern und optimieren den Look des Haupthaares. Trotz allem existieren, abseits von aktuellen Modetrends, einige Regeln, die es zu beachten gilt.

Frauen mit feinen, dünnen Haaren stehen leicht gestufte Frisuren gut. Das Haar fällt dadurch weicher und bekommt mehr Volumen, ohne „aufgeblasen" zu wirken. Werden lange Locken graduiert geschnitten (vorne stärker, hinten leichter), fallen sie natürlicher. Frauen mit glattem, festem Haar steht entweder ein pfiffiger Kurzhaarschnitt oder ein klassischer Haarschnitt besonders gut. Ein üppiger Wuschelkopf lässt sich am einfachsten durch schicke Spangen, Reifen,

Hochsteckfrisuren oder einen kurzen Bubikopf bändigen. Die Frisuren sollen aber nicht nur perfekt zum Gesicht passen, sondern auch wenig Aufwand bedeuten. Für zeitaufwendige Haarakrobatik ist heutzutage keine Zeit mehr. Moderne Frisuren zeichnen sich deshalb vor allem durch einfache Handhabe und große Variabilität aus.

Das wichtigste Styling–Zubehör

Neben dem passenden Haarschnitt verleiht erst der gekonnte Einsatz von Föhn, Bürste und Stylingprodukten der Frisur den letzten Schliff, insbesondere wenn sie den ganzen Tag überdauern soll. Voraussetzung für die Wunschfrisur ist nicht nur passendes, sondern auch qualitativ hochwertiges Werkzeug. Billige Kämme oder Bürsten haben oft scharfe Spitzen oder Kanten, die dem Haar schaden. Erste Wahl sind handgefertigte Kämme und Bürsten aus Naturhaar und für lockiges Haar grobzinkige Kämme. Sie verleihen dem Haar Stand und Schwung, ohne die Locken zu zerstören oder kräuseln zu lassen.

Neben Bürsten und Co. gehören auch elektrische Helfer zum praktischen Werkzeugsortiment. Während manche Frisur luftgetrocknet liegt wie erwünscht, bedarf störrisches Haar eines leistungsstarken Föhns. Regulierbare Wärmestufen und spezielle Diffusoren-Aufsätze vereinfachen die Bändigung der Mähne. Sie trocknen gewelltes oder lockiges Haar schneller und sanfter und erhöhen die Spannkraft.

Weitere Beautykomplizen sind Lockenwickler & Co., die in verschiedensten Größen eine Vielzahl von Stylings ermöglichen. Schaumstoffwickler eignen sich besonders gut zur Anwendung über Nacht, in trockenem Haar, das mit einem Styling-Produkt befeuchtet wurde, sowie bei welliger bis lockiger Haarstruktur. Formwickler werden ähnlich wie Lockenwickler benutzt, verleihen den Locken jedoch einen Zickzack-Effekt, der sie noch voluminöser macht. Thermowickler sind die ideale Wahl, um einer bereits bestehenden Frisur neue Fülle und Form zu geben. Für eine gewünschte Lockenpracht sorgen auch Warmluftstyler – Stabföhns mit verschiedenen Styling-Aufsätzen – oder Lockenstäbe, die je nach Modell Korkenzieherlocken, Mini-Curls oder klassische Wellen stylen können.

Haarglätter eignen sich für das glanzvolle Glätten aufgerauter Strukturen, aber auch für das kurzfristige Umstylen von lockigem Haar. Eine beliebte Variante sind Multistyler mit unterschiedlichen Aufsätzen, wie etwa dem Kreppaufsatz, mit dem sich die Mähne schnell mit Miniwellen aufpeppen lässt.

Festiger & Mousse

© Wellaflex

Schaum- und Flüssigfestiger (Stylinglotions) entfalten ihre Stylingkraft zumeist beim Trocknen der Haare und sind zugleich ein Hitzeschutz. Sie sorgen je nach Bedarf für Volumen und Formbarkeit. Krause und fliegende Haare lassen sich damit glätten, ohne zu verkleben. Mousse wirkt ähnlich wie der Schaumfestiger. Wahlweise gibt es auch farbgebende Mousse, die leichte Effekte ins Haar zaubert oder die Koloration unterstützt sowie als sanfte Stylinghilfe benutzt werden kann. Auch Locken kommen mit spezieller Mousse toll in Schwung.

Sprays & Lacke

© L'Oréal Paris
Elnett Haarspray

Sprays und Lacke gibt es für jeden individuellen Haartyp, von fein und empfindlich bis zu störrisch oder koloriert. Sprays eignen sich als Finishprodukt, um die Frisur subtil zu fixieren. Für besonders starken Halt sorgt ein Haarlack, der einzelne Strähnen vor dem Aufdrehen auf Lockenwickler stärkt und damit für eine bessere Haltbarkeit der einzelnen Locken sorgt. Mithilfe eines Glanzsprays lässt sich besonders koloriertes und glattes Haar zum Leuchten bringen. Nach dem Styling aufgesprüht, bringt es zusätzlichen Halt ins Haar.

Gel, Mousse & Co.

© MARLIES MÖLLER
beauty haircare

Mit dem richtigen Haargel lässt sich das Haar beliebig modellieren. Lang anhaltende, trendige Looks, strenge Gel-Frisuren, Wet-Looks, Strubbelhaare oder Glanzeffekte, so vielfältig wie die Frisuren ist auch das Sortiment, welches Produkte zum Einkneten, Fixieren, Zurechtzupfen und zum Einsprühen bereithält. Mit Wachs kann „fast" jede Form in kürzeres bis halblanges Haar gestylt werden. Fransig geschnittene Spitzen bei Stufenschnitten werden schön betont, fliegende Haare geglättet und Nackenhaare entgegen der Wuchsrichtung verwuschelt. Tipp: Lieber weniger Wachs verwenden, sonst wirkt das Haar schnell fettig.

Tipps & Tricks

- Wichtig ist, das Haar nie zu heiß und zu lange an der gleichen Stelle und immer Richtung Haarspitze zu föhnen.

- Haarspray sollte immer aus 20 Zentimeter Entfernung und nie direkt auf den Ansatz gesprüht werden, da dies jegliches Volumen zunichtemacht. Empfehlenswert ist es, einzelne Strähnen anzuheben und von der Seite zu sprühen, auf die die Strähne fällt.

- Das Styling von Locken braucht Zeit. Sinnvoll ist, jede aufgedrehte Strähne einzeln heiß anzuföhnen und sie dann mit der Kaltstufe eine Minute lang auszukühlen. So halten die Locken besser und das Haar bekommt mehr Glanz.

- Bei platt gedrücktem, schwunglosem Haar nach dem Aufstehen sorgen zwei große Wickler für Volumen. Am besten vorher eine walnussgroße Menge Volumenmousse einkneten und kurz anföhnen.

- Beim Eindrehen von Wicklern oder der Benutzung eines Haarglätters ist es wichtig, auch den Hinterkopf gut im Blick zu haben. Zwei einander quer gegenüberstehende Spiegel im Bad helfen beim Rundumblick.

- Stylingreste machen das Haar auf Dauer stumpf. Wichtig: Abends vor dem Schlafengehen das Haar gründlich ausbürsten. Für hartnäckige Rückstände gibt es spezielle Peelings. Diese aber nur alle zwei Wochen anwenden, da sie das Haar sonst zu stark aufrauen und die Haarstruktur schädigen.

- Elektrisierte Haare nerven und stören die Frisur. Ein wenig Haarspray auf die Handfläche zu sprühen oder sie anzufeuchten und damit sanft über das Deckhaar zu streichen, ist hilfreich.

- Sprödes Haar mit geschädigter Struktur nimmt eine Tönung tendenziell stärker auf, da die Farbstoffe ins Innere des Haares gelangen. Das erschwert das Auswaschen der Farbe.

- Haarbürsten behalten ihre pflegende Wirkung durch eine wöchentliche Reinigung mit einem milden Shampoo. Fett und Talg in den Borsten gelangen so nicht zurück in die Haare. Holzgriffe sollten beim Reinigen nicht feucht werden und Bürsten auf den Borsten liegend trocknen.

- Ein regelmäßiger exakter Haarschnitt ist das Um und Auf für schönes, gepflegtes Haar.

Gesichts- & Kopfformen

"Denn wie die
Vollständigkeit stets
unvollkommen, so ist die
Vollkommenheit
stets unvollständig."
Carl Gustav Jung

© Austrian Hairdressing Award 2009

Beim klassischen Schönheitsideal der Gesichtsform befinden sich die Augen in der Mitte der Kopfhöhe. Die Nasenspitze liegt ein Drittel der unteren Kopfhälfte tiefer, ein weiteres Drittel darunter befindet sich der Mund. Die Gesichtszüge sind ebenmäßig. Die Kopfform ist ausgeglichen, hat weiche Züge, entspricht einem Oval und ist ungefähr eineinhalb Mal länger als sie über den Brauen breit ist. Doch Studien beweisen, dass Gesichter, die diesen „goldenen Schnitt" aufweisen, langweilig und uninteressant wirken. Es sind die kleinen Abweichungen von diesem Ideal, die unser Interesse wecken und als attraktiv empfunden werden. Diese können gewollt akzentuiert oder aber dezent kaschiert werden, da das Gesicht zumeist disharmonisch wirkt, wenn die einzelnen Gesichtsmerkmale zu stark von der Norm abweichen. Ziel ist es deshalb, sich bei ausgeprägten Gesichtsformen durch spezielle Make-up-Techniken und Frisuren der ovalen Gesichtsform sowie ausgeglichenen Gesichtszügen optisch anzunähern.

Das ovale Gesicht

Das ovale Gesicht gilt als die optimale Gesichtsform. Sie erzeugt den Eindruck weicher, fließender Linien, die perfekt die weibliche Ausstrahlung unterstützen. Die breiteste Stelle ist im Bereich der Wangenknochen, etwa in der Mitte der Gesichtskontur. Nach oben und unten verjüngt sich die Gesichtsform gleichmäßig.

Testimonial: Angelina Jolie

Make-up
Das Make-up soll nur die persönlichen Merkmale bestmöglich betonen und nicht ausgleichen. Beim Schminken ist auf Kontraste zu achten, etwa durch eine Akzentuierung der Augen und Lippen durch Highlights. Die Basis sollte gleichmäßig und weich in ihren Konturen sein.

Frisur
Frisurentechnisch gilt es, die natürlichen Merkmale des Gesichts positiv zu unterstreichen. Zu dieser Gesichtsform passen sowohl ganz klassisch lange Haare als auch kurze Avantgarde-Schnitte.

Das eckige Gesicht

Diese Gesichtsform wirkt häufig sehr markant. Der Haaransatz verläuft fast gerade, ebenso die Seitenpartien von der Stirn zum Kinn. Frauen mit einem eckigen Gesicht weisen eine sehr robuste Knochenstruktur auf, die anhand ihrer kantigen Kieferknochen erkennbar ist. Die Wangen sind meist großflächig und voll, die Wangenknochen unauffällig beziehungsweise eher flach. Die Kieferknochen sind schwer und die Stirn ist kantig und breit.

Testimonial: Catherine Zeta-Jones

Make-up

Mit dem richtigen Make-up können die großen Flächen des Gesichts unterbrochen und eine weichere Optik erzielt werden. Dunkler grundierte Kieferpartien sowie das Abschattieren des Unterkiefers lassen die untere Gesichtshälfte zierlicher erscheinen. Über den Wangenknochen gesetzte Highlights verstärken diesen Effekt. Ein kräftiges, auffälliges Augen-Make-up trägt dazu bei, den Blick des Betrachters in das Zentrum des Gesichts zu lenken. Tief angesetztes Rouge sowie stark betonte Augen und Lippen machen diese Form weicher und schöner.

Frisur

Zu vermeiden sind glatte oder eng anliegende Frisuren, vorteilhaft ovale oder runde Konturen, etwa durch Benutzung einer Rundbürste oder anderen Hilfsmittel zur Lockenerzeugung. Bei längerem Haar sehen an der Seite herausgezogene Strähnchen oder Löckchen besonders gut aus, da sie den weichzeichnenden Effekt unterstützen. Das Haar sollte dabei aber nicht in das Gesicht gezogen werden. Warme Haarfarben – so sie zum Hauttyp passen – sowie Frisuren, die Bewegung im Haar erlauben, sind ideal, um harte Umrisse zu verbergen.

Das herzförmige Gesicht

Das herzförmige Gesicht ist oben etwas breiter – mit einer breiten flachen Stirn – und verjüngt sich nach unten hin zu einem schmalen Kinn. Manchmal tritt es in länglicher Form auch in Kombination mit einem vorstehenden, spitzen Kinn in Erscheinung. Die Wangenknochen sind bei diesem Typ sehr hoch. Dies fällt aber aufgrund der Breite des Gesichts nicht stark auf.

Testimonial: Naomi Campbell

Make-up
Mithilfe des richtigen Make-ups wird das Gesicht weicher und runder und die Proportionen werden zurechtgerückt. Hierfür sollten beide Seiten der Stirn sowie die Kinnspitze dunkler abschattiert und die Region oberhalb der Wangenknochen aufgehellt werden. Erst dann folgt das Auftragen der Basisgrundierung, damit die Übergänge weich verlaufen. Eine bewusst gewählte hellere und dunklere Grundierung verstärkt bei Bedarf diesen Effekt. Rouge sollte auf den Wangenknochen aufgetragen werden und bis zu den Schläfen verlaufen.

Frisur
Diese Gesichtsform sollte durch einen Schnitt mit entgegengesetzter Formgebung – mehr Masse und Volumen an Hals und Ohren, weniger auf dem Oberkopf und um die Stirn – kompensiert werden. Formgebende Stylingprodukte zur Erzeugung von Volumen und Fülle sind hilfreich für einen perfekten Look. Ein Seitenscheitel, lockiges Haar sowie ein Pony, der seitlich weggekämmt wird, sodass Teile der Stirn von Haaren verdeckt werden, sind empfehlenswert. Am Kinn können sich einige Haarsträhnen eindrehen beziehungsweise Locken dezent hinunterfallen. Das verleiht der unteren Gesichtshälfte Volumen.

Das längliche Gesicht

Frauen mit einem länglichen Gesicht haben entweder ein langes, oft eckiges Kinn und / oder eine hohe beziehungsweise lange und breite Stirn. Das Gesicht wirkt grobknochig und kantig und erweckt häufig den Eindruck einer leichten Müdigkeit. Dank der länglichen Gesichtsform erscheinen die Wangenknochen nicht hoch. Die Wangen an sich sind meist niedrig und flach.

Testimonial: Jerry Hall

Make-up

Eine dunklere, in Richtung Haaransatz verlaufende Grundierung des Stirnansatzes verkürzt das Gesicht. Die Region oberhalb der Wangenknochen sollte heller und die Regionen unterhalb der Wangenknochen und des Unterkiefers dunkler abschattiert werden. Die Basisgrundierung wird am besten nach der Schattierung der Wangenknochen aufgetragen, um die Übergänge schön verlaufen zu lassen. Das Gesicht gewinnt an Breite, indem Rouge vom oberen Rand des Ohrs bis zur Mitte der Wange aufgetragen und anschließend an der höchsten Stelle des Wangenknochens verwischt wird.

Frisur

Hier gilt es, ein wenig von der Länge und Höhe des Gesichts zu nehmen und mittels der Frisur Fülle zu schaffen. Generell empfiehlt es sich, eckige oder weiche Stile zu wählen, die hinten und an der Seite Breite schaffen, wie etwa gelocktes Haar. Ein Pony ist die einfachste Variante, dem Gesicht etwas Länge zu nehmen. Gerade Frisuren, die auf der Schulter oder kurz darunter enden, sollten vermieden werden. Bei sehr schönen und ebenmäßigen Gesichtszügen kann aber auch ein klassischer Madonnen-Look mit glatten, langen Haaren sehr apart wirken.

Das runde Gesicht

Bei Frauen mit einem runden Gesicht bilden Stirn, Wangen und Kinn einen Kreis, wodurch das Gesicht sehr flach wirken kann. Die Wangenknochen verschwinden fast, da die Wangen meist sehr großflächig und voll sind. Die Stirn ist breit und verjüngt sich Richtung Haaransatz. Die Kieferknochen sind halbmondförmig.

Testimonial: Cameron Diaz

Make-up

Mit dem richtigen Make-up kann das runde Gesicht optisch verschmälert werden. Hierfür empfiehlt es sich, die Region unterhalb der Wangenknochen dunkler zu grundieren und die Grundierung bis zum Haaransatz verlaufen zu lassen. Die Partie oberhalb der Wangenknochen sowie die Kinnspitze sollten heller abschattiert werden. Im Anschluss erfolgt das Auftragen der Basisgrundierung, damit die Übergänge fließend verlaufen. Rouge wird am besten entlang der Wangenknochen aufgetragen. Augen mit einer klar geschminkten Kontur sowie schöne Lippenkonturen unterstreichen diese Gesichtsform positiv. Um die Illusion von Länge zu unterstützen, ist das Experimentieren mit langen Ohrringen ratsam.

Frisur

Diese Gesichtsform verlangt nach mehr Volumen und Fülle am Oberkopf, wobei das Seitenhaar so schmal wie möglich frisiert sein sollte. Längeres Haar sollte auf Höhe des Schlüsselbeines enden. Von einem Schnitt auf Höhe des Kiefers oder der Wangen ist abzuraten, da dieser die runde Gesichtsform verstärkt. Bei kürzeren Frisuren sollten vor den Ohren längere Konturen erzeugt werden. Wenn das Haar auf dem Kopf aufgebaut wird, können einige heruntergezogene Strähnchen optisch Länge erzeugen.

Style Check-up

Flacher Ober- & Hinterkopf

Dieser beginnt oft bei der Krone und geht weiter bis zur Rückseite des Kopfes. Die Seitenansicht des Kopfes entspricht nicht dem ästhetischen Ideal, weshalb das Haar länger und mit gesteigertem Volumen im flachen Bereich getragen werden sollte. Es erscheint dabei meist praktischer, sich ausdünnender Techniken (Stützhaare) zur Ausbalancierung des Profils zu bedienen. Volle Haarkonturen mit flach liegendem Haar am Oberkopf sollten vermieden werden. Ist das Haar sehr glatt und hängt es gerade herunter, schaffen permanente formgebende Techniken wie Stützwellen Abhilfe.

Kurzer Hals

Ein Hals kann tatsächlich kurz sein oder auch nur diesen Eindruck erwecken, da er sehr kräftig ausgeprägt ist. Vorteilhaft wirken kurzes Haar im Nackenbereich und voluminöses Haar am Oberkopf, da sie von der Halspartie ablenken. Zwischen Ohr- und Schulterhöhe sollte so wenig Volumen wie möglich sein, so wird die vertikale Linie der Silhouette verlängert und der Hals erscheint länger.

Langer Hals

Ein langer Hals kann sehr auffällig und hübsch sein, er sollte jedoch in angemessenem Verhältnis zu den übrigen Proportionen stehen. Eine kurze Frisur ist dabei hilfreich. Sie neigt aber dazu, ein dominantes Avantgarde-Äußeres zu erzeugen, was nicht allen Stilpersönlichkeiten wie etwa schüchternen oder introvertierten Personen entspricht. Alternativ kann das Haar schulterlang und mit Locken oder Wellen getragen werden, um die gerade Halslinie etwas aufzulockern. Bewegung ist auch hier richtig am Platz. Ein Lockenstab, eine leichte Dauerwelle sowie die Anwendung von Stylingprodukten unterstützen diese Bestrebungen. Auf klebrige schwere Produkte sollte jedoch verzichtet werden.

Kleine Stirn & breite Wangen- und Kinnpartie

Um diese trapez- oder birnenförmige Gesichtsform auszugleichen, gelten je nach Ausprägung der Kieferknochen die Schminktipps für ein rundes oder eckiges Gesicht. Eine Frisur, die Fülle im vorderen Kopfbereich schafft, kann die Gesichtszüge harmonisieren – geeignet ist ein weicher Pony mit Wellen und lockiges Haar an der Ohrenpartie.

Markante Nase & fliehende Stirn

Breite Nasen können optisch verschmälert werden, indem der Nasenrücken heller und die Nase seitlich etwas dunkler abschattiert wird. Mit dieser Technik lassen sich auch eine leicht schiefe Nase sowie ein Höcker etwas kaschieren. Lange Nasen werden durch eine dunklere Schattierung der Nasenspitze optisch verkürzt. Ein markantes konturiertes Augen-Make-up kann ebenfalls von der Nase und der Stirn ablenken. Frisurentechnisch ziehen eine ausreichende Länge und Volumen am Ober- und am Hinterkopf den Blick von der Problemzone ab. Ein kurzer Pony sollte vermieden werden, da dieser die Aufmerksamkeit besonders auf die Nase lenkt.

Profile

Ein gerades Profil wird als ideal angesehen. Abweichungen von dieser Profilform sind eckige Profile sowie das konvexe und das konkave Profil mit einem fliehenden Kinn und einer vorstehenden Stirn. Frisuren, die von diesen Formen ablenken, sind vorteilhaft. Bei einem konkaven Profil sollte an der Stirn keine zusätzliche Haarfülle geschaffen werden und das Haar in Kinnhöhe ins Gesicht fallen, wogegen eine fliehende Stirn gut durch einen rund geföhnten Pony kaschiert wird.

Kleines & großes Gesichtsfeld

Großflächiges, aber dezentes Abschattieren der Gesichtsränder verkleinert das Gesichtsfeld. Frisuren, die Teile des Gesichts verdecken, wie ein Pony und seitlich geschnittene Stufen, wirken bei großflächigen Gesichtern vorteilhaft. Ein kleines Gesicht verlangt genau nach dem Gegenteil: einer subtil schimmernden Grundierung, voluminösen Frisuren sowie aus dem Gesicht frisiertem Haar.

Die subtile Macht der Düfte

„Die *Mode* bekleidet den *Körper*, das *Parfüm* die *Seele* eines Menschen."

Jacques Polge
(Parfümeur des Hauses Chanel)

Düfte waren und sind noch immer ein wichtiger Bestandteil der Kultur und auch mit Redewendungen wie „jemanden nicht riechen können" oder „den richtigen Riecher haben" in unserem Sprachschatz verhaftet. Schon seit dem Altertum nützen Menschen die geheimnisvolle Kraft der Düfte. In frühen Kulturen der östlichen und der westlichen Welt wurden aromatische Harze und Hölzer bei religiösen Ritualen verbrannt. Davon leitet sich auch das Wort Parfüm ab, von lat. *per fumum* „durch Rauch". Düfte wurden damals vor allem zu therapeutischen und religiösen Zwecken eingesetzt. Parfüms als wohlriechende und verführerische Begleiter sind in Europa seit dem Mittelalter populär.

Moderne Parfüms entstehen in Hightech-Labors, in denen die Natur schon längst überlistet wurde. Neben aus natürlichen Rohstoffen gewonnenen Essenzen können mittlerweile fast alle Düfte – auch ungewöhnliche Nuancen wie Leder, Tinte, feuchter Stein oder kühle Meeresbrise – synthetisch hergestellt werden. Dies eröffnet eine schier unermessliche Palette und garantiert auch noch in weiterer Zukunft überraschende und spannende Duftkreationen. Im Übrigen gibt es keinen einheitlichen Trend – so wie heutzutage beinahe alles wird auch das Parfüm in unserer schnelllebigen Zeit immer öfter gewechselt.

Dufte Stimmungsmacher

Der Geruchssinn beeinflusst unser Leben stärker, als es uns bewusst ist, da jeder Duft eine nachweisbare emotionale Wirkung auf uns ausübt. Sobald ein Duft in die Nase steigt, wirkt er unmittelbar auf das limbische System, ohne den Umweg über das, für die Vernunft zuständige Großhirn zu nehmen. In diesem Gehirnareal, das für Gefühle, Instinkte und die unbewusste Wahrnehmung zuständig ist, sind alle seit der Geburt gemachten Erfahrungen sowie die begleitenden Gefühle und Düfte gespeichert. Bei Kontakt mit bekannten Aromen werden diese Erinnerungen mit den dazugehörigen positiven oder negativen Gefühlen geweckt und aktiviert.

Die Aromachologie (Aroma + Psychologie) ist die Lehre von der Wirkung synthetischer Düfte auf die Psyche, während unter der Aromatherapie die direkte Anwendung ätherischer Öle auf Körper und Geist zu verstehen ist. Beide Methoden werden zur Stimulation verschiedener Gefühlszustände verwendet. Ihre Aromen sind beliebte Nuancen moderner Parfümkreationen, die das Selbstbewusstsein steigern, die Fantasie anregen, sinnliche und romantische Assoziationen wecken, beleben, erheitern oder harmonisieren.

Die Muntermacher
aktivierend / die Konzentration fördernd / ermunternd / belebend

Limetten, Mandarinen & Orangen erfrischen, heben die Stimmung, fördern die Konzentration, wirken aufmunternd und schärfen den Verstand.

Minze wirkt belebend und aktivierend bei geistiger Erschöpfung und hebt die Aufmerksamkeit.

Patschuli & Vetiver erden, fördern die Konzentration, vitalisieren und verleihen Mut und Courage.

Parfüm-Vorschläge:
Van Cleef & Arpels / First
Etro / Vicolo Fiori
Hermès / Eau de Pamplemousse rose
Annick Goutal / Ninfeo mio
Shiseido / Energizing Fragrance
Hermès / Un Jardin après la Mousson

Pfeffer wirkt tonisierend, regt die Fantasie an und entfacht Leidenschaft.

Vanille, Bergamotte & Kardamom stimmen freundlich, beleben und bauen Stress ab.

Die Harmonisierer
beruhigend / Stress abbauend / entspannend / beglückend

Anis wirkt entspannend, ausgleichend und mindert innere Unruhe.

Bambus beruhigt und wirkt harmonisierend.

Benzoe, Eichenmoos, Sandelholz & schwarze Johannisbeeren regen die Fantasie sowie die Kreativität an und wirken erotisierend. Sandelholz erweitert zusätzlich das spirituelle Bewusstsein.

Ingwer gilt als seelischer Energiespender – der Wurzel werden auch magische Verführungskräfte nachgesagt.

Iris, Mimose & Veilchen regen die Fantasie an, machen sanftmütig und fördern das Selbstvertrauen.

Lavendel wirkt ausgleichend – sowohl entspannend als auch belebend – und mindert Schwermut.

Die Verführer
erotisierend / enthemmend / anziehend / leidenschaftlich

Jasmin wirkt erotisierend, verleiht hypnotische Anziehungskraft, weckt die Lebensgeister und die Abenteuerlust.

Moschus & Ambra sind bekannte Aphrodisiaka. Sie ähneln den menschlichen Pheromonen – unseren sexuellen Duftlockstoffen –, erotisieren und stimulieren sinnliche Lust.

Rosen, Lilien & Neroli sind liebliche Duftnoten, die subtil verführen und harmonisieren.

Ylang-Ylang wirkt enthemmend, beruhigend und Lust steigernd.

Symphonie der Düfte

Ganz egal welche Ingredienzien verwendet werden, erst das raffinierte Zusammenspiel von belebenden, erotisierenden und entspannenden Duftnoten zeichnet ein gelungenes Parfüm aus. Die klassische Duftkomposition basiert auf der Duftpyramide, die aus Kopf-, Herz- und Basisnote besteht.

Die Kopfnote ist belebend, erfrischend und enthält spritzige, grüne Nuancen wie Zitrusfrüchte, Bergamotte oder Gräser. Sie entfaltet ihren Duft zwar sofort, dieser ist allerdings von kurzer Dauer.

Die Herznote ist wärmend, harmonisierend und berührend. Sie enthüllt ihr zumeist blumiges Duftbouquet erst nach einigen Minuten und wirkt länger nach als die Kopfnote. Neben Blüten wie beispielsweise Rosen, Iris, Maiglöckchen oder Jasmin zählen Beeren und milde Gewürze zu den beliebtesten Ingredienzien.

© Boss / Boss Femme

Die Basisnote ist sinnlich und warm. Sie beginnt erst nach etwa fünf Minuten ihre Duftaura komplett zu entfalten und dient oft auch als Fixativ, um die Aromen zu binden. Ihr sind die Nuancen Moschus, Patschuli sowie Hölzer und kräftige Gewürze zugeordnet. Mittlerweile gibt es auch Parfüms, die auf einer sogenannten vertikalen oder linearen Komposition beruhen. Hierbei entfalten sich alle Bestandteile sofort und gleich stark, wodurch ein sehr extravaganter, ungewöhnlicher Duft vermittelt wird.

Die Qual der Wahl

Ob die Kaufentscheidung für Parfüm, Eau de Toilette, Körperpuder oder Bodylotion ausfällt, hängt vom jeweiligen persönlichen Geschmack ab.

Bodylotion & Co.

Eine Body Cream oder Bodylotion speichert den Duft für etwa vier Stunden und hat eine weichere, sanftere Note als ein Parfüm. Bei sehr intensivem Duft genügt es, sie nur auf bestimmten Stellen aufzutragen. Das Gleiche gilt für die Duftaura eines Körperpuders.

© Parfums Christian Dior

Duschgel, Seife & Deodorant

Duschgel und Seife hinterlassen eine sehr subtile Duftaura, die etwa drei Stunden anhält und anfangs auch sehr intensiv sein kann. Das Deodorant dient in erster Linie zur Reduktion des Körpergeruchs. Der darin beigefügte Duft ist zumeist schärfer sowie manchmal intensiver als das dazugehörende Parfüm und hält bis zu 6 Stunden an. Aus diesem Grund ist es besonders wichtig, dass der Duft mit anderen verwendeten parfümierten Kosmetika harmoniert.

© Parfums Christian Dior

Parfüm

Das Parfüm weist den intensivsten und den am längsten anhaltenden Duft auf. Es ist besonders dann gut geeignet, wenn sich das Duftbouquet direkt auf der Haut punktuell und subtil entfalten soll. Tropft das Parfüm jedoch auf heikle Kleidung, können sehr leicht Flecken entstehen.

© Parfums Christian Dior

Eau de Toilette & Co.

Ein Eau de Toilette kann großzügig, aber gleichmäßig über den Körper und das Gewand gesprüht werden, ohne dabei Feuchtigkeitsflecken auf der Kleidung zu hinterlassen. Es ist leichter und frischer als das Parfüm und hat eine geringere Duftkonzentration, weshalb es sich allerdings auch schneller verflüchtigt. Bei der günstigsten und legersten Variante, dem Eau de Cologne, ist der Duftanteil noch kleiner und verduftet schnell.

© Parfums Christian Dior

Tipps & Tricks

- Bei der Auswahl des richtigen Duftes sollten niemals mehr als drei Düfte hintereinander getestet werden, da alle weiteren Düfte die Nase überfordern und diese in weiterer Folge verfälscht werden.

- Man sollte nie direkt an der Flasche riechen, da so nur ein Teil des Geruches wahrgenommen werden kann. Am besten ist es, den Duft in die Luft zu sprühen und mit den Händen zu fächeln, bis er zur Nase kommt.

- Das Parfüm sollte unter keinen Umständen auf der Haut verrieben werden, da dadurch die Duftmoleküle zerstört werden und der Duft verfremdet wird.

- Wer Parfüms anhand von Duftstreifen testet, sollte dem Duft zumindest fünf Minuten Zeit für die Entwicklung lassen.

- Es sollten mindestens 20 Minuten vom Riechen des Parfüms bis zum Duftkauf vergehen. Noch besser ist es, den präferierten Duft einen Tag „Probe zu tragen". So kann am effektivsten beurteilt werden, ob der Duft auch langfristig gefällt.

- Teure Düfte mit einem hohen Gehalt an natürlichen Duftessenzen riechen auf jeder Haut individuell verschieden und sollten aus diesem Grund unbedingt am Körper getestet werden. Düfte mit einem hohen synthetischen Anteil sind oft preisgünstig, riechen aber bei jedem Menschen gleich.

- Düfte sollten kühl und dunkel gelagert und innerhalb eines Jahres aufgebraucht werden.

- Parfüms können an Hals, Handgelenk, Nacken, Armbeuge, Kniekehle, im Haar oder auf der Kleidung getragen werden.

- Der Duft entfaltet sich an gut durchbluteten Körperstellen am stärksten und bleibt am längsten an Haar und Kleidung haften.

- Die Düfte von Parfüm, Seife, Bodylotion und Deodorant sollten miteinander harmonieren und vorzugsweise aus der gleichen Duftlinie stammen.

- Wer sich oft und viel parfümiert, wird sich an den Duft gewöhnen und ihn folglich kaum mehr riechen, was zu einer überhöhten Dosierung des Duftes führen kann.

Colour-Styling

Durch den gezielten Einsatz von Farben im Styling kann das Umfeld strategisch beeinflusst, höhere Kompetenz vermittelt und das eigene Wohlbefinden gesteigert werden. Auch die Natur nützt Farben als auffällige und lebenswichtige Signale. Pflanzen locken damit Insekten zu ihrer Befruchtung an oder weisen auf ihre besondere Giftigkeit hin. Tiere hüllen sich in farbenprächtigen Federn, Schuppen oder Fellen, um Feinde oder das andere Geschlecht zu beeindrucken. Auch in unserem Sprachschatz spiegelt sich die Farbsymbolik wider: „Wir sehen rot oder schwarz", „werden grün vor Neid", „sind blau", „tragen eine rosarote Brille", „sehen die ganze Welt in den schönsten Regenbogenfarben" oder „müssen Farbe bekennen". Amerikanische Wissenschaftler haben herausgefunden, dass Farben nicht nur von unseren Augen, sondern auch über die Haut als elektromagnetische Wellen wahrgenommen werden. Diese physikalischen Reize lösen als Nervenimpulse in unserem Gehirn Emotionen aus, die mit der psychologischen Wirkung der Farben übereinstimmen. Farben senden also auf uns selbst und unsere Mitmenschen unbewusste psychologische Botschaften aus, die wir auf mehreren Ebenen strategisch zu unserem Vorteil nützen können. Wir können beispielsweise uns oder unser Gegenüber emotional beeinflussen, durch eine bestimmte Farbwahl die Darstellung unserer Persönlichkeit und Identität verstärken, um so unsere Individualität zum Ausdruck zu bringen, oder durch die Symbolkraft der Farben bestimmte Eigenschaften stärker nach außen vermitteln. Bei der persönlichen Farbwahl gilt es jedoch neben der tiefenpsychologischen Wirkung von Farben auch deren etwaigen kulturellen Background zu beachten und diesen auf das Styling abzustimmen. So ist Weiß in Asien die Farbe der Trauer, in China die des Alters und der Hinterlist und im westlichen Kulturkreis ein Symbol für Reinheit und Unschuld.

Farbtypenlehre

„Die *Farbe* ist eine Zugabe
zu *allen* Erscheinungen,
und obgleich immer eine
wesentliche, doch oft
scheinbar eine zufällige."
Johann Wolfgang von Goethe

Jede Frau hat schon einmal die Erfahrung gemacht, in zwei Outfits mit fast identischer Farbe unterschiedlich zu wirken: das eine Mal vital und frisch und das andere Mal fahl und krank. Des Rätsels Lösung liegt im Zusammenspiel der Haut-, Haar- und Augenfarben mit der Kleidung. Farben korrespondieren mit bestimmten Hauttypen. Die richtige Nuance entscheidet, ob der Teint belebt oder fahl und krank erscheint. Die berühmteste Anleitung für die perfekte Farbwahl basiert auf dem aus den USA stammenden System „Colour Me Beautiful" und beruht auf vier Farbtypen: Frühlings-, Sommer-, Herbst- und Wintertyp. Diese Einteilung in die Farbtypen erleichtert es, die „richtigen" Farben für ein perfektes Styling zu finden.

Farben für Sommer- und Wintertypen sind tendenziell kühl (grau- oder blaustichig), jene für Frühlings- und Herbsttypen warm (gelb- oder rotstichig) – wobei hierbei der Unterton der Farbe ausschlaggebend ist und nicht die Farbe selbst. Geht zum Beispiel ein Bordeauxton in Richtung Brombeere, dann dominiert Blau, er ist „kalt" und somit für Sommer- und Wintertyp geeignet. Ist hingegen der Gelbanteil höher, ist er „warm", erscheint tendenziell „rostig" und passt Frühlings- oder Herbsttypen. Des Weiteren spielt auch die Intensität der Farbe sowie die Unterteilung in klare, zarte, intensive und gedeckte Nuancen eine wichtige Rolle bei der genauen Farbtyp-Einteilung.

Es ist äußerst schwierig, den eigenen Farbtyp ohne entsprechend professionelle Farbtypberatung selbst zu bestimmen, dennoch dient die Farbtypenlehre als hilfreiche Inspiration zum Experimentieren. Wer seinen Farbtyp nicht kennt, kann überdies anhand von anderen vorgegebenen Parametern erkennen, welche Farben mit dem Teint und der Persönlichkeit harmonieren. Es erfordert etwas Übung, die Unterschiede zu erkennen, doch üblicherweise entwickelt „frau" schon nach ein paar Versuchen ein gewisses Gespür.

Den stärksten Einfluss bei der Kleiderwahl hat der emotionale Faktor, daher ist es wichtig, sich mit einer Farbe zu identifizieren. Entspricht der Farbton oder dessen Intensität der Persönlichkeit? Wird mit der Farbe etwas Angenehmes oder etwas Negatives assoziiert? Etwaige Abneigungen sollten hinterfragt werden. Der Mensch ist ein Gewohnheitstier und tendiert zumeist immer zu denselben fünf Farben. Es ist also von Zeit zu Zeit auch etwas Mut gefragt, um Neues zu probieren.

Um die passende Farbe für den eigenen Teint zu erkennen, sollte man sich – am besten ungeschminkt – vor einen Spiegel stellen, das Kleidungsstück zum Gesicht halten und den Blick im Spiegel nicht auf das Kleidungsstück, sondern auf das Gesicht richten. Dabei gilt es zu beobachten, wie sich die Grundtöne des Teints, die Augenschatten sowie die Wangen- und Lippenfarben verändern. Ausgangspunkt für die richtige Farbwahl sind immer die natürlichen Farben von Haut und Haaren. Gebräunte Haut oder gefärbte Haare ändern am Grundtyp wenig. Die Farbe der Kleidung rund um das Gesicht ist am wichtigsten und kann anderweitige Farbfehler mindern oder aber verstärken. Manche Nuancen zaubern Farbe auf den Teint, andere wiederum heben Augenringe und Schatten hervor oder machen blass. Ist der Rotanteil der Haut hoch, verstärkt rote Kleidung diesen Eindruck im Gesicht negativ, Grüntöne neutralisieren hingegen den Rotanteil und passen diesen Typen hervorragend.

Laien erkennen die passenden Farben am besten, wenn sie unmittelbar nach der ersten eine zweite, ähnliche Farbe zum Gesicht halten. Erfahrungsgemäß wird eine Farbe immer besser passen. Hilfreich ist es auch, vorerst mit Oberteilen, die großflächig farbig sind, zu probieren – wie etwa Blusen und Pullovern –, sowie mehrere Modelle unmittelbar hintereinander zu testen. Was jedoch unterhalb der Gürtellinie getragen wird, hat kaum Relevanz – sofern sich die Farben nicht absolut mit dem jeweiligen Typ schlagen oder bei Röcken die nackten Waden hervorblitzen. Dieser Effekt kann jedoch durch das Tragen von Strümpfen eliminiert oder zumindest minimiert werden. Zum Gesicht affine Farben sehen allerdings in fast jedem Fall – auch bei Hosen und Röcken – besser aus.

Der Frühlingstyp

Der Hautton ist eine sehr helle Porzellan-, Elfenbein- oder Pfirsichfarbe oder ein klares oder warmes Beige, hat einen warmen Unterton und oft gold-braune, zarte Sommersprossen sowie rosige Wangen.

Die Haarfarbe variiert zwischen Goldbraun, cremigem Weiß und mehreren Blondtönen wie Hell-, Rot-, Flachs-, Honig- oder einem warmen Dunkelblond. Zudem hat sie einen leichten Gold-schimmer.

Die Augenfarbe reicht von Blau, Grau und Grün bis zu einem leuchtenden Haselnuss- oder Goldbraun.

Testimonials: Claudia Schiffer, Veronica Ferres

Make-up-Grundfarben

Grundierung: Eierschale, Porzellan, Elfenbein, für dunklere, warme Frühlingstypen klares oder warmes Beige

Rouge: Lachs, Apricot oder intensives Pfirsich für helle Frühlingstypen, gedämpftes Rot für dunklere Frühlingstypen

Lippenstift: Klatschmohn, warmes Rosa, Apricot oder korallfarbenes Pfirsich für helle Frühlingstypen, Erdbeerrot für dunkle Frühlingstypen

Lidschatten: grünliche oder haselnussbraune Augen –
Highlighter: Apricot, Zitrone; *Konturen:* Efeu, Grün
blaue oder blauviolette Augen – *Highlighter:* Champagner;
Konturen: Petrolblau

Haar / Frisur

Zum Färben eignen sich am besten licht- und goldblonde Nuancen (warme Farben). Die ersten weißen Strähnchen sollten abgedeckt werden, da sie häufig gelblich grau sind und dies alt macht. Vollkommen ergrautes Haar sieht allerdings sehr attraktiv aus. Ungünstig sind Aschtöne oder Silbersträhnchen.

Mode / Accessoires

Die Grundfarben sind Wollweiß, Eierschale, Beigetöne (Hellbeige bis Gold-caramel), helle Brauntöne, klare Goldtöne, Türkis- oder Aquamarintöne wie Kornblumen- und Lapisblau (vorzugsweise mit violettem Unterton), Grüntöne (pastellig oder leuchtend mit einem gelblichen oder goldenen Unterton), Pfirsich- und Apricottöne sowie Lachsrosa.

Positiv wirken klare, warme, helle Farben, die nicht zu dunkel sein sollten, verschiedenste Blauschattierungen (vorzugsweise mit violettem Unterton). Ein heller Frühlingstyp sollte starke Farben (wie Klatschmohn oder Violett) primär als Akzentfarben benutzen und Kontraste in der Farbgebung vermeiden. Dunkle Frühlingsfrauen hingegen wirken in leuchtenden, klaren Tönen der Frühlings-palette besser, so zum Beispiel in kräftigem Blau oder Klatschmohn. Diese wirken am aufregendsten, wenn sie kontrastreich getragen werden.

Ungünstig sind Farben mit blauen Untertönen, gedämpfte, dunkle Farben so-wie Grautöne, abgesehen von hellem (gelblichem) Grau, Schwarz und Schnee-weiß. Ausnahme: Dunklere Frühlingstypen können Schwarz tragen, dies aller-dings vorzugsweise in gemusterter Form.

Der Sommertyp

Der Hautton ist rosig, graubraun oder ein gedecktes, kühles Beige, hat einen kühlen, bläulichen Unterton und – falls vorhanden – graubraune Sommersprossen.

Die Haarfarbe kann entweder ein Asch- oder Graublond, ein Mittelbraun, ein Blau- oder Mausgrau oder ein Perlweiß sein.

Die Augenfarbe ist entweder Blaugrau, Blassgrau, Blaugrün, Graugrün oder Haselnussbraun.

Testimonials: Sharon Stone, Melanie Griffith

Make-up-Grundfarben

Grundierung: Elfenbein, kühles Beige oder Rosa-Beige

Rouge: Rosa, gedämpftes Lila oder Malve

Lippenstift: blasses Rosa, gedämpfte Malve, Lila, Pink

Lidschatten: bläuliche oder graue Augen –
Highlighter: gedämpftes Rosa; *Konturen:* Grau
grünliche Augen –
Highlighter: Zitrone, Apricot; *Konturen:* Grau, Blautöne

Haar / Frisur

Die Haarfarbe sollte nicht verändert werden. Ausnahmen sind ehemals blonde Sommerfrauen, deren Haare nun hellbraun sind – in diesem Fall sehen silberblonde Strähnchen hervorragend aus.

Mode / Accessoires

Die Grundfarben sind kühle Pastellfarben, weiche, pudrige Nuancen, insbesondere Blau und Rosa, Beige- und Brauntöne mit leichtem Roséstich, Grautöne wie sehr helles Blaugrau sowie sanfte, rauchgraue Töne, vielfältige Rosétöne, Blau in „fast" allen Nuancen, insbesondere Blaugrün-Varianten wie Türkis, blaustichige Rotnuancen wie Burgund-, Kirsch- und Himbeerrot, Grüntöne und blasses Zitronengelb. Blaue Farbmuster bringen den hellen Teint der Sommerfrau vorteilhaft zur Geltung.

Positiv wirken am hellen Sommertyp Ton-in-Ton-Kombinationen. Das Gegenteil gilt für dunkelhaarige Sommertypen, die gerade in dunklen Farben gut aussehen und blasse Farben der Sommerpalette durch Hinzunahme von kräftigeren Tönen beleben sollten.

Ungünstig sind für helle Sommertypen alle scharfen Farbkontraste sowie Königsblau und dunkle Farben wie Pflaumenblau, Rotbraun oder Weinrot nahe beim Gesicht, die abgeschwächt werden sollten. Auf Dunkelbraun, Schwarz, Schneeweiß sowie auf alle Farben mit gelbem Unterton sollte verzichtet werden.

Der Herbsttyp

Der Hautton ist warm, hat einen gelblichen Unterton und oft rötliche Sommersprossen. Der Teint ist Elfenbein, Gold- oder Dunkelbeige, Goldolivgrün, Bronze, Pfirsich-, Honig- oder Goldbraun.

Die Haarfarbe entspricht mittel-, dunkel- oder kastanienbraunen Nuancen, warmen Rottönen, Braunschwarz, Cremeweiß, Dunkelblond, Goldgrau oder Rot.

Die Augenfarbe ist ein warmes, sattes Olivgrün, Haselnuss- oder Goldbraun, klares Hellgrün, Stahl- oder Petrolblau, ein Schwarz- oder ein Kaffeebraun.

Testimonials: Julia Roberts, Cindy Crawford

Make-up-Grundfarben

Grundierung:	Elfenbein, warmes Beige, für dunkle Herbsttypen Bronze
Rouge:	Zimt, Lachsrosa, kräftiges Pfirsich, Terracotta, für dunkle Herbsttypen Rot
Lippenstift:	Terracotta, Zimt, Ziegelrot, kräftiges Apricot, für dunkle Herbsttypen Scharlachrot
Lidschatten:	braune oder grünliche Augen – *Highlighter:* Apricot, Zitrone, Champagner; *Konturen:* Bronze, Moosgrün, Braun gold- oder schwarzbraune Augen – *Highlighter:* Zitrone, Apricot, Erbsengrün; *Konturen:* Grau, Efeu, Violett

Haar / Frisur

Rötliche Schimmer im Haar und warme Brauntöne stehen Herbsttypen hervorragend, nur blonde Herbstfrauen sollten goldblonde Nuancen bevorzugen. Die ersten weißen Strähnchen sollten abgedeckt werden, da sie häufig gelblich grau sind und dies alt macht. Vollkommen ergrautes Haar sieht allerdings sehr attraktiv aus. Ungünstig wirken Aschtöne – sie lassen Herbsttypen blass erscheinen. Auch eingefärbte blonde Strähnchen sind eher unvorteilhaft.

Mode / Accessoires

Die Grundfarben sollten warme Erd- und Goldfarben sein, die sowohl klar als auch gedämpft sein können – also fast alle Braun-, Beige- oder Orangetöne sowie Apricot, gedämpftes Lachs, Rost, leuchtendes Orange, Orangerot und Zinnoberrot. Ebenfalls vorteilhaft: die meisten Grüntöne, Petrol- und Lapisblau.

Positiv wirken bei hellen Herbstfrauen gedämpfte wie auch klare oder neutrale Töne, im Gegensatz zu den dunkelhäutigen Herbsttypen, denen leuchtende Farben in Gesichtsnähe sehr gut stehen. Allen Herbstfrauen ist das Vermeiden von Schwarz, Schneeweiß und allen Farben mit blauem Unterton ans Herz zu legen.

Ungünstig sind Schwarz, Schneeweiß und kühle Farbtöne (alle Farben mit blauem Unterton). Hellhäutigen Herbsttypen ist von leuchtenden, kräftigeren Tönen abzuraten, dunkelhäutige Herbstfrauen sollten gedämpfte Farben vom Gürtel abwärts oder gemusterte Farben tragen.

Der Wintertyp

Der Hautton ist entweder Nordisch-Weiß, Elfenbein, Porzellan mit einem kühlen Unterton oder Südeuropäisch-Dunkel, Gelbbronze, Schwarz oder ein kühles Braun.
Die Haarfarbe ist ein Dunkel- oder Kastanienbraun, Blauschwarz, Schwarz, Silber- oder Schwarzgrau oder grau meliert.
Die Augenfarbe kann zwischen Haselnuss-, Rot- oder Schwarzbraun, Oliv- oder Graugrün, dunklem oder grauem Blau variieren.
Testimonials:
heller Wintertyp: Liv Tyler, Liz Taylor
dunkler Wintertyp: Penelope Cruz, Salma Hayek

Make-up-Grundfarben

Grundierung: Beige, Bronze, Elfenbein
Rouge: Rot, Bronze, Pflaume oder Pflaumenblau, Dunkelrosa, gedämpftes Lila
Lippenstift: Rosa- und Rottöne (wie Erdbeere oder Scharlachrot), Pflaumenrosa oder -blau, gedämpftes Lila
Lidschatten: dunkle oder graubraune Augen –
Highlighter: gedämpftes Rosa; *Konturen:* Grau
grünliche Augen –
Highlighter: Zitrone, Apricot; *Konturen:* Grau, Schwarzbraun

Haar / Frisur

Die eigene Haarfarbe ist bei Wintertypen genau richtig: Strähnchen einzufärben, ist überflüssig. Grau meliertes Haar sieht oft mit einem kurzen Haarschnitt besonders gut aus – wenn überhaupt, sollten Wintertypen ihr Haar nur Aschbraun oder Schwarz färben lassen.

Mode / Accessoires

Die Grundfarben sind klare, lebendige und leuchtende Farben wie Burgundrot, Weinrot, Smaragdgrün, Marineblau, klares Blau sowie Eisblau, Eisrosa oder auch Eisgrün, bei Gelb ausschließlich Zitronengelb, fast alle Grautöne, Schwarz und Schneeweiß.

Positiv wirken klare, leuchtende Farben und eindrucksvolle Kontraste, Primärfarben, Komplementärfarben – sofern sie auf Blau basieren. Am vorteilhaftesten wirken an hellen Wintertypen Eistöne oder die tiefen Nuancen der Winterpalette und Wollweiß statt Schneeweiß. Dunkle Wintertypen können dunkle und sehr kräftige Farbkombinationen wagen. Vorteilhaft sind insbesondere lebhafte Primärfarben, satte Farben und dunkle Neutralfarben.

Ungünstig sind gedämpfte und pudrige Farbtöne, insbesondere Orangetöne, Rost, Gold, die meisten Braun- und Beigetöne sowie pudrige Pastelltöne. Hellhäutige Winterfrauen sollten darauf achten, dass allzu großflächig getragene starke Farben sie schnell erdrücken können. Daher sollten solche Farben eher zur Akzentsetzung hinzugezogen werden. Schwarz in Gesichtsnähe sollte durch eine andere Farbe gemildert werden.

Style Check-up

Im Business-Bereich gilt es darauf zu achten, dass extrem kräftige Farben nicht zu großflächig zum Einsatz kommen. Ein Top in Fuchsia kann, unter einer Jacke getragen, großartig aussehen, ein fuchsiafarbenes Kostüm hingegen wirkt möglicherweise aufdringlich. Vorsicht ist bei Farben geboten, die zwar zum Hautton passen, ihm aber sehr ähnlich sind. Diesen sogenannten „Skin Colours" (meist Rosé- oder Beigenuancen) fehlt es am Kontrast zur Haut und sie sehen zumeist langweilig aus. Nur in Verbindung mit lebendigen Farben und / oder wenn sie nicht direkt auf Haut stoßen (etwa bei einer offen getragenen Jacke), wirken sie gut. Mittleres Marineblau hingegen steht jedem. Vielleicht sind deshalb viele Uniformen und typische Business-Outfits blau. Ton-in-Ton-Zusammenstellungen sind schwierig zu kombinieren, da die Nuancen ganz genau aufeinander abgestimmt sein müssen. Kombinierte Farbtöne können durch ihre Gegensätze spannende Eyecatcher sein. Als Grundregel gilt, nie mehr als drei Farben miteinander zu kombinieren. Mehr ist nur wahren Stylingkünstlerinnen oder sehr selbstbewussten Individualistinnen anzuraten, da die Erscheinung leicht zu unruhig wirkt und beim Gegenüber Stress erzeugt.

Die schlechte Nachricht: Schwarz passt nur Winter- sowie manchen Frühlingstypen und auch Schneeweiß wirkt nur bei diesen Hauttypen wirklich gut. Es ist ein verbreiteter Irrglaube, dass bestimmte Grundfarben manchen Farbtypen gar nicht stehen. Außer Schwarz und Weiß passen jedem alle Grundfarben, es hängt nur von der jeweiligen Nuance ab. Allerdings kann es sein, dass die Farbauswahl bei bestimmten Nuancen, wie beispielsweise Grün, groß ist, bei Rotnuancen aber nur gering.

„Die *Erfahrung* lehrt uns, dass die
einzelnen *Farben* besondere
Gemütsstimmungen geben."
Johann Wolfgang von Goethe

„*Bunt* ist meine
Lieblingsfarbe."
Walter Gropius
(deutscher Architekt)

Die psychologische Wirkung von Farben

Auch wenn des Kaisers neue Kleider ihre „Wirkung" aufgrund geschickt gewählter Worte nicht verfehlten, ist es einfacher und effektiver, auf die Kraft der Farben zu setzen, um andere zu beeindrucken. Schließlich ist die farbpsychologische Wirkung von Kleidung wissenschaftlich erwiesen.

Es mag übrigens nicht immer das Ziel sein, möglichst dynamisch und vital zu wirken. Manchmal sind die Farbsignale der Kleidung wichtiger als ein perfekter Teint. Wenn es einen strategischen Vorteil bringt, sollte man die Regeln brechen und zum Beispiel absichtlich zur „grauen Maus" mutieren. Doch bleibt es jeder Frau selbst überlassen, je nach Gelegenheit Farben zu wählen, die sie lebendig oder kühl, klar und ruhig, distanziert oder harmlos erscheinen lassen.

Reine, gesättigte Farbtöne

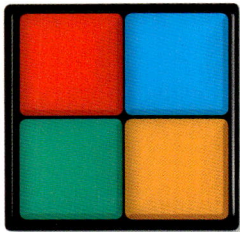

Diese dominanten Farbtöne stellen ihre Trägerin in den Mittelpunkt und können durch ihre Leuchtkraft „laut" und aufdringlich wirken. Aus diesem Grund sollten sie im Business-Styling nur dezent beziehungsweise klein- flächig zum Einsatz kommen. Andererseits vermitteln sie Vitalität sowie Lebendigkeit und sind hervorragende „Farbvitamine", wenn es darum geht, eine positive und aktive Stimmung zu schaffen.

Gedämpfte Farbtöne

Diese hervorragenden Grundfarben wirken sanft, de- zent und unaufdringlich, kommen aber zumeist erst durch die Kombination mit kräftigen Farben gut zur Geltung. Uni getragen können sie langweilig wirken.

Kalte Farbtöne

Kalte Farbtöne vermitteln eine kühle sowie unpersön- liche Atmosphäre und schaffen Distanz. Sie unterstrei- chen allerdings den Eindruck von Sachlichkeit und Funk- tionalität.

Gelbnuancen

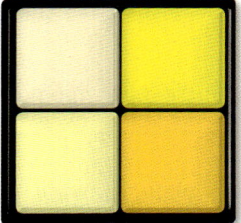

Diese Farben werden als belebend und positiv empfunden und eignen sich ideal, um die eigene oder die
allgemeine Stimmung zu heben. Je heller und wärmer
die Nuancen sind, desto freundlicher ist auch ihre Wirkung. Kräftige Nuancen zeichnen sich zudem durch
eine Signalwirkung aus und stellen ihre Trägerin in den
Mittelpunkt. Als „Muntermacher" sind sie perfekt für
aktive Freizeitbeschäftigungen, großflächig in seriösen
Business-Situationen getragen mindert Gelb jedoch die
Kompetenz der Trägerin. Die Kombination von Signal-
gelb und Schwarz sollte unter allen Umständen vermieden werden, da sie extrem negativ wirkt.

Orange

Die Farbe Orange ist das „Farbvitamin" für gute Laune
und wirkt vital, aufgeschlossen, freundlich und aktiv.
In allzu kräftigen Nuancen kann sie jedoch einen auf-
dringlichen, aggressiven, oberflächlichen oder sogar
einen unseriösen Eindruck hinterlassen. Aus diesem
Grund gilt insbesondere im Geschäftsleben, Intensität
und Dosierung genau abzuwägen. Gedämpfte Nuancen wie Curry, Papaya oder Rost eignen sich hingegen
vorzüglich für den Business-Bereich.

Rosa- & Fuchsianuancen

Rosa wirkt freundlich, harmlos sowie liebenswürdig,
kann einen an sich strengen, dominanten Look mildern
und auf diese Weise Nähe zum Gegenüber erzeugen.
Pink und Fuchsia verleihen zudem eine aktive und vitale
Ausstrahlung. In konservativen Branchen ist bei Rosa-
Nuancen jedoch Vorsicht geboten, da sie fehlende Ent-
schlusskraft vermitteln können.

Rottöne

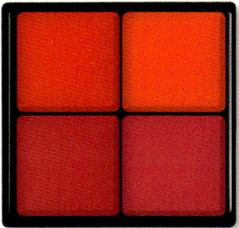

Rottöne strahlen Vitalität und Aktivität aus. Zurückhaltende Frauen können sich mit roter Kleidung vermehrt in den Vordergrund stellen und aktiver wirken, während dominante Persönlichkeiten noch aggressiver scheinen. Lebendige und kräftige Rottöne fördern zusätzlich das eigene Selbstvertrauen, Durchsetzungsvermögen und zählen zu den wärmenden Farben. Dunkle Nuancen wirken sehr festlich und sind die ideale Farbwahl für förmliche Anlässe.

Lila- & Violettnuancen

Diese Farbtöne stehen für Individualität, Inspiration, Selbstvertrauen und gute Intuition. Violett als Farbe der Mystik, Transformation und Heilung wirkt auf das Unbewusste und verleiht ihrer Trägerin geistige Kraft, Erkenntnis und einen geheimnisvollen, kreativen Touch. Zudem kann es sehr elegant und festlich wirken. Wer allerdings unauffällig erscheinen möchte, sollte Violett und Lila meiden.

Blaunuancen

Blaunuancen reflektieren auf unsere Psyche eine beruhigende, ausgleichende Stimmung und fördern Harmoniebedürfnis sowie Kreativität. Allerdings reduzieren Blautöne das Erscheinungsbild manchmal so sehr, dass es langweilig, konservativ oder fantasielos erscheint. Andererseits strahlt ein kräftiges Blau auch Autorität und Eleganz aus. Marineblau ist die klassische und neutrale Business-Farbe und eignet sich hervorragend für Termine mit neuen Geschäftspartnern. Will man sich und damit zusammenhängend sein Unternehmen hingegen mit starker CI positionieren, sollte zu gewagteren Looks gegriffen und das Styling mit kräftigen Farben aufgepeppt werden. Blitzblau, Türkis und Petrol (Blaugrün) sind als Eyecatcher mit hohem Wiedererkennungswert interessant, großflächig getragen im Business-Bereich aber zu vermeiden.

Pastellfarben

Pastellfarben wie Vanille, Zartblau, Apricot, Jade oder Rosé strahlen Sanftmut, Jugend sowie Freundlichkeit aus und sorgen in Kombination mit einer aktiven, kräftigen Farbe für positive Energie. Zudem verleihen sie einem strengen oder maskulinen Look eine harmlose, freundliche Note und wirken vorteilhaft, wenn emotionales Vertrauen aufgebaut werden soll. Im Business-Bereich wirken Pastellfarben (außer Hellblau) allerdings meist zu lieblich, wenn es um die Vermittlung von Fakten geht.

Grünnuancen

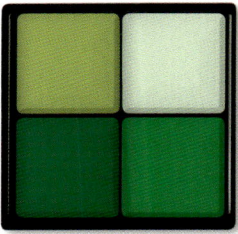

Gedeckte Grüntöne stehen an sich für Tradition, Realitätssinn, Verlässlichkeit und positives Denken, allerdings kann mit ihnen auch – im negativen Fall – Rückständigkeit, Innovationsscheu, Konservativität sowie Fantasielosigkeit assoziiert werden. Da Grün die traditionelle Trachtenfarbe ist, muss auch auf etwaige kulturelle Interpretationen geachtet werden. Grün ist die einzige Farbe, die in freundlichen Tönen allgemein harmonisierend, also zugleich beruhigend und aktivierend wirkt. Diese positiven Eigenschaften werden in Spitälern genutzt, um die Heilungsprozesse von Patienten zu beschleunigen.

Braun- & Beigetöne

Diese freundlich, ehrlich und ausgleichend wirkenden Farben vermitteln Vertrauenswürdigkeit und sind ebenso wie Camel, Zimt oder Cognac eine gute Alternative zu Blau oder Grau im Business-Alltag. Braun wirkt gefälliger, dynamischer und offener und ist zudem eine gute Grundfarbe in Kombination mit lebendigen Nuancen – vorausgesetzt das Outfit ist nicht altmodisch, da sonst der Eindruck einer farblosen, langweiligen und unentschlossenen Persönlichkeit entsteht.

Grau

Wer sich bei einem Meeting möglichst unauffällig verhalten will, sollte wie die sprichwörtliche „graue Maus" auftreten. Dezente Farben mit Graustich, Anthrazit, Mittelgrau oder Schlamm sind dafür genau das Richtige. In der klassischen Business-Farbe wirkt man seriös, diplomatisch, verantwortungsvoll und erfahren, aber auch leicht konservativ und distanziert. Bei der Farbwahl sollte die richtige Nuance zur Haut gewählt werden, da man sonst fahl, ausdruckslos und ermüdet wirkt.

Weiß

Mit Weiß werden Reinheit, Sauberkeit, Sicherheit, Frische und Aufrichtigkeit assoziiert, es kann aber auch kühl, nüchtern und unpersönlich wirken. In Kombination mit anderen Farben sorgt es allerdings für eine vitale, positive Erscheinung. Reines Weiß sollte nicht großflächig getragen werden, da es nur wenigen Hauttypen passt und zumeist den Teint fahl erscheinen lässt; gebrochenes Weiß und Elfenbein sind hier gute Alternativen.

Schwarz

Schwarz steht für Dramatik, Macht, Eleganz, Undurchsichtigkeit, Mystik sowie Trauer. Es reduziert Gedanken auf das Wesentliche, fördert geistigen Austausch im Rahmen von Teamwork und Kreativität. Nicht zuletzt deshalb ist Schwarz vermutlich bei Kreativen und Künstlern besonders beliebt. Auf der anderen Seite wirkt Schwarz deprimierend, raubt Kraft und Vitalität und passt großflächig, ebenso wie Weiß, nur wenigen, da der Teint fahl und alt wirkt. Dunkles Anthrazit ist eine gute Alternative.

Tipps & Tricks

- Einfach und unkompliziert: Für einen „Schnelltest" im Shop das Kleidungsstück zur Innenseite des Unterarms halten und die Farbharmonie zum Hautton überprüfen.

- Kleidung sollte immer im Tageslicht betrachtet werden, da künstliches Licht die Farbnuancen stark verfremden kann.

- Es ist ein verbreiteter Irrglaube, dass bestimmte Grundfarben manchen Farbtypen gar nicht stehen. Außer Schwarz und Weiß passen jedem alle Grundfarben, es hängt nur von der jeweiligen Nuance ab. Allerdings kann es sein, dass die Farbauswahl bei bestimmten Nuancen, wie beispielsweise Blau, groß ist, bei Gelbnuancen aber nur gering.

- Ist der Rotanteil der Haut hoch, verstärkt rote Kleidung diesen Eindruck im Gesicht negativ, Grüntöne neutralisieren hingegen den Rotanteil und passen diesen Typen hervorragend.

- Man darf davon ausgehen, dass gemusterte Stoffe so zusammengestellt sind, dass die einzelnen Farben miteinander harmonieren. Im Zweifelsfall ist es ratsam, sich nach der Hauptfarbe des Musters zu orientieren.

- Wer betreffend passende Farben ganz sicher sein möchte, kann eine Farbberatung bei einem entsprechenden Coach in Anspruch nehmen.

- Ein Farbtupfer in einer lebendigen Farbe kann an einem grauen Wintertag die Laune heben.

- Die Wirkung der Farben beschränkt sich nicht nur auf die Kleidung, sondern gilt ebenso für das Interieur, Wandfarben und Accessoires. So kann beispielsweise eine entsprechende farbliche Adaptierung des Arbeitsplatzes Stress minimieren, Aktivität oder Kommunikation fördern.

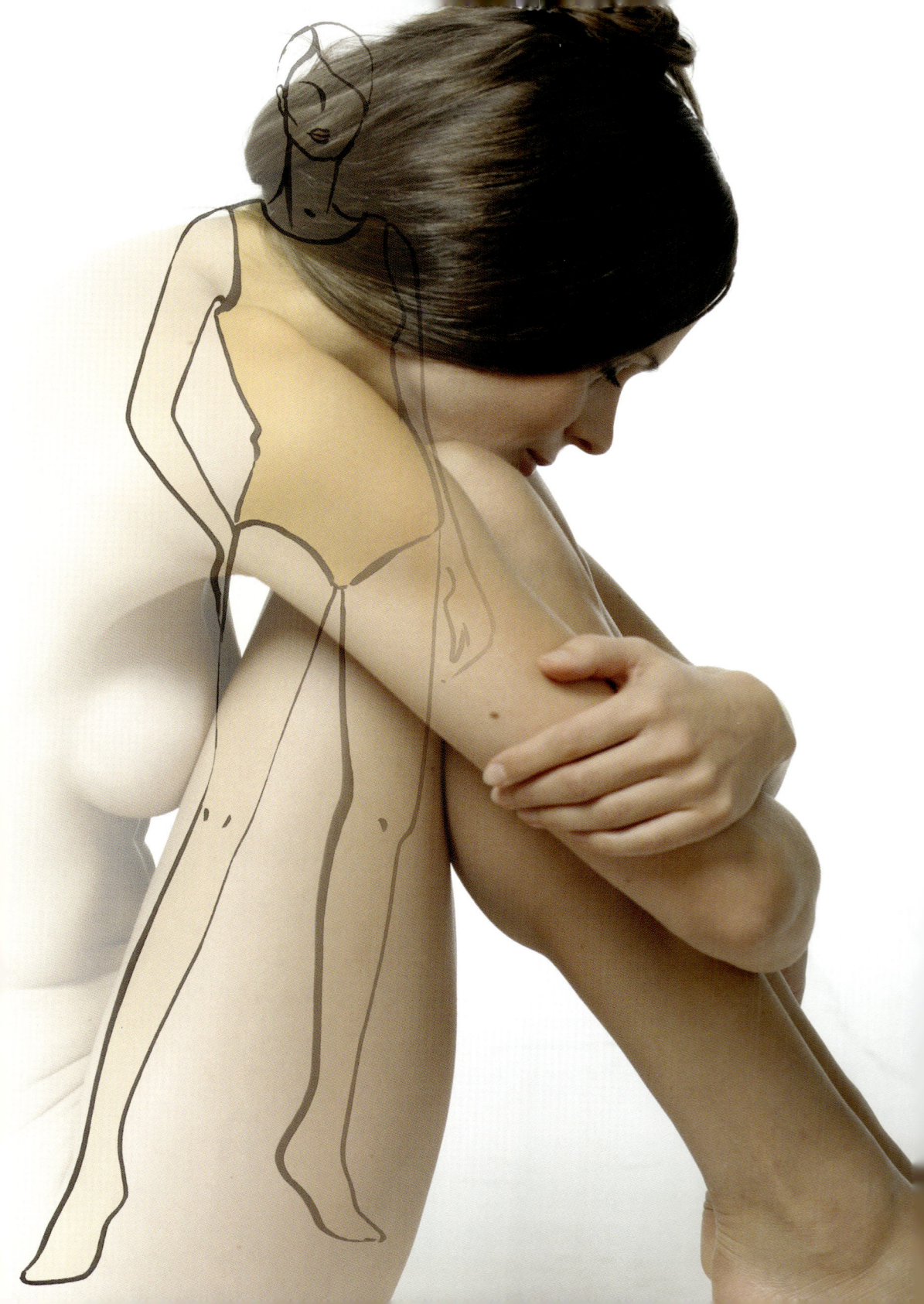

Body-Styling

So individuell und einzigartig wie die Menschen selbst sind auch ihre Staturen. Und jede Körperform ist auf ihre Art und Weise attraktiv. Welche Silhouetten als schön empfunden werden, hängt von den jeweiligen Modeerscheinungen der verschiedenen Epochen und Kulturen ab. So waren im Altertum aber auch in der Renaissance abfallende, runde Schultern und fließende Konturen, wie sie Botticellis Venus aufweist, das angestrebte Schönheitsideal, während im Barock üppige Rundungen à la Rubensfrauen als besonders liebreizend galten. Heutzutage sind extrem schlanke, lang gezogene Figuren mit wohlgeformter Oberweite gefragt. Vorgaben, die kaum eine Frau erfüllen kann und die oft nur auf computerretouchierten Modelfotos existieren.

Bis zum letzten Jahrzehnt des vorigen Jahrhunderts galt weitgehend ein rigides Modediktat, das nur wenig Spielraum für Individualität ließ und zudem oft bestimmte Körperformen bevorzugte. Wer sich diesen Vorgaben nicht beugte, galt als unmodisch oder bestenfalls als großer Individualist. Mittlerweile gibt es in der Mode so viele Paralleltrends, dass sich „In"- und „Out"-Listen erübrigt haben, da sich fast alle Jacken-, Kleider-, Rock- und Hosenformen in den aktuellen Designerkollektionen wiederfinden. Anstatt speziellen Stilen, Schnitten und Farben zählt vielmehr, wer was wann wie trägt. Dies lässt nun endlich viel Freiheit, um perfekt auf die jeweilige Körperform abgestimmte Schnitte zu finden.

Die Schönheit, so zitierte schon Shakespeare, liegt immer im Auge des Betrachters – und schön anzusehen sind alle Körperformen, vorausgesetzt sie sind entsprechend verpackt. Das beginnt bei geschickt gewählten Dessous, die die Proportionen perfekt in Form bringen, und setzt sich über passende Schnitte fort, die die Silhouette harmonisieren. Auch die korrekte Farb- und Stoffwahl spielt dabei eine wichtige Rolle. Doch um die richtige Wahl der Kleidung treffen zu können, muss man wissen, welche Körperform man hat.

Outfit: Wolford

Formvollendet

Laut einer Studie des US-Jeanslabels Levi´s, die an 60.000 Frauen mit 3D-Scannern durchgeführt wurde, gibt es weltweit 10 charakteristische Körperformen. Neben diesen standardisierten Silhouetten treten zusätzlich einige Mischformen auf. So existieren androgyne, athletische Frauen, die nicht wie üblich eine geringe, sondern eine große Oberweite aufweisen, und Frauen mit einer geraden Körperform, aber stark abfallenden Schultern. Wichtig ist es, zuerst den eigenen Grundtyp herauszufinden und dann, um die individuellen Details bestimmen zu können, andere Körperformen zu ergänzen. Diese Silhouetten unterscheiden sich vor allem durch den Knochenbau, die verschiedenen Längsproportionen sowie die Differenz zwischen Schultern, Oberweite, Taillen- und Hüftmaßen und weniger durch die Körpergröße.

Der erste Schritt zu einem gelungenen Body-Styling ist ein kritischer Blick in den Spiegel – am besten in Unterwäsche. Dieser verrät alle Details der eigenen Körperform, die man kennen sollte, um die Stärken der Figur hervorzuheben und etwaige Schwächen gekonnt zu kaschieren. Hierbei ist besonders wichtig, die Silhouette zweidimensional zu betrachten und nicht den Umfang einzelner Körperregionen. Es sollten die Proportionen des Körpers in Länge und Breite verglichen und auf Details wie die Symmetrie der Körperhälften sowie die genaue Form von Statur und Gliedmaßen geachtet werden. Sind die Schultern abfallend oder gerade, viel breiter als das Becken oder bilden sie eine Linie mit Taille und Hüfte? Ist der Oberkörper länger als die Beine oder umgekehrt? Ebenfalls relevant ist die Seitenansicht. Wirkt der Busen kleiner als der Po, liegt vermutlich die Birnen- oder A-Form vor. Sind die Schultern dominant und der Po flach beziehungsweise der Busen stärker ausgeprägt, handelt es sich wahrscheinlich um die V-Form und bei ausgeprägten Kurven um die Sanduhr-Silhouette. Ziel ist es, anschließend anhand der perfekten Schnittführung und des passenden Kleidungsstils eine Annäherung an die ausgewogene Körperform und so ein harmonisches Styling zu erreichen. Dies bedeutet jedoch nicht, die Figur mit aller Gewalt zu verändern und beispielsweise abfallende, schmale Schultern mit großen, dicken Schulterpolstern zu korrigieren, sondern der Silhouette zu folgen und ihr durch geschickte Stylingdetails zu schmeicheln, denn jede Körperform hat ihren Charme und ihre Attraktivität.

Haltung und Asymmetrien

Hohlkreuz

hängender Kopf

runder Rücken

Eine aufrechte Haltung ist nicht nur gesundheitlich und optisch von Vorteil, sondern trägt auch wesentlich zur Passform der Kleidung bei und sorgt für deren perfekten Sitz. Die häufigsten Fehlstellungen sind eine zu steife Haltung, die oft in Verbindung mit einem Hohlkreuz auftritt (Grafik links), ein hängender Kopf (Grafik Mitte) und ein runder Rücken (Grafik rechts). Abhilfe schaffen das Wissen über die eigene Fehlhaltung, kleine Übungen und ein häufiges Überprüfen der eigenen Haltung.

Ein symmetrischer Körperbau ist eine Seltenheit, trotzdem können mit den richtigen Tricks die Konfektionsnorm und ein perfekter Sitz der Kleidung erreicht werden. Die häufigsten Asymmetrien sind ungleiche Schultern, verursacht durch ungleiche Belastungen – wie das einseitige Tragen schwerer Taschen oder ungleiche Beinlängen. Letztere bewirken eine Hüftfehlstellung, die über die Schultern entgegengesetzt ausgeglichen wird. Hilfreich sind in diesem Fall Einlagen

oder Absätze, mit deren Hilfe der kürzere Fuß angepasst wird. Betrifft die Ungleichheit nur die Schultern, so können eine tiefer liegende (Grafik rechts) und eine zu hohe Schulter (Grafik links) mit diversen Schulterpolstern angepasst werden.

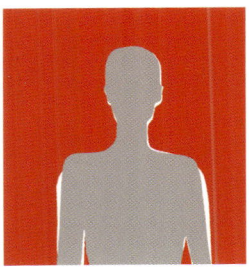
hohe Schulter

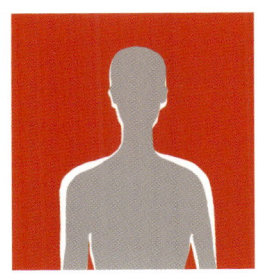
tiefe Schulter

Auch beidseitig tiefere oder höhere Schultern, als sie übliche Konfektionsschnitte vorweisen, sind weit verbreitet. Ratsam ist es, je nach Bedarf abfallende Schultern durch zusätzliche Schulterpolster in der Jacke zu erhöhen oder bei zu geraden Schultern vorhandene Schulterpolster durch flachere Modelle zu ersetzen.

Die wichtigsten Körperformen

Anhand der Körpersilhouette ist der Figurtyp am leichtesten zu erkennen. Er ist die Voraussetzung, um die passenden Schnitte, Farben und Details wählen zu können.

Die ausgewogene Körperform

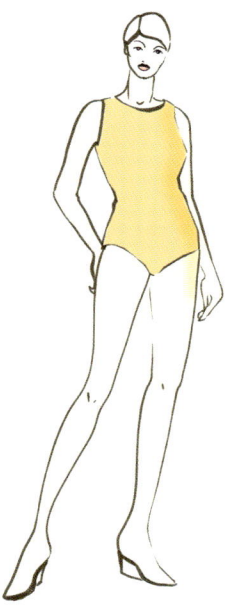

Bei der ausgewogenen Körperform stimmen die Proportionen, also die Größenverhältnisse der einzelnen Körperteile zueinander, exakt. Um die Proportionen zu berechnen, wird als Längenmaßeinheit die Kopflänge genommen und mal sieben beziehungsweise acht multipliziert. Bei der zweiten Kopflänge abwärts beginnt die Brustmitte, beim Ende der dritten Kopflänge die Taille. Die Ellbogen liegen in der Mitte der Arme und sollten auf der Höhe der Taille sein, wenn die Arme herabhängen. Der Schritt befindet sich in gleicher Entfernung zwischen Kopf und Füßen, also bei der vierten Kopflänge. Die Knie sind bei langen Beinen bei der sechsten Kopflänge und die Fersen bei der achten. Zumeist sind jedoch die Beine oder die einzelnen Längeneinheiten etwas kürzer, sodass sich sieben Kopflängen ausgehen. Die Schultern sind ganz leicht abfallend und enden exakt bei der Breite der Hüften. Der Frauentyp mit ausgewogener Körperform hat die größte Auswahl an schmeichelhaften Kleidungsstilen. Allerdings können Abweichungen von diesen Proportionen auch durchaus optische Vorteile bringen. Vorausgesetzt natürlich, dass man sich richtig stylt.

Persönlichkeiten: Claudia Schiffer, Heidi Klum

Oberteile:	alle
Röcke / Hosen:	alle
Don'ts:	keine

Die V- oder athletische Körperform

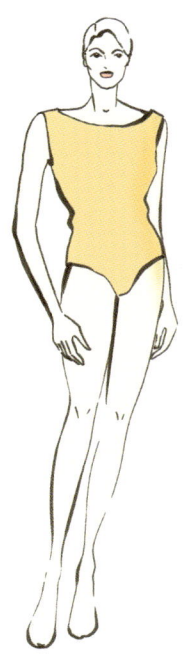

Die V-Form, die oft auch als umgekehrte Dreiecksform bezeichnet wird, gibt es in zwei Variationen: Einerseits zählen hierzu Frauen, die breitere Schultern als Hüften sowie einen kleinen Busen aufweisen und dadurch androgyn beziehungsweise knabenhaft erscheinen, andererseits breitschultrige Frauen, die eine große Oberweite haben und deren Hüften und Po flach sind, sodass der Busen gegenüber den Hüften stark in den Fokus des Betrachters rückt. In beiden Fällen ist die Taille üblicherweise nicht sehr ausgeprägt. Um die Silhouette zu harmonisieren, sollten die breiten Schultern optisch in den Hintergrund gerückt und die Hüften dafür betont werden. Dies kann man durch fester gewebte Stoffe und körpernahe Schnitte für Blusen und Oberteile erreichen. Häufig haben Frauen dieser Körperform einen athletischen Körperbau. Sie sollten nicht zu überladene, verspielte Stile mit üppigen Mustern, Volants oder Rüschen tragen. Eine raffinierte Variante des Ausgleichs für die V-Form sind vertikale Dekolletélösungen und einfache Linien bei Oberteilen sowie eine horizontale Betonung der Unterteile. Bei großer Oberweite sollten aufgesetzte Taschen oder Labelschriftzüge in dieser Region auf der Bluse oder Jacke gemieden werden.

Persönlichkeiten: Anna Kournikova, Elle Macpherson

Oberteile:	körpernahe, schlichte Schnitte, V-Ausschnitte, Stehkragen, zierliche Holderneck-Varianten, kleine Kragen, dezente, vertikale Muster, dunkle, dezente Farben, schmale, gerade geschnittene, etwas längere Blazer und gerade geschnittene, kurze Mäntel
Röcke / Hosen:	Hüftschnitte, leicht ausgestellte Röcke, Hosen im Marlene-Stil, hellere Farben als die Oberteile, kräftige Farben, schmale Gürtel
Don'ts:	Bootausschnitte, Schulterpolster, Puffärmel, große Raffungen und Rüschen bei Oberteilen, Schnitte mit betonten Schultern, Oberteile mit Querstreifen, Hosen mit tiefen Bundfalten, sehr verspielte Röcke und Kleider

Die „H & I"- oder gerade Körperform

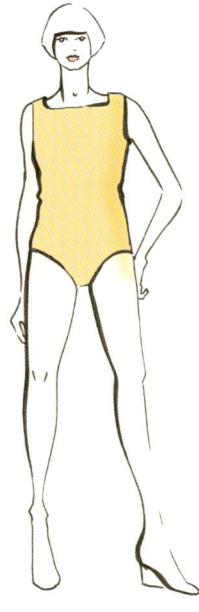

Die gerade Körperform gibt es in zwei Variationen: schlank wie ein I und als stattliches H. Bei dieser Silhouette liegen Schultern und Hüften ungefähr auf einer Linie. Die Maße der Taille weichen nur gering von jenen der Hüfte ab. Oft haben Vertreterinnen dieser Form auch einen flachen Po. Frauen mit dieser Körperform sollten die harten, geraden Linien durch ein feminines Styling harmonisieren und der Silhouette dadurch mehr Weiblichkeit verleihen. Die meisten Models haben durch ihr geringes Körpergewicht die knabenhaft androgyne I-Form mit zumeist kleinen Busen. Sie sind aber relativ einfach zu kleiden, da nur Fehlendes optisch hinzugefügt werden muss. Fließende leichte Stoffe, Drapierungen bei Oberteilen, opulente Kragen, eine betonte Taille mit Gürtel und weite, schwingende Rockteile täuschen fehlende Kurven perfekt vor. Bei starkem Untergewicht sollten sehr knappe und enge, gerade Modelle vermieden werden.

In mächtigerer Ausführung – oft mit üppiger Oberweite – spricht man von einer stattlichen, korpulenten Figur oder von der H-Form. Bei ihr gilt es, der Figur durch eine geschickte, weiche und vertikale Linienführung der Kleidung eine etwas zierlichere Optik zu verleihen. Damen mit dieser Körperform sehen, vor allem wenn sie etwas größer sind, in eng gewebten Stoffen gut aus. Die Taille sollte in jedem Fall nicht allzu stark betont werden, ausgenommen Kleider oder Jacken, die bei der Taille eine leichte Betonung andeuten. Schnitte, bei denen die Taille leicht angedeutet und etwas höher angesetzt ist, strecken die Silhouette und lassen sie zierlicher wirken.

Persönlichkeiten: I-Form: Calista Flockhart
H-Form: Michelle Obama

Oberteile:	I-Form: alle Modelle
	H-Form: gerade geschnittene Modelle, schlichte Ärmel
Röcke / Hosen:	Röcke und Hosen mit Falten oder weicheren Schnitten,
	H-Form: gemäßigte Schnitte
Don'ts:	I- Form: bei starkem Untergewicht keine sehr knappen und engen, geraden Modelle
	H-Form: starke Betonung der Schultern (Schulterpolster), Rollkragen, Bootausschnitte, breite Gürtel, Hosen mit tiefen Bundfalten, dominante Farben, dekorative plakative Muster, kleine Muster, opulente verspielte Kleidung

Die abgerundete gerade Körperform

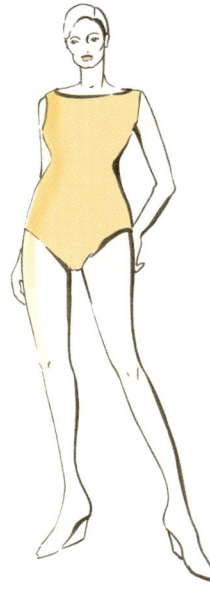

Bei der abgerundeten geraden Körperform handelt es sich um eine Modifikation der geraden Körperform: Sie weist dieselbe gerade Schulterlinie auf, hat aber eine besser definierte, etwas höher sitzende Taille und rundere Hüften. Dadurch wirkt sie auch in der etwas breiteren Ausführung zierlicher und femininer als die gerade Form.

Viele Empfehlungen sind für die gerade wie auch für die abgerundete gerade Körperform ident. Der einzige große Unterschied liegt in der Betonung der Taille. Wichtigstes Accessoire hierbei ist der Gürtel. Bei größeren Unterschieden zwischen Taille und Hüften wirken Röcke und Hosen, die sehr locker fallen, an der Taille besonders schmeichelnd. Ebenfalls zu empfehlen sind Wickelkleider und Tops, da sie die gerade Schulterlinie durch die Drapierungen etwas auflockern. Großartig sehen auch festere Jerseystoffe in einfachen Ausführungen aus. Weitere Möglichkeiten, die Taille zu betonen, sind Jacken mit auf Figur gearbeiteten Schnitten oder schlichte, unstrukturierte Jacken, die mit einem Gürtel geschlossen werden können. Zu beachten ist jedoch, dass bei den üblichen Konfektionsmodellen die Taille oft etwas zu tief für diese Silhouette angesetzt ist. Dies kann entweder vom Änderungsschneider durch eine Taillierung und eine seitliche Naht, zusätzliche Abnäher oder durch geschickt platzierte Gürtel erreicht werden. Ebenfalls sehr vorteilhaft sind Modelle im Empire-Stil.

Persönlichkeiten: Isabelle Adjani, Caroline von Monaco

Oberteile:	tiefere Rund- oder V-Ausschnitte, Wickeltops, Holderneck-Varianten, asymmetrische Schnitte
Röcke / Hosen:	Schnitte mit hoch angesetzter Taille, leicht ausgestellte Modelle
Don'ts:	Hüftschnitte bei Hosen und Röcken, Bootausschnitte, große, hohe Kragen, Schulterpolster

Die A- oder eckige Birnenform

Die in Mitteleuropa häufig auftretende Silhouette ist die A- oder eckige Körperform. Ihre Hauptmerkmale sind schmale Schultern und breite, hohe Hüften. Die Schultern der eckigen Birnenform sind gerade, die Taille ist im Verhältnis zum Busen leicht und zur Hüfte hin stark definiert oder verläuft relativ gerade. Bauch und Po können flach, aber auch rundlich sein. Üblicherweise haben Frauen dieses Typs bei Oberteilen eine kleinere Konfektionsgröße als bei Unterteilen.

Um die Schultern mit den Hüften ins Gleichgewicht zu bringen, waren früher Schulterpolster sehr beliebt. Heutzutage versucht man indes eher, den Oberkörper durch entsprechende Schnitt- und Farbgebung zu betonen – außer saisonale Trends verlangen nach stark betonten Schultern. Volumen im oberen Bereich des Körpers erreichen Vertreterinnen dieses Typs auch leicht durch das Übereinandertragen mehrerer Layer. Beim Kauf von Kleidung sollten sich Frauen mit einer A-Form am Hüftumfang orientieren, da es einfacher ist, Kleidungsstücke enger zu nähen oder mit Abnähern zu versehen, als sie weiter zu machen. Längere Jacken und Oberteile sind für größere Frauen besser geeignet. Bei kleineren Frauen sollten diese Kleidungsstücke hingegen nur maximal bis zum Schritt reichen. Sind die Schultern der Jacke zu weit, können sie mit dezenten Polstern unterlegt werden. Diese Körperform eignet sich perfekt für Kleider in Kombination mit kurzen, taillierten Jacken. Auch die Oberteile sollten tailliert sein und mittig zwischen Taille und Schritt enden. Die Betonung durch eine leicht nach oben versetzte Taille bewirkt eine besonders zierliche Silhouette.

Persönlichkeiten: Shakira, Penelope Cruz

Oberteile:	hohes, spitzes Revers, Bootausschnitte, Betonung der Schulterpartie durch Tücher und Schals, Puffärmel, helle und / oder leuchtende Farben, dekorative Muster, Drapierungen, Wickeloberteile, Twinsets
Röcke / Hosen:	gerade geschnittene oder leicht ausgestellte Hosen, ausgestellte Röcke in A-Form eventuell mit flachen Falten, dunkle, dezente Farben, unregelmäßige, fließende Muster (z. B. Blumen)
Don'ts:	enge, taillenkurze Oberteile, Unterteil in helleren Farben als das Oberteil, Bundfaltenhosen, gerade lange Röcke

Die Ei- oder kurvige Birnenform

Wie die A-Form hat auch die kurvige Birnenform schmale Schultern und breite Hüften. Diese Varianten unterscheiden sich jedoch darin, dass die kurvige Birnenform sowohl von vorne als auch von der Seite kurviger und rundlicher ist und dass die Schultern abfallen. Diese sehr feminine Körperform kann sehr apart „verpackt" werden, vorausgesetzt man folgt den weichen Linien und betont die weibliche Silhouette.

Beim Kauf von Kleidung sollten sich Frauen mit einer kurvigen Birnenform ebenfalls am Hüftumfang orientieren und nicht an ihrer Taille. Ganz eng anliegende Oberteile sollten eher vermieden werden. Ist die Oberweite größer, helfen Push-up-BHs, das Dekolleté in einen attraktiven Eyecatcher zu verwandeln. Empfehlenswert sind weiche und locker gewobene Stoffe wie Jersey oder Wollkrepp. Sollten Schulterpolster verwendet werden, sind gekrümmte Modelle zu bevorzugen. Diese sollten jedoch nur zum Einsatz kommen, wenn die Jacke über den Schultern hängt und dies nicht korrigiert werden kann. Generell sind entweder kurze, taillierte Jacken zu Kleidern und Röcken oder längere, ebenfalls taillierte Modelle bei Hosen wie der Redingote zu bevorzugen.

Um den rundlichen Po nicht unnötig zu verstärken, sind Röcke vorteilhaft, die den Hüftrundungen folgen und leicht schwingen. Etwaige Falten sollten erst in Hüfthöhe beginnen. Vertreterinnen der kurvigen Birnenform sollten Kleidungsstücke mit weichen Mustern, wie Blumen- oder kurvigen, abstrakten Mustern, tragen.

Persönlichkeiten: Botticellis Venus, Meryl Streep

Oberteile:	breite Halsausschnitte, auffällige Kragen, weich fallende, taillierte Oberteile, Bootausschnitte, Wasserfall-Dekolletés, Twinsets
Röcke / Hosen:	gerade geschnittene, ausgestellte Röcke in A-Form eventuell mit flachen Falten, dunkle, dezente Farben, unregelmäßige, fließende Muster (z. B. Blumen)
Don'ts:	enge, taillenkurze Oberteile, weite, gerade geschnittene Oberteile, Unterteil in helleren Farben als das Oberteil, Bundfaltenhosen, gerade lange Röcke

Die „8 & X" - oder Sanduhr-Körperform

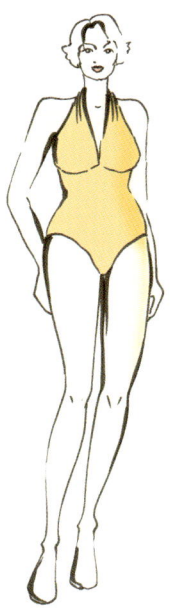

Frauen mit der Sanduhr-Figur sehen sowohl von vorne als auch von der Seite kurvig aus. Die Hüften sind rundlich, die Taille klar umrissen, Po und Busen betont beziehungsweise kurvig, was jedoch nicht zwingend groß bedeutet. Diese Körperform tritt bei sehr schlanken Frauen als kantiges X mit geraden Schultern und sehnigen Muskeln sowie als 8 mit rundlichen Schultern und extrem weiblichen Kurven auf. Da diese Körperformen die größten Differenzen zwischen Oberweiten-, Taillen- und Hüftmaßen aufweisen, sind auch die meisten Passformprobleme möglich. Demzufolge ist bei diesem Figurtyp Kleidung mit der richtigen Passform, wenn auch schwierig zu finden, besonders wichtig, da nur dann die attraktiven Kurven perfekt zur Geltung kommen.

Die Stylingmöglichkeiten der X-Form sind mannigfaltig, einzig der große Unterschied zwischen Hüft- und Taillenmaßen erfordert zumeist das Anpassen von Röcken und Hosen, da diese an der Taille abstehen. Auch das Anpassen von in der Taille zu weit geschnittenen Blazern ist ratsam. Große Frauen sehen mit breiten Gürteln besonders attraktiv aus.

Kleidung für die Sanduhr-Silhouette sollte weiche und lockere Schnitte aufweisen. Auch das Revers von Jacken sollte eher rund und nicht spitz sein. Um zierlicher auszusehen, gilt es stets, die Taille zu betonen. Die Jacken sollten unbedingt tailliert und eher kurz sein, das schmeichelhafteste Kleidungsstück ist das Kleid. Wie auch Vertreterinnen kurviger beziehungsweise rundlicher Körperformen stehen Frauen mit Sanduhr-Form besonders weiche Modelle, insbesondere aus Stretch-Stoffen, Strick oder etwas festerem Jersey mit beispielsweise weichen, abstrakten Mustern, hervorragend.

Persönlichkeiten: Catherine Zeta-Jones, Marilyn Monroe

Oberteile:	weite, offene und runde Halsausschnitte
Röcke / Hosen:	Modelle mit tiefen Bundfalten sowie sehr weit geschnittene Hosen
Don'ts:	Querstreifen, locker herunterhängende oder gerade geschnittene Oberteile

Die O- oder runde Körperform

Die runde Körperform gibt es einerseits als Anlage, bei der alle Winkel rundlich sind, die Schultern leicht abfallen, der Oberkörper kurz, gerade und ohne Taillenbetonung, der Po flach und die Beine zumeist lang sind. Andererseits neigen alle Frauen ab einem gewissen Gewicht-Größenverhältnis zu dieser Körperform.

Die Aufmerksamkeit eines Betrachters lässt sich von der dominanten Mitte abziehen und zum Gesicht hindirigieren, indem der Ausschnitt mithilfe eines weichen Kragens betont wird oder indem Ketten oder Schals getragen werden. Beim Kauf von Kleidungsstücken ist es wichtig, auf die richtige Passform zu achten, das heißt, die richtige Größe zu wählen. Zu enge, aber auch zu weite Kleidung lässt keine Chance auf Attraktivität. Am besten sehen an dieser Figur lockere, unstrukturierte Modelle aus. Jacken, Kleider und Oberteile aller Art, die gerade und schlicht von den Schultern herabfallen, stehen Vertreterinnen dieser Körperform sehr gut. Dezente Schulterpolster können zwischen Ober- und Unterkörper harmonisierend wirken, sollten aber mit Bedacht eingesetzt werden, um keine „kastenartige" Figur zu bewirken. Werden lange Blusen oder Pullover in Kombination mit Röcken getragen, machen sie schlanker. Auch Twinsets beziehungsweise Tops zusammen mit langen, weich strukturierten Westen mit fließender Linienführung sind vorteilhaft. Allzu starke Falten, Muster oder Strukturen sollten vermieden werden, da diese insbesondere Frauen mit runder Körperform schnell schwerer erscheinen lassen. Durch dunklere Farben bei Röcken und Hosen tritt die untere Körperregion mehr in den Hintergrund.

Persönlichkeiten: Elizabeth Taylor, Sophie Dahl

Oberteile:	fließende, weiche Stoffe, auffällige Kragen, grober und feiner Strick, Körper umspielende Schnitte
Röcke / Hosen:	Hosen mit Bug, mäßige Schnitte, bei langen, schlanken Beinen Röhrenschnitte
Don'ts:	Kragen mit hohem Steg, sehr enge Kleidung, harte, kernige Stoffe, Miniröcke, ¾-Hosen, Hüftschnitte

Muster, Farben, Schnitte & ihre Wirkung

Die Wahl des richtigen Musters ist ein wesentlicher Faktor beim Body-Styling, da Muster etwaige negative Figurmerkmale optisch ausgleichen können. Auch durch den gezielten Einsatz von Schnittlinien kann jede Figur positiv beeinflusst werden und harmonisch wirken.

Querstreifen

Je markanter und breiter die Querstreifen ausfallen, umso stärker wird die Figur optisch verbreitert und verkürzt. Sie sind ideal für Frauen mit einem schmalen Oberkörper oder schmalen Hüften. Bei der runden und der geraden H-Form sind diese Musterungen zu vermeiden.

Längsstreifen

Da Längsstreifen die Figur optisch strecken, sind sie besonders für klein gewachsene und rundliche Frauen sowie für die V-Körperform geeignet. Bei X- oder O-Beinen sollten Längsstreifen bei Hosen allerdings vermieden werden.

Diagonalstreifen

Verlaufen die Streifen von der Mitte ausgehend aufwärts, verbreitern sie die Schulterpartie und lassen diese dominanter wirken. Dies hat bei allen A- und Birnenformen sowie bei abfallenden Schultern einen positiven Effekt. Laufen die Streifen jedoch von der Mitte aus abwärts, sehen die Schultern schmäler aus, als sie sind, was wiederum Frauen mit V-Körperform perfekt passt.

Große Muster

Überdimensionale Musterungen lassen eine runde Körperform noch runder wirken und „erschlagen" optisch zart gebaute Personen. Großflächig getragene Muster, beispielsweise große Karos, passen Silhouetten mit ausgewogener und gerader Körperform sowie Frauen mit sehr extravagantem Styling. Sehr großen Frauen stehen sie zwar von der Proportion her, wirken aber zumeist aufdringlich und zu präsent.

Kleine Muster

Kleine Muster sollten mit einfarbigen Kleidungsstücken kombiniert werden, um keinen unruhigen Eindruck zu vermitteln. Dies gilt vor allem bei der Wahl von Kleidern, Röcken oder Hosen in Kombination mit Oberteilen. Sehr große Frauen sollten allzu kleine Muster nicht großflächig tragen beziehungsweise dezente Ton-in-Ton-Varianten vermeiden.

Dunkle Farben

Dunkle Farben vermitteln einen seriösen Eindruck, machen schlanker und wirken sich besonders positiv bei runden Körperformen aus.

Helle Farben

Helle Farben eignen sich nicht für runde Körperformen, da sie eher „auftragen", also jemanden größer und breiter wirken lassen als er ist. Gleiches gilt für alle Körperregionen, die es zu kaschieren gilt, wie beispielsweise weiße Hosen und Röcke für Frauen mit breiten Hüften.

Vertikale Schnittlinien

Für klein gewachsene Frauen sowie Silhouetten mit kurzem Oberkörper oder einer runden Körperform sind vertikale Schnittlinien empfehlenswert, da diese die Figur optisch strecken. Für besonders kleine Frauen mit runder Körperform sind Hosen mit Bug sowie einfachen, eingeschnittenen Taschen in Längsrichtung von Vorteil. Optimal sind auch Kleider, da sie die Taillenlinie nicht betonen, sowie für Frauen mit kurzem Hals Pullover mit V-Ausschnitt.

Horizontale Schnittlinien

Diese Schnitte, wie beispielsweise der Bootausschnitt, sind ideal für Frauen mit einem sehr schmalen Oberkörper. Pattentaschen oder aufgesetzte Taschen bei Blazer, Jacken oder Mänteln verkürzen optisch groß gewachsene Frauen und „entschärfen" einen zu langen Oberkörper. Bei einem kurzen Hals sollten weder Rollkragenpullover noch Kragen mit hohem Steg getragen werden. Letztere können jedoch einen zu langen Hals optisch ausgleichen. Eine markante horizontale Linie wird auch durch die Länge der Jacke gesetzt, weshalb zu lange Jacken sehr unvorteilhaft für klein gewachsene Frauen oder jene mit langem Oberkörper sind.

Body-Styling-Checkliste

„Hätte *Gott* mich *anders gewollt, so* hätt´ er mich *anders gebaut"*, schrieb schon *Johann Wolfgang von Goethe* – und *recht* hat er.

Mit dem richtigen Know-how können Outfits im Detail auf die Körpermerkmale abgestimmt, typische Körpermerkmale positiv akzentuiert und Schwächen optisch ausgeglichen werden.

Knochenbau

Schwerer Knochenbau / große Statur

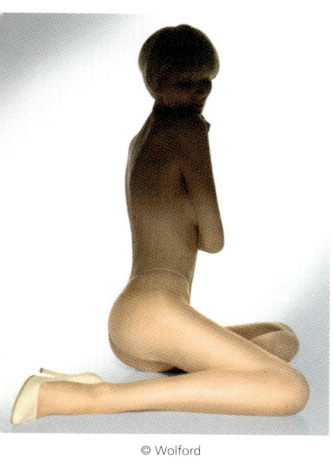

© Wolford

Wer einen schweren Knochenbau hat und groß ist, kann gröber strukturierte Stoffe und größere Drucke tragen als kleine Frauen. Dunkle Farben lassen die Silhouette kleiner und zierlicher wirken. Auch große Accessoires, plakativer, großer Schmuck sowie Taschen mit klaren Linien und Proportionen passen gut. Letztere sollten, wenn sie gemustert sind, nur große Prints aufweisen. Halstücher, die vertikal drapiert sind, kaschieren beziehungsweise strecken bei opulenten Frauen die Silhouette. Große Frauen wirken noch wuchtiger, wenn sie kleine Muster tragen, kleine Accessoires sowie zierlicher Schmuck verlieren ihre Wirkung. Starke Frauen sollten ihre Taille nicht betonen und auf Gürtel weitgehend verzichten.

Leichter Knochenbau / kleine Statur

Kleine zierliche Frauen sollten große Drucke und kühne Accessoires nur vorsichtig einsetzen. Wenn kleine Frauen Modelle im kleinen Maßstab tragen, zum Beispiel ein winziges Blumenmuster, lassen sie diese ebenso wie helle, kräftige Farben größer und dominanter erscheinen. Kleine Accessoires und zierlicher Schmuck und, je nach Typ, verspielte Details passen Frauen mit leichtem Knochenbau beziehungsweise kleiner Statur gut. Vorsicht ist bei zu langen Taschenriemen geboten. Schwere, große Drucke erdrücken bei zierlichen Frauen die Silhouette.

Gesicht & Hals

Markantes Gesicht

Ist der Gesichtsschnitt sehr markant, sollte eine Wiederholung dieser Form beim Halsausschnitt vermieden werden. So sieht ein kantiges Gesicht zu einem eckigen Halsausschnitt noch kantiger aus, während ein rundes Gesicht zu einem eng anliegenden runden Ausschnitt noch voller wirkt.

Langer und / oder dünner Hals

Ein Schal oder Rollkragen lässt den Hals kürzer erscheinen. Ist der Hals lang und dünn, kann auch ein Rollkragen oder ein Halstuch unter dem normalen Kragen getragen werden. Eine Haarlänge, die mindestens bis zur Mitte des Halses reicht, ist im Gegensatz zu Kurzhaarfrisuren vorteilhaft. Vermieden werden sollten tiefe Ausschnitte und lange Ketten.

Kurzer und / oder dicker Hals

Vorteilhaft sind möglichst offene Ausschnitte, vorzugsweise V- oder eckige Ausschnitte. Auch ein vorne geöffneter Kragen lässt den Hals länger erscheinen. Rechteckige, lange Halstücher sind quadratischen Tüchern vorzuziehen. Kürzere Frisuren, die im Nacken kantig sind, können Länge ebenso vortäuschen wie lange, eher zierliche Ketten, eventuell mit einem dekorativen Anhänger. Nicht empfehlenswert sind hohe, abgerundete Ausschnitte, hohe Kragen, wie beispielsweise Polo- oder Rollkragen, sowie kleine Tücher und kurze Ketten wie etwa ein Choker (Kropfband). Auch Langhaarfrisuren wirken eher unvorteilhaft.

Schultern

Abfallende und / oder schmale Schultern

Ausgleichend wirken kleine Schulterpolster, die aber nur bei dicht gewebten Stoffen zum Einsatz kommen sollten. Horizontale Dekolletélösungen wie Puffärmel, Boot- oder geschlitzte Ausschnitte sowie nach oben und seitwärts weisende Kragenaufschläge verbreitern ebenfalls optisch die Schultern. Auch Halstücher, die um die Schultern geschlungen werden, sowie Broschen oder Anstecker in Jackenaufschlägen sind vorteilhaft. Abzuraten ist von trägerlosen oder schmalen V-Ausschnitten, capeartigen oder Raglanärmeln und von sehr eng anliegenden Oberteilen.

Breite Schultern

Empfehlenswert sind einfach geschnittene Modelle ohne Schulterpolster sowie Modelle mit V-Ausschnitt oder offenem Kragen. Raglan- oder capeartige Ärmel können ebenso wie lange Ketten positiv von der horizontalen Schulterlinie ablenken. Auch ein weit ausgeschnittenes Dekolleté lässt die Schultern schmaler erscheinen. Schulterpolster, Bootausschnitte, trägerlose Tops oder Oberteile mit dünnen Trägern und geradem Ausschnitt sind zu vermeiden.

Busen

Großer Busen

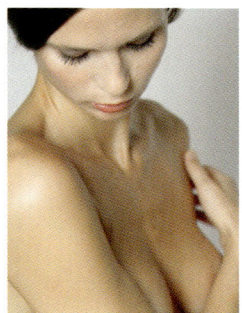

Ein BH mit gutem Halt ist bei großer Oberweite unverzichtbar. Offene Ausschnitte und schlichte Oberteile wirken ebenso harmonisierend wie leichte, locker fallende Stoffe. Von Vorteil sind auch eine tief angesetzte Taille beispielsweise bei Kleidern, dunkle Farben sowie Ton-in-Ton-Muster. Halstücher und -ketten reichen am besten nur bis zum Brustansatz. Abzuraten ist von hohen Ausschnitten und Kragen sowie auch von vielen Details in der Brustregion wie beispielsweise von aufgenähten Taschen, Querstreifen in Brusthöhe und hoch geschnürten Taillen – ausgenommen bei der Trachtenmode. Bei Gürteln ist Vorsicht geboten. Sie sollten, wenn sie unbedingt nötig sind, schmal und nicht im Kontrast zur Kleidung sein.

Kleiner Busen

Vorteilhaft sind BHs mit Körbchen und / oder Einlagen sowie etwas lockere Oberteile mit Brusttaschen oder auffälligen Details in Brusthöhe. Tücher um den Hals, die in die Bluse gesteckt werden, wie auch kurze Ärmel lassen den Brustbereich weiter erscheinen. Bei Frauen mit kleiner Oberweite wirken indes tiefe Dekolletés schön, ohne vulgär zu erscheinen. Zusätzlich sieht bei diesen Ausschnitten dekorativer Schmuck gut aus. Vorsicht ist bei Wickeltops und Triangel-Bikini-Oberteilen geboten. Sie können je nach Passform ausgleichend, aber auch disharmonisch wirken. Gemusterte Tops lenken von fehlenden Kurvendimensionen gut ab. Sport-BHs und eng anliegende oder knappe Oberteile wirken nachteilig.

Taille

Lange Taille

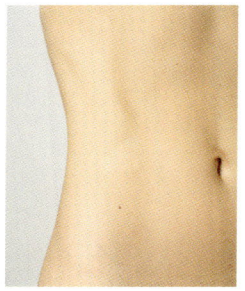

Entgegen der häufigen Meinung sind kurze Jacken, beispielsweise im Bolero-Stil, bei einer langen Taille vorteilhaft. Alternativ sehen auch Blazermäntel mit einer dezenten und leicht höher angesetzten Taille wie der Redingote gut aus. Auch bei allen anderen Kleidungsstücken harmonisieren eine hoch angesetzte Taille sowie Empire-Schnitte die Silhouette. An der Taille kann ebenso mit unterschiedlichen Gürteln experimentiert werden wie mit einer geschickten Farbwahl: Farben und Muster primär im Bereich des Oberkörpers und Hosen sowie Röcke in neutralen Farben. Abzuraten ist von einer niedrig angesetzten Taille, langen Jacken und einem Gürtel in der Farbe des Oberteils.

Kurze Taille

Je nach Stil und Typ kann diese Figurform entweder betont oder ausgeglichen werden. Um den zierlichen Look einer kurzen Taille zu unterstreichen, eignen sich Kleider, Tops und lange Jacken im Empire-Stil wie der Redingote. Ist der Oberkörper nicht viel kleiner als der Unterkörper, kann die kurze Taille bewusst durch eine niedrig angesetzte Taille, beispielsweise bei Charlestonkleidern, kaschiert werden. Gürtel sollten schmal und in der Farbe des jeweiligen Oberteils gehalten sein. Disharmonisch wirken kurz geschnittene Jacken, Röcke und Hosen mit einer hohen Taille sowie breite Gürtel.

Arme

Lange und / oder dünne Arme

Kurze, angeschnittene Ärmel und breite Manschetten kaschieren zu lange Arme ebenso wie viele dekorative Armreifen. Vorsicht geboten ist bei anliegenden Ärmeln, ¾-Ärmeln und knapp über dem Handgelenk endenden Modellen.

Kurze und / oder schlaffe Arme

¾-Ärmel, aufgekrempelte beziehungsweise geraffte Ärmel und etwas kürzer geschnittene Jacken kaschieren kurze Arme. Eingesetzte Ärmel oder auch Puffärmel wirken ausbalancierend, im Gegensatz zu eng anliegenden Ärmeln aus Stretch-Stoff. Ebenfalls unvorteilhaft erscheinen Ärmel, die über die Handgelenkknochen reichen oder sehr weit sind sowie auffällige Manschetten. Bei schlaffen Oberarmen sollten die Ärmel zumindest bis zur dicksten Stelle des Oberarms reichen und nicht zu eng geschnitten sein.

Hände

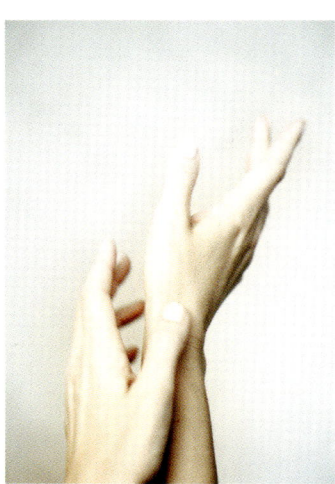

Bei großen und / oder sehr breiten Händen sollten die Ärmel etwas breiter geschnitten sein, während sehr zierliche Hände etwas schmälere Ärmel verlangen. Dies kann je nach Statur durch einen komplett schmäler geschnittenen Ärmel oder durch ein Verschmälern ab dem Ellenbogen erreicht werden. Für große und sehr breite Hände eignen sich ebensolche Manschetten, zu zierlichen Händen passen eher schmälere Manschetten.

Po & Co.

Flaches Gesäß

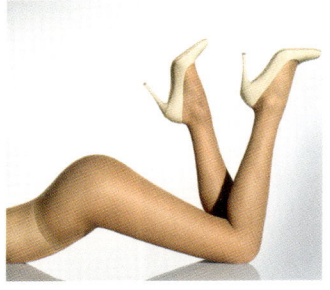

© Wolford

Gut sehen Jacken und Oberteile aus, die sich im Rücken zusammenschnüren lassen, sowie locker über die Hüften fallende Westen und Jacken. Diese können auf Höhe der Hüften auch aufgenähte Taschen oder Ziernähte aufweisen. Vorteilhaft sind auch Kombinationen von kurzer Jacke mit kurzem Rock sowie ausgestellte, leicht voluminöse Röcke.

Rundes Gesäß und runde Oberschenkel

Bei dieser Silhouette sollten die oberen Körperpartien mittels heller oder kräftiger Farben sowie der Struktur der verwendeten Stoffe stärker betont werden. Jacken und Oberteile enden in der Länge dort, wo die Hüften am weitesten sind oder so, dass sie im Schritt locker fallen. Röcke in A-Form sowie mit vertikalen Nähten schmeicheln besonders und sollten knapp über oder auf Höhe der Knie enden. Bei Hosen sind gemäßigte, gerade und leicht ausgestellte Schnitte zu bevorzugen. Schuhe mit Absätzen strecken die Silhouette optisch. Abzuraten ist von Modellen mit in Falten gelegter oder voluminöser Taille, steifen, eng anliegenden Stoffen sowie Querstreifen im Hüftbereich.

Beine & Füße

© Wolford

Dünne Beine

Empfehlenswert sind längere Röcke und Hosen aus festeren Stoffen sowie helle Strumpfwaren, da so die Beine voller wirken. Bei den Schuhen sollten niedrige oder flache Absätze bevorzugt werden. Don'ts sind kurze Röcke, farbige, dunkle Strumpfwaren und enge Röhrenhosen.

X- & O-Beine

Bei X-Beinen sind dünne knielange Röcke sowie gerade geschnittene Hosen, eventuell mit leichten Bundfalten, vorteilhaft. Bei O-Beinen sind weite Hosen ratsam. Röhrenhosen sollten in beiden Fällen vermieden werden.

Schwere Beine

Längere Röcke, die bis knapp oberhalb der Fußknöchel reichen oder an der Einbuchtung unter den Knien enden, sind ideal für schwere Beine. Strumpfwaren sollten den Farbton der Schuhe haben – besonders vorteilhaft wirken mittlere bis dunkle Töne, die nicht blickdicht sind. Schuhe mit Absatz strecken die Silhouette, sollten aber nicht zu zierlich ausfallen. Zu vermeiden sind kurze Röcke, farbige, helle Strümpfe und flache Schuhe.

Kurze Beine

Vorteilhaft wirken Ton-in-Ton-Farbabstufungen oder im Farbton auf Saum und Schuhe abgestimmte Strumpfhosen. Schuhe mit Absätzen sind günstig. Sie lassen die Beine dünn wirken und ergeben mit kurzen Röcken und Hosen ein harmonisches Gesamtbild. Kurze Beine erfordern Hosen mit Bug, die keinesfalls Stulpen aufweisen sollten. Ebenfalls negativ wirken lange, weite Röcke, lange Jacken und flache Schuhe.

Füße

Bei sehr kurzen Füßen sind lange, schlanke oder spitze Schuhformen ideal, die, wenn möglich, Schnürungen oder lange Laschen aufweisen sollten. Ebenfalls positiv wirken breite Sohlen und helle Farben. Weniger optimal sind dicke Sohlen, ein steifes Obermaterial, runde Kappen und kurze Laschen. Große Füße verlangen nach Möglichkeit zierliche, schmale Schuhmodelle mit runden Kappen und Querlaschen. Ebenfalls vorteilhaft sind Schuhe und Strümpfe in der gleichen Farbe.

Konfektionsgrößen

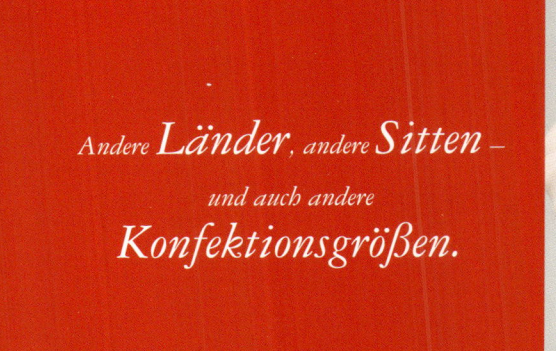

Andere Länder, andere Sitten –
und auch andere
Konfektionsgrößen.

Essenziell für den perfekten Sitz von Kleidung ist die richtige Konfektionsgröße. Doch auch wer seine Größe bei einer Marke kennt, sollte die Kleidung vor dem Kauf sicherheitshalber probieren, da je nach Land, Zielgruppe und Philosophie Schnitte und Maße bis zu 2 Nummern abweichen können. Zudem gibt es in anderen Ländern neben anderen Größenbezeichnungen – bedingt durch abweichende durchschnittliche Körpermaße der jeweiligen Bevölkerung – auch wesentliche Abweichungen bei den Schnitten. In Italien, Frankreich und Spanien ist die Konfektion üblicherweise enger, körpernaher und kleiner geschnitten als in Deutschland. In England und den USA sind die Schnitte gemäß der dort lebenden Population größer und vor allem weiter geschnitten als in Kontinentaleuropa.

Hilfreich sind Umrechnungstabellen, die jedoch nur als Richtlinien dienen können, denn abgesehen von markenindividuellen Abweichungen wird angeblich spätestens 2012 die sogenannte „Euronorm 14302" in Kraft treten. Dieses neue Maßsystem wurde von internationalen Textilexperten entwickelt und soll europaweit für einheitliche Größentabellen sorgen, die mittels Laserscanner eruiert wurden. Bis dahin und sicher auch noch in der darauf folgenden Übergangszeit helfen folgende Größentabellen den Durchblick im internationalen Kennzeichnungsdschungel zu bewahren.

Internationale Konfektionsgrößentabelle

D/A/CH	34	36	38	40	42	44	46
F	36	38	40	42	44	46	48
I	42	44	46	48	50	52	54
UK / USA	4	6	8	10	12	14	16
International	XS	S	M	M	L	L	XL
Oberweite	78–81	82–85	86–89	90–93	94–97	98–102	103–107
Taillenumfang	63–65	66–69	70–73	74–77	78–81	82–85	91–95
Hüftumfang	88–91	92–95	96–98	99–101	102–104	105–108	109–112

Jeans & Freizeithosen

In Europa werden – außer bei Konfektionshosen – zumeist Inch-Maße als Größenangaben verwendet, bei denen üblicherweise zunächst der Bundumfang und dann die Beinlänge angegeben ist. Werden diese Maße mit 2,54 multipliziert, ergeben sich in etwa Bundumfang und Beinlänge in cm, wobei jedoch die Realmaße in Relation zu den Hosengrößen höchst unterschiedlich ausfallen können. Zudem werden auch je nach Marke unterschiedliche Größenschlüssel produziert.

Gürtel & Schuhe

Die richtige Länge definiert sich durch den im 2. Loch geschlossenen Gürtel. Es mag zwar unlogisch klingen, doch die Schuhgrößen in England und den USA sind völlig unterschiedlich, obwohl beide auf Inch-Maßen basieren. Darüber hinaus variiert bei vielen Marken auch der jeweilige Größenschlüssel in Korrelation mit den europäischen Maßen. Daher ist keine Größentabelle sinnvoll.

Hüte & Handschuhe

Um die richtige europäische Hutgröße zu eruieren, wird der Kopfumfang an der breitesten Stelle in cm gemessen. Der Handumfang wird bei leicht geballter Hand, ohne dem Daumen, direkt über den Fingergelenken der stärkeren Hand gemessen. Zumeist korreliert die Fuß- mit der Handgröße. Handschuhgröße 7,5 entspricht der Schuhgröße 39. Davon ausgehend wird bei der nächstfolgenden größeren Schuhnummer 0,5 bei der Handschuhgröße hinzugezählt beziehungsweise 0,5 abgezogen (7 = 38, 8 = 40).

„*Kleider* sollten so **eng** anliegen, dass man sieht, sie ist eine *Frau*, und so *lose*, dass man sieht, sie ist eine *Dame*.“
Unbekannt

Passt wie angegossen

Was nützt das schönste, qualitativ hochwertigste Kostüm, wenn es schlecht sitzt oder sehr unkomfortabel ist. Der weibliche Körper ist im Vergleich zur männlichen Silhouette höchst komplex, was auch schnitttechnisch eine größere Herausforderung darstellt und somit eine Vielzahl an Passformproblemen in sich birgt. Denn so individuell wie die Körperformen sind auch die Schnitte von Konfektionskleidung. Bis zur Mitte des letzten Jahrhunderts wurde der korrekten Passform noch viel Aufmerksamkeit gewidmet. Heutzutage ist dieses Bewusstsein bei vielen verloren gegangen. Dies mag einerseits an der immer schnelllebigeren Mode liegen, bei der es sich kaum noch lohnt aufwendige Änderungen vorzunehmen, andererseits an den günstigen Preisen im Vergleich zu früher. Ganz nach dem Motto „Was nichts kostet, ist nichts wert" wird dabei übersehen, wie viel negative nonverbale Kommunikation dies bewirkt. Doch insbesondere im

Business-Bereich wird man als Erstes nach der Kleidung beurteilt. So scheint man in zu großer Kleidung eventuell seiner Aufgabe nicht gewachsen, bei schlecht sitzender Kleidung kann vermutet werden, dass Inhalt und Form nicht übereinstimmen, was zum Verlust der Glaubwürdigkeit führen kann. Dabei ist es mit etwas Geschick oder der Unterstützung einer Änderungsschneiderin so einfach, perfekt sitzende Kleidung zu tragen, die wie eine zweite Haut kaum spürbar den Körper umschmiegt und ihn bestmöglich präsentiert.

Grundsätzlich ist zwischen Maßarbeit, Semi-Couture und Prêt-à-porter (Stangen- / Konfektionsware) zu unterscheiden. Die günstigste Ausführung sind Konfektionsmodelle, für die die Körpermaße allerdings ungefähr den Konfektionsgrößen entsprechen müssen. Kleine Änderungen sind möglich, zu komplexe Abänderungen sind nicht nur schwierig, sondern auch teuer. Da die Proportionen bei den verschiedensten Marken und Ländern sehr unterschiedlich sind, stehen die Chancen jedoch gut, passende Modelle zu finden. Hier gibt es eine schier unendliche Auswahl an Farben, Stilen, Schnitten und Stoffen. Semi-Couture-Modelle bestehen aus vorgefertigten Schnitten beziehungsweise Stoffteilen, die mit den Kundenmaßen ergänzt und abgewandelt werden. Sie sind etwas aufwendiger in der Herstellung und werden für Frauen selten angeboten. Zudem ist ebenso wie bei Maßmodellen die Auswahl an Stoffen, sofern es sich nicht um klassische Businessstoffe handelt, eher gering. Diese Maßkonfektion ist die perfekte Lösung im „mittleren" Preissegment, sofern die Figur in etwa den aktuellen Konfektionsgrößen entspricht. Die Fertigung von Maßmodellen ist besonders für Frauen geeignet, die spezielle Wünsche oder Bedürfnisse haben. Bei klassischen Business-Modellen sowie Ballkleidern kann es sinnvoll sein, etwas mehr Geld in eine perfekte Passform zu investieren. Doch ganz egal, welche Fertigungsvariante gewählt wird, gewisse Parameter betreffend der Passform sollten auf jeden Fall erfüllt werden. Aus diesem Grund soll nachfolgend auf die häufigsten Mängel und Fehler aufmerksam gemacht werden.

Kostümjacke & Blazer

Die Schultern der Jacke sollten gerade bis leicht abfallend gebaut und üblicherweise mit kleinen Polstern unterlegt sein, die etwas Struktur geben. Die Dimension ist dann korrekt, wenn die Schulterbreite bei angelegten Armen exakt über den Oberarm fällt. Ist die Jacke zu groß, fallen die Schultern über den Arm schräg ab und bilden einen unschönen Knick. Ist diese Konfektionsgröße aufgrund eines ausladenden Beckens nötig, kann sie eventuell mit zusätzlichen Schulterpolstern korrigiert werden. Um eine optimale Bewegungsfreiheit zu gewährleisten, darf der Blazer am hinteren Ärmelbogen etwas lockerer fallen. Sind Jacken an den Schultern viel zu weit geschnitten, bilden sie unschöne Längsfalten am Rücken, die auch mit Abnähern nicht behoben werden können.

Bei zu eng gearbeiteten Jacken wölben sich die Schultern unter den Ärmeln hervor. Dieser Makel kann kaum behoben werden. Zu eng geschnittene Jacken sind auch daran zu erkennen, dass sie beim Revers aufklaffen, in Taillenhöhe spannen und der Schlitz beziehungsweise die beiden Schlitze über dem Gesäß abstehen. Hier kann die Passform – sofern es sich nur um ein paar cm handelt – durch das Auslassen der Seitennaht oder ein Versetzen der Knöpfe erreicht werden.

Die passende Länge der Jacke ergibt sich aus der individuellen Körperform und dem jeweiligen Stil. Ist sie nicht optimal, sollte sie unbedingt geändert werden, da sie einen großen Einfluss auf das gesamte Erscheinungsbild hat. Die korrekte Ärmellänge endet knapp über dem Handrücken an der Daumenwurzel. Hier ist bei etwaigen Änderungen auf durchgenähte Knopflöcher zu achten, die das Kürzen erschweren oder vereiteln können.

Röcke & Hosen

Bei Röcken und Hosen ist vor allem ein zu kleiner oder zu großer Unterschied von Hüft- und Taillenmaßen Ursache von Passformproblemen. Änderungen um die Taille können je nach Schnitt sehr einfach oder aber sehr aufwendig sein, wenn beispielsweise der ganze Bund aufgetrennt werden muss. Sitzt die Hose am Gesäß schlecht, gibt es – außer entsprechender Funktionsunterwäsche – fast keine Möglichkeit zur Korrektur. Ist die Hose im Schritt zu kurz, bildet sie unschöne Furchen und ist zumeist sehr unbequem. Hierfür gibt es, außer Gewichtsverlust, ebenso kaum Korrekturmöglichkeit. Einzig durch Verkürzen, wenn die Hose am Gesäß „plodert", oder Verlängern vom Schritt zur Taille, indem man den Bund höher setzt, kann die Gesäßform leicht harmonisiert werden.

Blusen & Co.

Blusen sollten ebenso wie Jacken an der Schulter genau sitzen. Schnitttechnisch sind je nach Figur und Stil ein Komfort-, ein klassischer oder ein Slim-Cut passend. Letzterer ist vor allem für sehr schlanke Damen geeignet. Ist diese Bluse zu eng, können eventuell die Abnäher herausgetrennt werden. Um die richtige Ärmellänge zu erzielen, können Blusen bei den Manschetten verkürzt werden.

Fashion-Styling

„Ich habe einen ganz einfachen Geschmack: Ich bin immer mit dem Besten zufrieden." Diese Devise von Oscar Wilde sollte auch das Credo betreffend Styling sein, denn der erste Eindruck kennt keine zweite Chance. Er entsteht maßgeblich durch Äußerlichkeiten. Wird auf das richtige Styling verzichtet, muss deutlich mehr Energie und Überzeugungskraft aufgebracht werden, um sich perfekt zu positionieren. Ein passendes Erscheinungsbild öffnet hingegen Tür und Tor, erleichtert das Berufs- und auch das Privatleben und vermittelt Inhalte nachhaltiger. Dabei geben Dresscodes die gewünschte Sicherheit – vorausgesetzt, man weiß sie richtig einzusetzen.

Das Wissen über den jeweiligen Dresscode betreffend der richtigen Kombinationen von Kleidung, Accessoires und Schuhen reicht jedoch nicht aus. Ein lässiges Avantgarde-Outfit stößt unter Architekten oder Werbeleuten auf positive Resonanz, wird in einer noblen Rechtsanwaltskanzlei aber eher Befremden erzeugen. Ausschlaggebend und besonders zu beachten sind vor allem Details wie Qualität, Passform, Farben oder Stil, die dem Gegenüber entscheidende Informationen über die Persönlichkeit geben und den ersten Eindruck prägen. Raffinierte Schnitte sowie die richtige Wahl von Farben und Mustern heben positive optische Merkmale hervor und kaschieren gekonnt etwaige Schwächen. Dieses Know-how sowie der zur Person und den verschiedenen Anlässen passende Stil sind relativ leicht erlernbar.

Eine schöne Erscheinung ist jedoch nicht nur eine Frage des Aussehens, sondern auch des Wohlfühlens. Das Innere und das Äußere müssen eine harmonische Einheit bilden, um Persönlichkeit, Charme und Physis bestmöglich zu präsentieren. Wer dieses „Feng Shui" der Mode beherrscht und alle geistigen, seelischen und körperlichen Voraussetzungen harmonisch zu vereinen versteht, kann sich perfekt präsentieren und wird immer authentisch und geschmackvoll wirken.

Der Stoff, aus dem die Träume sind

„*Mode* ist das
wichtigste *Mittel* der
Textilindustrie gegen die zunehmende
Haltbarkeit der Stoffe."

Emilio Schuberth,
italienischer Modeschöpfer

Kleidung sollte nicht nur gut passen, sondern auch entsprechend komfortabel sein. Dies bedingt unter anderem eine gute Stoffqualität. Für die kalte Jahreszeit eignen sich Schurwolle sowie Wollmischungen beispielsweise mit Kaschmir oder Mohair. Im Sommer bieten kühle Materialien wie Baumwolle, Leinen, Cool Wool oder Seiden-Woll- sowie Baumwollmischungen einen hohen Tragekomfort. Leinenstoffe, insbesondere der „Edelknitter", sind beliebt. Letzterer vermittelt durch seine Optik aber leicht einen schlampigen Eindruck. Eine große Vielfalt an Kunstfasern ergänzt das Sortiment und ist vor allem bei modischen Styles zu finden. Viskosestoffe beziehungsweise -mischungen sind oft minderer Qualität, verformen sich leicht, wirken nach einiger Zeit lappig und sind aufgrund ihrer geringeren Haltbarkeit für Jacken, Kleider, Röcke und Hosen nur bedingt geeignet.

Baumwolle

Diese Naturfaser ist das gebräuchlichste Material in der Textilindustrie und ein perfekter Allrounder. Sie ist kühlend, stark saugfähig, atmungsaktiv, hautfreundlich und hat ein sehr geringes Allergiepotenzial. Baumwolle kann die unterschiedlichsten Optiken sowie Stärken vorweisen und eignet sich für die verschiedensten Kleidungsstücke. Klassisch ist ihre Verwendung bei Blusen sowie als Jerseystoff bei Unterwäsche und Kleidern. Als enger gewebtes, stärkeres Garn ist sie auch perfekt für Röcke, Hosen, Kleider und sogar für Mäntel geeignet. Auch der Kultstoff Jeans besteht aus Baumwollgarn. Oft mit einem geringen Lycra-Anteil versehen, besticht die Baumwolle zudem mit extrem hohem Tragekomfort durch Stretch-Qualität.

Wolle

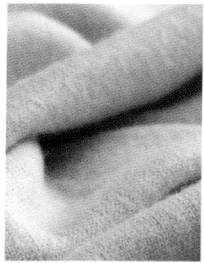

© Grüne Erde

Wolle besitzt eine sehr hohe Saugkraft und natürliche Thermoregulations-Eigenschaften. Wasserdampf kann entweichen, Körperwärme wird gespeichert. Sie ist Schmutz abweisend, knittert kaum und nimmt im Gegensatz zu Kunstfasern weniger Gerüche (etwa von Schweiß) an. Sie ist unglaublich wandelbar und sowohl bei Jacken, Röcken, Hosen, Kleidern und Mänteln sehr beliebt. Als Strickware wird sie gerne für Pullover, Strümpfe und Accessoires wie Schals, Hauben und Handschuhe verwendet. In Kombination mit Kunstfasern ist sie zwar günstiger, jedoch mindern die Kunstfasern ihre natürlichen Qualitäten. Ganz fein gewebt sind Mischfasern mit Baumwolle und Seide hervorragende Sommerstoffe.

Seide

Die ursprünglich aus China stammende Seide wird aus dem Kokon der Seidenraupe gewonnen und besitzt ganz beachtliche Eigenschaften: Sie ist klimaaktiv, wärmt und kühlt also nach Bedarf, ist trotz ihres geringen Durchmessers extrem reißfest und schimmert verführerisch. Sie kann ebenso zu fast transparentem Voile gewebt werden wie zu stärkeren Qualitäten und findet in der Mode für Kleider, Blusen, vor allem aber für Tücher Verwendung. Ebenfalls beliebt für Kleider, Kostüme oder Hosenanzüge sind Mischfasern mit Baumwolle oder Wolle.

Kunstfaser

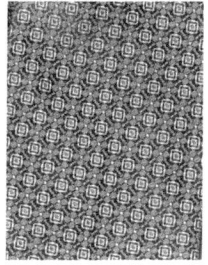

Kunst- oder Chemiefasern gibt es in allen erdenklichen Optiken und Qualitäten. Sie reichen von billigen Seidenimitaten aus Polyester oder Polyamid bis hin zu Hightech-Spezialstoffen, die klima- oder atmungsaktiv sowie wasserabweisend sind oder antibakterielle Eigenschaften aufweisen. Sie sind vor allem als Mischfasern beliebt, weisen aber in den seltensten Fällen Hightech-Eigenschaften auf. Oft schwitzt oder friert man in ihnen aufgrund ihrer mangelnden Luftdurchlässigkeit und ihrer fehlenden Wärmespeicherung. Sie nehmen Gerüche leicht auf – Umweltgerüche wie Rauch ebenso wie Schweißgeruch – und sind leicht entflammbar. Manche Stoffe haben auch ein hohes Allergiepotenzial. Trotzdem sind sie aufgrund ihres geringen Preises sehr verbreitet. Manche Qualitäten punkten überdies mit einem hohen Tragekomfort und sehr interessanten Optiken.

Tipps & Tricks

- Beim Kauf von Kleidung ist darauf zu achten, inwieweit eine schnitttechnische Anpassung an die Figur überhaupt möglich ist und wie aufwendig beziehungsweise teuer eine Änderung wäre. Oft ist ein schriftlicher Kostenvoranschlag sinnvoll.

- Häufig sind ungleiche Körperhälften die Ursache für schlecht sitzende Kleidung. Es lohnt sich, dies überprüfen zu lassen, da zumeist durch kleine Korrekturen wie Schulterpolster und Abnäher die Passform optimiert werden kann

- Bei Änderungen von Hosen ist es ratsam, immer beide Hosenbeine abzumessen, um bei ungleich langen Beinen oder einer schiefen Hüfte verschieden lange Hosenbeine zu vermeiden.

- Die beste Variante einen Rock zu kürzen, ist, die Länge des Rocks vom Boden weg zu messen. Dabei werden zugleich ungleiche Beine oder eine schiefe Hüftstellung korrigiert. Auch die Ärmel sollten immer individuell angepasst werden.

- Beim Abstecken von Hosenbeinen sollten immer jene Schuhe getragen werden, die man auch später zum Outfit trägt. Kann die Hose mit sehr flachen und extrem hohen Schuhen getragen werden, muss man sich zumeist für eine Variante entscheiden, da die Hose sonst bei flachen Schuhen am Boden schleift oder bei hohen Schuhen zu kurz ist.

- Hosen, die „zwicken", trägt man nicht lange. Besser ist es, sie erst gar nicht zu kaufen.

- Unbedingt vermieden werden sollten zu lange oder zu kurze Ärmel, da diese einen unsicheren und ungeschickten Eindruck vermitteln.

- Accessoires wie Taschen und Schmuck sollten den Körperproportionen angepasst sein. So wirken kleine, zierliche Taschen und feiner Schmuck bei großen, mächtigen Frauen unvorteilhaft und sehr voluminöse Modelle bei kleinen, zierlichen Frauen disproportional.

- Die Farbe und / oder der Stil der Accessoires sollten sich beim restlichen Outfit zumindest einmal wiederholen.

„Strenge, Einfachheit,
die Schönheit des Klassischen
geht mir über alles – doch meine
Fantasie und meine
ausgeprägte Vorstellungsgabe
verführen mich manchmal
zum Barocken, Fremdartigen."
Yves Saint Laurent

Stilelemente

Durch gezielt gesetzte, modische Effekte oder Verarbeitungsweisen kann das Statement eines Kleidungsstückes unterstrichen oder ein gewünschter Look kreiert werden. Auch die Wahl des Materials verleiht einen bestimmten Charakter. Neben den Strukturen und Musterungen der Stoffe sind auch Glanzeffekte und sonstige Ausschmückungen wichtige Denkanreize für den Kauf.

Rüschen

© www.zalando.de / Esprit

Ob auffällig oder eher dezent in Szene gesetzt, Rüschen haben eine romantische Ausstrahlung. Diese streifenförmig zugeschnittenen Stoffbahnen erhalten ihre Fülle, indem sie gerafft oder in Falten gelegt werden. Rüschen haben keine praktische Funktion, ihre Verwendung dient als Verzierung eines Kleidungsstückes sowie zur Optimierung der Silhouette. So können sie eine zu kleine oder zu große Oberweite, einen zu langen oder dünnen Hals, schmale Hüften sowie nicht perfekte Beine kaschieren. Häufig zu finden an Ausschnitten, Kragen oder Längenabschlüssen, können fast alle Materialien zum Einsatz kommen. Bei Doppelrüschen liegt die Kräuselung genau in der Mitte. An den richtigen Stellen angebracht, können Rüschen sogar „pushen" und betonend eingesetzt werden. Für eine gelungene Outfit-Zusammenstellung genügt ein Kleidungsstück im Rüschen-Look vollkommen. Besonders schön ist ein Stilbruch mit einem strengen Blazer.

Volants

© www.mytheresa.com / Givenchy

Oft mit Rüschen gleichgesetzt, sind Volants im Gegensatz zu diesen kreisförmig zugeschnitten und werden glatt angenäht. Eine Raffung kann es zusätzlich geben. Durch gerades Legen der Stoffteile entstehen an der Außenkante weiche Wellen. Sie werden häufig in mehreren Stufen übereinandergelegt auf Oberteilen, Röcken, Kleidern, usw. angebracht. Besonders begehrt waren sie schon im Zweiten Rokoko. Wie auch die Rüschen können Volants universell eingesetzt werden. Die Nachfrage nach Kleidungsstücken in diesem Stil ist hoch. Viele Stoffarten können mit ihnen versehen werden, auch Musterungen sind erlaubt. Volants eignen sich wie Rüschen perfekt zum Kaschieren verschiedenster kleiner Makel.

Drapierungen

© www.stylebop.com / J. Mendel

Dieses kunstvolle Legen von Stoffteilen erinnert an römische Togen, lange Roben und aufwendig hergestellte Haute Couture. In der Maßschneiderei können Drapierungen besonders individuell ausfallen. Schon bei der Schnittgestaltung ist die gewünschte Silhouette festzulegen. Einschnittlinien werden gesetzt, wo sich später Falten befinden. Weiche, fließende Stoffe begünstigen einen schönen Fall. An pastellig zarten Farben kann man Drapees am besten erkennen, auf gemusterten Stoffen verlieren sie zumeist ihre spektakuläre Wirkung. Gehalten werden Drapierungen oft von dekorativen Schleifen oder Broschen. Raffiniert eingesetzt können sie mehr Fülle beim Dekolleté vortäuschen sowie eine stärkere Taille oder breite Hüften kaschieren. Besonders hübsch sehen Drapierungen auch bei schlanken Figuren aus, hohe Schuhe strecken zusätzlich.

Falten

© www.polyvore.com

Diese schmückenden Details geben Bewegungsfreiheit, sorgen für Bequemlichkeit und einen femininen Look auf Blusen, Röcken, Jacken und Mänteln. Bei der Quetschfalte liegt der Falteninhalt außen, bei der Kellerfalte ist er nach innen gewölbt. Fächerfalten sind wie beim klassischen Faltenrock in eine Richtung gelegt und bewirken einen schönen Schwung, während Legefalten individuell auf der Kleidung platziert werden. Falten sorgen, insbesondere bei Röcken, für eine weiche Silhouette und können so harmonisierend bei zu schmalen oder breiten Hüften wirken.

Knitterfalten

© Otto

Beim praktisch bügelfreien Crinkle-Look gilt: je mehr Fältchen, desto besser. Die feinen Kräuselungen sehen besonders bei Glanzstoffen toll aus. Damit die Knautsch- und Knitterfalten nicht so schnell ausbeulen, werden Crinkle-Kleidungsstücke nicht ganz eng an den Körper geschnitten. Nach dem Waschen nehmen die Falten wieder ihre ursprüngliche Form an. Körpernahe Kleidung in diesem Stil sieht nur bei schlanken Frauen gut aus. Dieser Look eignet sich hervorragend für komfortable, weite Avantgardeschnitte, die auch stärkeren Damen gut stehen.

Spitze

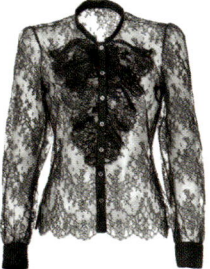

© www.stylebop.com / Paul & Joe

Edle Spitze ist ein klassisches und sehr weibliches Stilelement, das seit dem 15. Jahrhundert die Mode begleitet. Sie verleiht der Trägerin, je nach Stil der Kleidung, einen romantischen, erotischen oder einen geheimnisvollen Look. Heutzutage werden diese zarten, durchbrochenen Stoffe vor allem bei Dessous, Abendkleidung, Brautkleider und Trachten verwendet. Durch ihre fragile, luxuriöse und feminine Wirkung eignet sich die Spitze hervorragend, um distanzierten, androgynen Typen einen weiblicheren Touch zu verleihen. Auch der rundlichen Silhouette passt sie sehr gut. Allerdings sollte sie – außer für einen sehr extravaganten Look – eher spärlich eingesetzt werden, da das Outfit sonst leicht überladen wirkt. Im Casual-Bereich hat sich rustikale Häkelspitze für einen Hauch Romantik etabliert.

Plissees

© DAKS

Bereits im alten Ägypten machte man sich die Kunst des Plissierens zunutze. Die kleinen, schmalen Fältchen werden unter Hitze eingepresst und verbleiben durch diesen Vorgang dauerhaft im Stoff. Die Kanten können dabei abstehen oder flach aufliegen. Der Plisseestoff war früher wegen der Herstellungskosten nur den Reicheren vorbehalten. Leichte Stoffe mit Synthetik-Anteil sind für das Einpressen besonders geeignet. Plisseeröcke und -kleider vermitteln Eleganz, Verspieltheit, umschmeicheln die Figur und schwingen angenehm weiblich um den Körper. Vorsicht ist bei Modellen geboten, deren Falten schon in der Taille aufspringen. Sie passen nur schlanken Frauen.

Pailletten

Die aus Metall oder Kunststoff bestehenden Plättchen sind Meister im Akzentesetzen und beeindrucken durch ihren bunten Schimmer. Nicht nur der Abendgarderobe vorbehalten, zieren Pailletten unter anderem Ausschnitte, Säume, Accessoires oder ganze Kleidungsstücke. Sie sollten das Highlight eines Outfits darstellen, Kombinationen mit schlichten, einfarbigen Kleidungsstücken sind also perfekt. Im Licht und bei Bewegung kommt der Glanz der Plättchen am besten zur Geltung.

© Guess

Perlen, Strass & Co.

© Monsoon

Zur besonderen Veredlung von Mode können diverse Perlen, Steine und Strass durch Aufkleben oder Aufnähen angebracht werden. Dieser Glamour wird nicht nur zu feierlichen Anlässen in Anspruch genommen, auch im Alltag kann man sich mit den Glanzstücken zieren. Schmucksteine in verschiedenen Größen geben schlichten Kleidungsstücken einen extravaganten Touch. An Ausschnitten oder Trägern machen sich die Steinchen besonders gut. Für leichte Sommerkleider sind rustikale Holzperlen, die auch eingehäkelt oder eingestrickt werden können, beliebt. Des Weiteren können Federn, Metallfäden, Kordeln sowie Fransen als Effektmaterialien dienlich sein.

Nieten

© Toscablu

Ob rund oder eckig, Nietenverzierungen sind sowohl bei High-End-Fashion als auch bei Casual-Wear beliebt. Durch eine reduzierte und elegante Auslegung wirken die kleinen Metallstifte auf Bekleidungselementen sowie auf Accessoires alles andere als rebellisch. „Vernietete" Taschen oder Schuhe verleihen einen Hauch von Lässigkeit und peppen schlichte Outfits auf. Die Grundregel lautet: Nicht übertreiben! So können die Nieten bedenkenlos getragen werden. Trotz Kombinationen mit edlen Materialien sollte man im Büro darauf verzichten und eher zu geeigneten Anlässen auf das ehemalige Markenzeichen der Punkszene zurückgreifen.

Cut-outs

© www.stylebop.com / Herve Leger

Bei hochmodischen Outfits beliebt ist die Cut-out-Technik, bei der luftige Ausschnitte teilweise tief blicken lassen. Bewusst platziert, betonen die Cut-outs entweder den Dekolleté-Bereich, die Rückenpartie oder die Taille. Um ein Verrutschen zu verhindern, ist die perfekte Passform des Kleidungsstückes wesentlich. Die runden oder eckig geschnittenen Löcher zeigen entweder nackte Haut oder werden mit transparenten oder knalligen Stoffen als Kontrast unterlegt. Cut-outs verwandeln Basic-Teile wie Kleider, Röcke oder Tops in modische Eyecatcher, die die Vorzüge der Trägerin extravagant zur Schau stellen.

„Ein *Dekolleté* ist jener *schmale Grat,*
auf dem der *gute Geschmack* balanciert,
ohne herunterzufallen.“
Coco Chanel

© Sassoon Futuricity Spring / Summer Collection 2010

Schöne Aussichten

Das Dekolleté ist immer im Blickfeld des Gegenübers. Wie der Rahmen eines Bildes umspielt es das Gesicht und ist daher wesentlicher Faktor der nonverbalen Kommunikation. Man signalisiert damit beispielsweise Offenheit – oft im wahrsten Sinne des Wortes –, gibt sich zugeknöpft, zeigt sich reserviert, verspielt oder extravagant. Doch abgesehen von seiner psychologischen Wirkung sollte das Dekolleté auch eine entsprechende Harmonie zu den Gesichtszügen und der Körpersilhouette ergeben. Raffiniert eingesetzt, unterstreicht es die individuellen Vorzüge der Persönlichkeit und kaschiert kleine Schwächen.

Der Stehkragen

© www.stylebop.com /
Day Birger et Mikkelsen

Der Stehkragen wird nicht umgeschlagen und ist daher wesentlich dünner als herkömmliche Umschlagkragen. Man unterscheidet am Hals anliegende und etwas abstehende Formen. Die auch als Mao-Kragen bekannte Form kann geschlossen oder offen getragen werden. Durch seine horizontale Betonung passt der Stehragen, wenn er hochgeschlossen ist, Frauen mit einem sehr kurzen oder breiten Hals nicht besonders gut – außer er wird wie ein V-Ausschnitt offen getragen.

Der Rollkragen

© www.stylebop.com /
Donna Karan

Der Rollkragen war vor allem in den 50er Jahren populär und ist auch noch heute ein Klassiker, vor allem im Freizeit-Bereich. Er ist hochgeschlossen, zumeist eng anliegend und wird umgekrempelt. Bei Grobstrick gibt es auch weiter geschnittene Varianten. Da er eine harte horizontale Linie zum Gesicht bildet, wirkt er bei gemäßigten Proportionen sowie einem langen Hals vorteilhaft.

Der Kelchkragen

© Bench

Als Kelchkragen wird ein nach oben weiter werdender, trichterförmiger Kragen bezeichnet, der vom Hals absteht. Er ist eine Variante des Stehkragens und wirkt zumeist seriös und elegant. Durch seine dominante Höhe steht er allerdings Frauen mit einem kurzen Hals nicht besonders gut und auch in puncto Frisur ist Vorsicht geboten: Nur Hochsteckfrisuren oder kurze Haare harmonieren mit dieser Kragenform perfekt.

Der Dachkragen

© Otto

Dieser Kragen liegt auf der gesamten Schulter auf und ist im Rückenteil abgerundet. Die große Form kann symmetrisch sowie asymmetrisch ausfallen. Wie alle großen Kragen steht er Frauen mit einem zierlichen Oberkörper sehr gut. Allerdings sind die Proportionen zu beachten, da er bei allzu schlanken Personen leicht zu dominant wirkt.

Der asymmetrische Ausschnitt

Extravagant und sehr variantenreich ist der asymmetrische Ausschnitt, der zumeist eine freie Schulter zeigt, vor allem bei Abendkleidern sehr beliebt. Er setzt jedoch, wenn sehr viel Haut gezeigt wird, eine schöne Schulterpartie voraus. Andererseits kann er auch diverse Schwächen wie ungleiche Schultern diskret ausgleichen – so er eine vertikale Form hat, ansonsten gelten die gleichen Parameter wie beim Reverskragen.

Der Bootausschnitt

Dieser klassische, schlichte, kragenlose Ausschnitt ist bei Tops, Shirts und Kleidern beliebt und auch als Bateau-Ausschnitt bekannt. Seine ovale Form erinnert an ein kleines Boot. Der Bootausschnitt folgt dem Verlauf des Schlüsselbeins und kann entweder halsfern oder halsnah getragen werden. Da er horizontal verläuft, verbreitert er optisch die Schultern und ist besonders für Frauen mit einer schmalen Schulterpartie geeignet.

Der Reverskragen

Der vor allem bei Jacken und Mäntel gebräuchliche Kragen ist wegen seines klassischen Looks beliebt. Man unterscheidet verschiedene Längen und Fassonformen. Der kurze Reverskragen zeichnet sich durch seine breite Form aus und lässt Gesicht und Schultern weiter erscheinen. Der lange Reverskragen streckt den Oberkörper seiner Trägerin.

Der Schalkragen

Ein durchgehender Verlauf ist kennzeichnend für den Schalkragen. Im Vergleich zum Reverskragen fehlen hier die sogenannte Spiegelnaht und ein angesetzter, separater Kragen. Der Schalkragen sieht vor allem bei Abendkleidern und Strickmodellen sehr apart aus. Unvorteilhaft wirkt er bei breiten Schultern oder einem kurzen Hals.

Der angeschnittene Kragen

© Peek & Cloppenburg

Diese Formen werden schon beim Schnittzeichnen berück-sichtigt, da ein extra Kragenteil nicht benötigt, sondern an Vorder- sowie Rückenteil angeschnitten wird. Die weiche und zugleich extravagante Linienführung verleiht dem an-geschnittenen Kragen eine sehr elegante Optik. Er wirkt zugleich offen und distanziert. Besonders hübsch sieht er bei Frauen mit zierlichen Schlüsselbeinen aus. Durch seine eckige Form gleicht er auch sehr runde Gesichter schön aus.

Der Wasserfallkragen

© Guess

Diese sehr feminine Kragenform hat einen tief gezogenen, üppig drapierten Ausschnitt in fließender Linienführung. Sie war besonders in den 40er Jahren beliebt und ist auch heu-te noch insbesondere für Abendkleider eine wunderschöne und sehr elegante Dekolletévariante. Durch seine dominante Optik und Fülle passt der Wasserfallkragen Frauen mit klei-ner Oberweite sehr gut. Zudem kaschiert er perfekt einen etwas zu tief liegenden Busen.

Der eckige Ausschnitt

© www.stylebop.com /
Collette Dinnigan

Diese Dekolletéform kann entweder viereckig oder trapez-förmig geschnitten sein und ist der traditionelle Ausschnitt eines Dirndls. Bei entsprechender Formgebung durch einen BH sehen darin sowohl kleine als auch große Oberweiten gut aus. Wenn keine Bluse darunter getragen wird, passt er insbesondere zu Frauen mit ausgeprägten Rundungen des Körpers und des Gesichtes, da er einen spannenden Kontra-punkt setzt.

Das Bustier

© Guess

Bustiers gibt es entweder als formgebende Korsagen oder als miederartig anliegende Bandeau-Oberteile in Stretch-Qualitäten. Letztere verlangen einen perfekten Busen, eine schlanke Statur und schöne Schultern. Korsagen hingegen pushen jede Taille und jeden Busen perfekt in Form, sind aber, sofern sie schulterlos sind oder dünne Träger aufwei-sen, bei üppigen Damen problematisch. Der gerade Ab-schluss verbreitert die Silhouette, V-Varianten sind für stär-kere Silhouetten vorteilhaft.

Der Rundausschnitt

© www.stylebop.com /
Juicy Couture

Diese Dekolletéform harmonisiert durch ihre weiche Linienführung eckige Gesichtszüge und Schultern. Je tiefer die Rundung ist, desto schöner sollten die Schlüsselbeine sein, da diese gut zur Geltung kommen. Soll die Silhouette gestreckt werden, ist die längliche U-Boot-Form ideal. Vorsicht ist bei runden und / oder abfallenden Schultern geboten, da Rundausschnitte diese betonen.

Der Holderneck

© Guess

Bei dieser Kragenvariante, auch als Halterneck, Neckholder oder Freeback bekannt, werden die Träger des Oberteils im Nacken verknotet oder mit Knöpfen oder Clips verschlossen. Der Rücken sowie die Schultern liegen frei. Dieser Ausschnitt wirkt besonders bei Frauen mit zierlicher Statur, auch wenn sie breite Schultern haben, schön. Vorsicht geboten ist jedoch bei voluminösen oder schlaffen Armen, da diese mit einem Holderneck nicht kaschiert werden können.

Der American Cut

© www.mytheresa.com

Dieser Ausschnitt, auch amerikanischer Schnitt genannt, definiert sich durch eine fehlende Schulterpartie und einen zumeist hohen Halsausschnitt. Er findet vor allem bei Blusen und Sommerkleidern Verwendung. Im Gegensatz zum Holderneck-Kragen reicht der Rückenteil bis zum Nacken. Optisch vorteilhaft wirkt dieser Schnitt bei Frauen mit zartem Oberkörper oder breiten, aber zierlichen Schultern. Bei hochgeschlossenen Modellen ist jedoch ein schlanker Hals Voraussetzung. Ist er mit einem kleinen Hemdblusenkragen, der offen getragen wird, kombiniert, steht er als tiefes V auch Frauen mit einer kurzen Halspartie.

Der V-Ausschnitt

© www.stylebop.com / Bailey

Der V-Ausschnitt ist eine klassische Kragenform, die in allen Oberteilmodellen gebräuchlich ist. Sie ermöglicht einen hübschen Blick auf das Dekolleté und streckt die Silhouette. Wichtig ist jedoch, dass der Busen mit einem BH entsprechend in Form gehalten wird, da sonst gnadenlos alle Makel sichtbar werden. Eine beliebte Variante ist die Wickelbluse, bei der die rechte Seite die linke „Herzseite" überdeckt.

Der Hemdblusenkragen

© www.stylebop.com /
Dolce & Gabbana

Diese klassische, gepflegt wirkende Kragenform einer Bluse kann in Breite und Länge variieren. Die Knöpfe enden kurz über der Brusthöhe oder in einer durchgehenden Knopfleiste. Der Hemdblusenkragen ist auch in abgerundeter Form zu finden.

Der Carmenausschnitt

© Otto

Diese Kragenform, die ihren Namen spanischen Flamenco-Tänzerinnen verdankt, ist ein weiter und über die Oberarme verlaufender, waagerechter Ausschnitt mit schulterfreiem Dekolleté, das oft von Rüschen oder einem Volant eingefasst ist. Der Hals erscheint bei diesem Ausschnitt länger und dünner.

Der Haifischkragen oder Cutaway-Kragen

© Guess

Typisch sind die sehr weit auseinanderstehenden Kragenspitzen. Der Kragen verläuft fast waagerecht zur Schulterlinie und ist breit gespreizt. Der Haifischkragen ist ein moderner Kragen und für Business-Gelegenheiten gut geeignet.

Der Bubikragen

© www.stylebop.com /
Dolce & Gabbana

Der Bubikragen ist ein kleiner, runder Kragen zumeist ohne Steg. Er soll möglichst flach aufliegen und taucht überwiegend in der Damen- und Mädchenmode auf. Er erinnert an Puppenkleidchen, kann aber durchaus feminin wirken. Typisch und sehr adrett wirkt er als weißer Kragen im Kontrast zur Kleidung. So hellt er auch den Teint leicht auf und lässt ihn klarer erscheinen. Durch seinen gemäßigten Schnitt passt er allen Körpersilhouetten, kann aber manchmal etwas bieder wirken.

Hautnah

„Ich bin gegen *funktionelle* *Unterwäsche*. *Ein Dessous muss nicht praktisch sein,* *sondern* *reizvoll.*"

Catherine Deneuve

Die Frau in Dessous war schon immer ein Sinnbild für Erotik und elegante Verführung und gilt als der Inbegriff von Weiblichkeit. Bis vor wenigen Jahren standen Dessous nur für ganz bestimmte Gelegenheiten im Styling-Mittelpunkt, heute hingegen ist Wäsche ein fixer Bestandteil der Mode. Vor allem Designer wie Dolce & Gabbana, Vivienne Westwood und Anna Molinari machten den Dessous-Look salonfähig, indem sie immer wieder Miederkleider, Negligés und Bustiers in ihre Modekollektionen integrierten. Aus dieser Entwicklung entstand ein spannendes Wechselspiel zwischen Wäschetrends und aktuellen Modeströmungen. Dessous sind nicht mehr mit dem Reiz des Verbotenen belegt, sondern gelegentlich ein gewollter Styling-Kick, umso mehr, wenn sie unter der Oberbekleidung hervorblitzen und die Fantasie anregen. Ob Animal-Prints, Karo, Spitze oder Hightech-Materialien, aktuelle Trends spiegeln sich auch im Wäschelook wider.

Die Unterwäsche hat sich im Laufe der Zeit sehr gewandelt. Die gesellschaftlichen Werte waren hierbei wichtiger als die Funktionalität und Mode. In keinem anderen Kleidungsstück spiegelt sich das Sittenbild der Gesellschaft so stark wie in der Wäsche. Es begann alles ganz simpel mit einem Stoffband, das sich Frauen im antiken Griechenland zum Sport um die Brüste schnürten – dem Urahn des Büstenhalters. Jahrhunderte später entstand aus diesem Brustgürtel ein Schnürleibchen, genannt „muoder" (mittelhochdeutsch für Mieder), das jedoch mit dem heutigen Mieder nichts gemein hatte. Im 16. Jahrhundert kam das Korsett in Mode, das je nach Trend und Epoche die Brüste flach drückte, nach oben schnürte oder die Körpermitte zu einer atemberaubenden Wespentaille formte. Erst Ende des 19. Jahrhunderts konnten die Damen aufatmen: Der erste BH wurde 1887 als „Bust Improver", also „Brustverbesserer", in England zum Patent angemeldet. Auch das Höschen etablierte sich erst im frühen 20. Jahrhundert.

Verarbeitung & Material

Unsere Großmütter mussten sich noch mit sperriger Leinen- oder Baumwollwäsche und Rippstrickunterhosen zufriedenzugeben. Heute verfügen die Wäschehersteller über hochwertig veredelte Baumwollqualitäten sowie chemisch hergestellte Hightech-Fasern (wie Mikrofaser oder Lycra) mit hervorragenden Trage- und Pflegeeigenschaften. Bei den verführerischen Dessous kommen edelste Spitzenstoffe, Seide und Seidensatin zum Einsatz. Immer beliebter wird Wäsche aus Öko-Fasern wie Bio-Baumwolle, Bio-Seide und Bio-Bambus, die fair gehandelt sind. Sie hat den Öko-Touch längst abgelegt und präsentiert sich modern und sexy.

Moderne Wäsche muss allerdings auch dem Anspruch von Funktionalität, Tragekomfort und perfekter Passform gerecht werden. Sie dient als unsichtbare Beautykomplizin, um den Fashion-Look zu perfektionieren. Hightech-Materialien passen sich exakt den Körperformen an, bieten Halt, Komfort und bewirken so eine „Nude-Optik". Diese erzeugt den Eindruck, als wären alle Rundungen unter der Oberbekleidung ganz natürlich.

Funktion & Form

Um die wichtigste Nebensache der Welt noch etwas reizvoller zu gestalten, sind edle Spitze und Satin immer gültige Dessous-Klassiker. Bodys, Strapse und Korsagen sind ein nicht wegzudenkender Bestandteil des Wäsche-Stylings. Der erotische Dessous-Look sollte auf individuelle Körperformen und die Stilpersönlichkeit besondere Rücksicht nehmen. Um kleine Schwächen zu vertuschen oder der perfekten Optik etwas nachzuhelfen, darf ruhig gemogelt werden. Bügel-BHs, Push-ups, Wonder- und Waterbras heben, formen beziehungsweise vergrößern den Busen. Stringtangas vermeiden die ungewollten Slipkonturen und Miederhöschen oder Gesäß-Push-ups bringen Po und Bauch in Sekundenschnelle in Topform. Für spezielle Anlässe benötigt frau das spezielle Darunter.

Besonders für rückenfreie Abendkleider sind „herkömmliche" BHs ungeeignet. Hier bieten sich Silikon-Schalen an, die am Körper haften und dem Busen durch einen leichten Push-up-Effekt eine schöne Form geben. Selbstklebende BHs aus einem weichen Vliesmaterial geben kleineren Brüsten leichten Halt – und das bis zu 12 Stunden lang! Für kleine Brüste sind auch Silikon-Pads erhältlich, die – in einem Bügel-BH versteckt – ein bezauberndes Dekolleté bewirken. Besonders natürlich wirken Water- oder Gelbras. Sie sind mit einer Wasser-Öl-Mischung gefüllt. Dadurch passen sie sich in Form und Temperatur perfekt an den Busen an und vergrößern ihn optisch. Einen ähnlichen Effekt erzielt der Airbra, bei dem Luft in die Körbchen gepumpt wird.

Bei sportlichen Aktivitäten geht allerdings Funktion vor Form. Sport-BHs müssen optimal sitzen und stützen. Sie punkten zudem mit zweckgerechten Details wie besonderen Webarten, Verstärkungen und funktionellen Geweben, die atmungsaktiv sowie schnell trocknend sind oder sogar antibakterielle Eigenschaften haben.

Doch gibt es auch abseits der zweckdienlichen Modelle modische und schicke Varianten. Die neuesten Hightech-Materialien bilden eine gelungene Symbiose zwischen Tragekomfort und Design.

Schnitte & Dresscode

Die Verarbeitung moderner Wäsche und Dessous hat sich im Laufe der Jahrzehnte gewandelt. Heute gibt es eine schier unendliche Auswahl an Farben, Formen und Qualitäten.

Der Triangel-BH

© Intimissimi

Diese bequemen Modelle sind besonders bei sportlichen Frauen beliebt, die den lässigen, bequemen Kleiderstil bevorzugen. Es gibt Triangel-BHs in ungefütterter Form und mit Pads, auch Cookies genannt, unterlegt. Durch ihre zumeist breiten Träger sind sie auch für Frauen mit größerer Brust geeignet. Sie haben den Vorteil, dass sie nicht einschneiden. Erhältlich sind Triangel-BHs ebenfalls mit variablen Trägern, die bei Bedarf auch im Nacken geschlossen werden können und so unter Sommer-Tops eine hervorragende Figur machen.

Der Bandeau-BH

© Calvin Klein

Diese Büstenformer sind für trägerlose Tops ideal, da sie entweder gänzlich trägerlos oder die Träger abnehmbar sind. Letztere Formen sind jedoch eher für kleinere Körbchen (bis maximal C) zu empfehlen. Bei mehr Oberweite gewinnt der BH mithilfe der verstellbaren Träger mehr Halt. Bandeau-BHs werden meist in glatter Mikrofaser-Qualität angeboten, so zeichnet sich auch unter engen, dünnen Sommer-Tops nichts ab.

Der Schalen-BH

© Lejaby

BHs mit Schale machen durch ihre Unterfütterung eine besonders schöne Form. Je nach Brustgröße kann frau zwischen Modellen mit dickeren oder dünnen sowie mit Pölsterchen unterlegten Schalen wählen. Diese BHs sind mit oder ohne Bügel erhältlich. Man unterscheidet zwischen Halbschalen, auch Balconnet genannt, die in etwa bei der Brustspitze enden, und höheren Vollschalen.

Der Push-up-BH

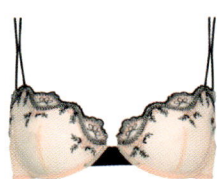

© Intimissimi

Seit Eva Herzigova 1994 den ersten Push-up, den „Wonderbra", beworben hat, ist dieses Zauberstück nicht mehr aus unseren Wäscheschränken wegzudenken. Mit Bügeln unterlegt und geformter Schale sorgt es für ein sexy Dekolleté und hebt die Brüste sanft an. Durch zusätzliche Einlagen kann man den Brüsten noch mehr Volumen verleihen.

Korsage & Korsett

© Agent Provocateur

Der Unterschied zwischen Korsage und Korsett ist fließend. Üblicherweise ist das Korsett steifer und enger geschnürt, um die Taille zu minimieren. Die trägerlose Korsage, die über einen bereits eingearbeiteten BH-Teil verfügt, ist mit Miederstäben versteift, was eine flache sowie gut definierte Taille bewirkt und den Busen hochpusht. Zudem kann sie mit Strumpfhaltern versehen sein und ist oft mit aufwendigen Details verziert. Korsagen dienen entweder als aufreizende Dessous oder finden als Oberbekleidung, oft mit Stoff überzogen, bei Ball- und Brautkleidern oder Dirndln Verwendung. Für körperformende Bedürfnisse gibt es komfortablere Alternativen.

Das Mieder

© Intimissimi

Das Mieder formt den Körper sanft durch Verstärkungen im Gewebe und / oder einen hohen Stretch-Anteil. Früher war es als Liebestöter verschrien, sah man ihm doch seine Funktion auf den ersten Blick an. Wer hingegen heutzutage Pölsterchen diskret kaschieren will, hat die Wahl zwischen unzähligen topmodischen, sexy Bodys, Höschen, hohen Strumpfbandgürteln und Unterkleidern mit formender Funktion. Auch bei den Materialien hat sich einiges getan. Kombinationen von hochelastischer Spitze, Tüll, Satin und hautfreundlichen Hightech-Materialien werden eingesetzt und verleihen den Modellen einen jugendlichen, verführerischen Look. Mieder können entweder unter der Kleidung getragen werden oder, beispielsweise bei Ballkleidern, direkt in die Robe eingearbeitet sein.

Strumpfbänder & Strumpfbandgürtel

© Intimissimi

Diese neckischen Dessous waren früher unverzichtbar, um die Strümpfe am Bein zu halten. Mittlerweile wurden der Strumpfbandgürtel, auch Straps genannt, und das Strumpfband von Selbsthalterstrümpfen und Strumpfhosen abgelöst und zu eher schmückenden, sexy Accessoires. Werden sie verwendet, sollten sie perfekt mit den übrigen Wäscheteilen und den Strümpfen harmonieren.

Der Stringtanga

© Triumph

Immer dann, wenn sich die Unterwäsche nicht unter der Oberbekleidung abzeichnen soll, ist der String die erste Wahl. Mit einem Low-Cut-String sitzen selbst knappste Hosen glatt und rillenfrei am Po. Der String ist alltagstauglich und sexy zugleich. Er kann uni, bunt bedruckt oder auch aus zarter Spitze sein. Eine String-Panty passt auch Frauen mit Kurven, denn der breitere Schnitt an der Seite kaschiert Pölsterchen und schneidet nicht ein.

Der Slip

© Intimissimi

Oft als „altbacken" verschrien, ist der Slip in seinen verschiedenen Varianten trotzdem die meistgekaufte Höschenform. Unterschiedliche Schnittformen machen ihn für alle Gelegenheiten tragbar. Der Rio-Slip ist klassisch und bequem. Er eignet sich auch für sportliche Aktivitäten. Besonders beliebt ist diese Slipform bei Damen reiferen Alters, da sie figurfreundlich ist. Der Low-Cut-Slip passt perfekt unter Hüfthosen oder auch lockere Kleider. Der jugendliche Minislip ist knapp geschnitten und kann unter engen Hosen und Röcken getragen werden. Der sexy Tanga hat ein schmaleres Seitenband, verfügt aber trotzdem über die Bequemlichkeit eines Slips.

Die Panty

© p2

Frauen lieben ihre Pantys. Sie sind besonders komfortabel und für jede Figur geeignet. Auch hier gibt es mehrere Varianten: Die Panty unterscheidet sich von der klassischen Low-Cut-Panty durch die unterschiedliche Beinlänge. Letztere garantiert mit ihrem längeren Bein unter Röcken und Hüfthosen eine nahtlose Optik. Die Panty kaschiert Bauch und Hüften perfekt.

Das Unterleibchen

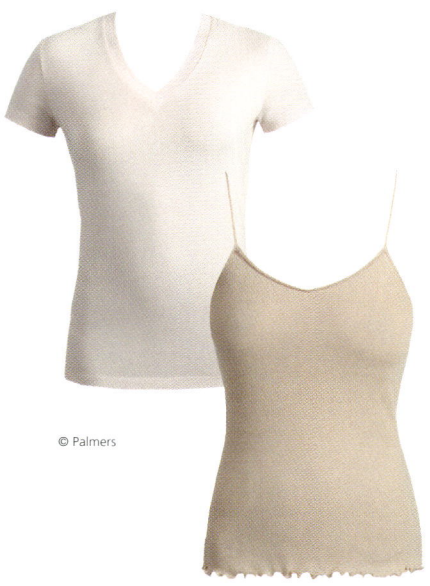

© Palmers

Die Unterleibchen vergangener Tage haben mit den modischen Tops von heute nichts mehr gemein. Spaghetti-Tops werden gerne unter Blusen getragen, und hier darf auch eventuell der Ausschnitt hervorblitzen. Auf eine ausreichende Länge sollte allerdings geachtet werden, damit man das Shirt in den Rock- oder Hosenbund stecken kann. Tank-Tops sind bei sportlichen Frauen besonders beliebt. Sie werden je nach Anlass solo oder auch im Lagenlook unter Shirts oder sportiven Jacken getragen. Tank-Tops weisen entweder einen Ringerrücken oder einen bedeckenden Rückenausschnitt auf. Kurzarmleibchen sind vor allem als Funktionswäsche für den Winter gefragt.

Unterkleider & -röcke

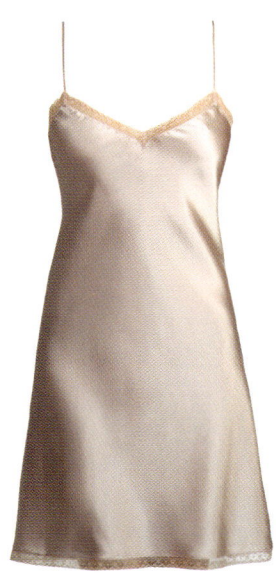

© Palmers

In den letzten Jahren war die sogenannte „Kombinege" – das Unterkleid – etwas in Vergessenheit geraten. In den neuen Kollektionen renommierter Wäschehersteller finden sich diese eleganten Wäscheteile, die für einen guten Sitz von ungefütterten Kleidern sorgen, allerdings wieder vermehrt. Dazu werden natürlich die passenden BHs und Höschen angeboten. Auch ein Unterrock ist hilfreich, besonders wenn Röcke sich statisch aufladen und unschön zu „kleben" drohen.

Nachtwäsche

© Palmers

Auch für die Nacht haben die Damen eine große Auswahl an Wäsche. So kann frau ganz nach ihrem persönlichen Geschmack und Lifestyle wählen. Pyjamas, Nachthemden und dazu passende Morgenmäntel – edel aus Seide oder bequem aus Baumwolle – sind so hübsch, dass sie nur zum Schlafen fast zu schön sind. Noch mehr gilt dies für die wunderbar verführerischen Negligés und filigranen Babydolls.

Passform

„Wie eine zweite Haut" sollte Unterwäsche sitzen, sich nicht nach außen hin abzeichnen, Komfort und Temperaturausgleich positiv beeinflussen und nebenbei auch noch schick aussehen.

Auseinanderstehender Busen

Ein zu weit auseinanderstehender Busen kann durch einen Körbchen-BH gebändigt werden. Ungleich große Brüste kann man kaschieren, indem man einseitig ein Pad ins BH-Körbchen legt. Ein Hängebusen verlangt festes Körbchenmaterial, um ihn hoch zu pushen.

Kleiner Busen

Push-up-Modelle mit Einlagen sowie Water-, Gel- und Airbras sind perfekt, um eine kleine Oberweite optisch zu vergrößern. Halbe Einlagen können in jeden Schalen-BH gelegt werden. Sie heben, vergrößern und wölben den Busen nach oben. Körbchen-BHs optimieren die Busenform und definieren die Konturen besser. Wenn nicht unbedingt nötig, sollten Sport-BHs vermieden werden. Sie verkleinern den Busen optisch, da sie ihn an den Körper pressen.

Großer Busen

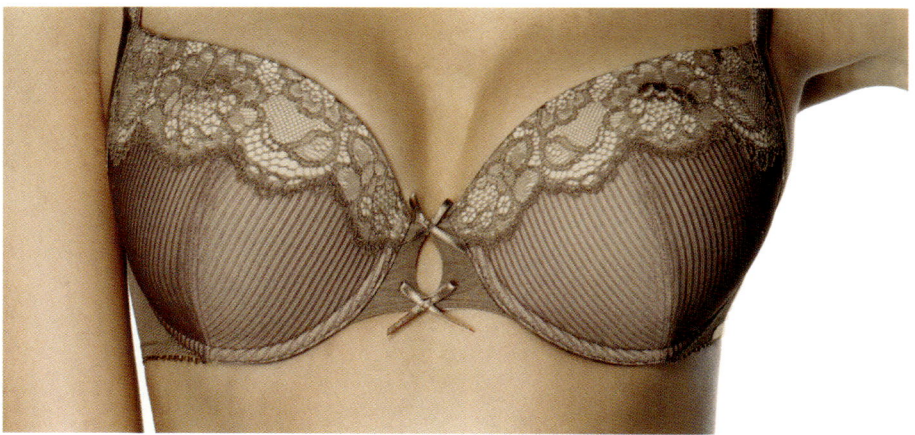

© Triumph

Push-up-Modelle heben den Busen, was Form und Optik verbessert, legen aber auch einen Fokus auf das Dekolleté. Vollschalen-BHs sind die schmeichelndste Form. Wichtig ist, dass der Steg, der die zwei Körbchen miteinander verbindet, nicht zu kurz ist, da er sonst Druckstellen erzeugt. Spezielle Minimizer-BHs bringen große Fülle in Form und verkleinern eine große Oberweite optisch. Sport-BHs geben dem Busen besonders guten Halt und etwas breitere Träger schneiden die Haut nicht so sehr ein. Es sollten nie zu kleine Körbchen gewählt werden, da sonst der Busen formlos hervorquillt.

Taille & Gesäß

Frauen mit schmalen Hüften passen Pantys besonders gut. Größere und / oder helle Höschen vergrößern den Po optisch, Miederhöschen bringen Rundungen in Form. Ein Rio-Cut – ein V-Schnitt, der tief ausgeschnitten ist – und hüftig geschnittene Slips harmonisieren optisch ein hohes Becken. V-Slips sind ideal, um ein niedriges Becken positiv zu betonen und verlängern die Beine optisch. Ein hoher Beinausschnitt bei Slips lässt die Beine länger aussehen. Bodys lassen den Rumpf länger wirken und passen Frauen mit kurzem Oberkörper. Sie sollten bei einer breiten Taille vermieden werden. Mit tief angeschnittenem Bein kaschieren sie Hüftpölsterchen perfekt und mit Stützeffekt ausgestattet, bringen sie darüber hinaus einen schlappen oder üppigen Bauch in Form.

Tipps & Tricks

- Unterwäsche sollte niemals unter der Kleidung sichtbar sein oder zum Vorschein kommen. Ausgenommen man möchte mit Unterwäsche bewusst einen (erotischen) Akzent setzen; zum Beispiel, indem ein Träger oder der Spitzenbesatz der Körbchen oder des Leibchens keck unter dem Top hervorblitzt. In diesem Fall sollten die Farben von Outfit und Wäsche unbedingt harmonieren. Alles andere wirkt billig.

- Ist die gewählte Kleidung eng anliegend und / oder leicht transparent, sollte bei der Wäsche der sogenannte „Nude-Look" gewählt werden, bei dem sich weder Farbe noch Nähte der Unterwäsche abzeichnen.

- Die größten Styling-Fauxpas sind sichtbare Slipränder unter hautengen Hosen oder die Unebenheiten eines Spitzen-BHs am Busen unter einem eng anliegenden Top.

- Zu Hüfthosen sollten nie Slips mit höherem Bund getragen werden, damit sie unter der Hose nicht hervorragen.

- Die BH-Träger sollten nicht sichtbar sein. Sogar transparente Silikonträger sollten nach Möglichkeit versteckt werden. Ausnahme der Regel: Wenn es gerade Trend ist, dürfen bunte Träger als Stilelement zu sehen sein, sonst ist dies ein No-go. Trägerlose BHs oder BHs mit variablen Trägern schaffen Abhilfe.

- Transparente Träger sind eine dezente Lösung, wenn die Träger des Tops eine andere Linie bilden als die des BHs.

- Auswechselbare Träger können im Rücken gekreuzt werden und passen sich so einem „American Cut"-Top besser an.

- Die BH-Trägerbreite im Rücken lässt sich den Spaghettiträgern des Tops anpassen, indem die BH-Träger mit einer großen Sicherheitsnadel oder einem Bändchen auf die entsprechende Breite zusammengebunden oder -gesteckt werden.

- Hightech-BHs ohne Nähte passen sich exakt der Busenform an und verleihen eine ganz besonders natürliche Optik.

- Neu gekaufte BHs sollten immer auf der weitesten Einstellung geschlossen werden können. So bleibt Spielraum, wenn das Material mit der Zeit etwas nachgibt.

- BHs sollten immer die richtige Größe haben. Sowohl ein abstehender Ausschnitt als auch ein aus dem Dekolleté quellender Busen sehen unschön aus.

„Er ist *so klein,* dass er *alles* über die Trägerin *enthüllt* bis auf den Mädchennamen ihrer Mutter.“
Louis Rèard über den Bikini

© Triumph

Wasserfest

Bademode war bis vor 100 Jahren aus moralischen Gründen höchst unzweckmäßig. Knielange Wollanzüge, Korsetts und sogar Strümpfe dienten als Outfit zur Erquickung im kühlen Nass. Erst in den wilden 20er Jahren durften Frauen Haut zeigen, der Weg für das „Badetrikot" war geebnet. Doch es dauerte bis nach dem Zweiten Weltkrieg, bis eine freizügigere Bademode – ausgehend von Amerika – nach Europa kam. Heutzutage kann man aus einer Vielfalt von Modellen wählen. Zusätzlich werden auch Kombinationen angeboten, die untereinander auswechselbar sind: So sind beispielsweise Tank-Tops, verschiedene BH-Formen und unterschiedlich geschnittene Höschen in einem Design erhältlich.

Material & Verarbeitung

Lange vorbei ist die Zeit der Badekostüme, die dreimal schwerer waren, wenn man aus dem Wasser stieg – Lycra und Kunststoff sei Dank. Die neuen Hightech-Fasern nehmen kaum Wasser auf und sind im Nu wieder trocken. Außerdem gibt es Materialien, deren Muster sich verändert, wenn sie nass werden, die UV-Strahlen durchlassen oder auch als Sunblocker dienen. Die aktuellen Hightech-Stoffe sind zudem besonders resistent gegen Chlor.

Stile & Dresscode

Moderne Bademode zeichnet sich durch eine erstklassige Passform aus. Die Schnitte sind so ausgeklügelt, dass in jeder Situation Bewegungsfreiheit und ein perfekter Sitz gewährleistet ist. Besonders wichtig ist dies natürlich beim Wassersport. Wann welcher Stil oder Dresscode angebracht ist, hängt von der Körperbeschaffenheit und dem Anlass ab. So steht bei sportlicher Betätigung die Funktionalität mehr im Vordergrund, bei einer Beachparty ist eine ansprechende Optik wichtiger. Vorsicht geboten ist bei Stringtangas. Sie sind zumeist doppelt unangebracht – wegen mangelnder körperlicher Beschaffenheit und da sie oft vulgär wirken. „Oben ohne" war in den 80ern – außer in muslimischen Ländern und in den USA – „fast" weltweit üblich. Heutzutage zeigt frau sich bedeckter – was vermutlich auf den rückläufigen Trend des Sonnenbadens zurückzuführen ist.

Der Bikini

© Esprit

Als der Designer Louis Rèard 1946 den ersten Bikini präsentierte, gab es Empörung und Tumulte. Heute ist er das beliebteste Bademode-Modell und besonders variantenreich. Triangelformen mit herausnehmbarer Schale werden gerne von Frauen mit kleinen Brüsten (bis Körbchengröße C) getragen. Push-ups heben und formen Brüste und Dekolleté. Der Bandeau, der mit oder ohne Träger getragen werden kann, ist bei zierlicheren Frauen beliebt. Bei den Slips kann frau zwischen winzigen Brasilianos mit seitlichen Bändern, Tangas oder höher geschnittenen Pantys wählen. Stringtangas sind natürlich auch erhältlich, sollten aber dem Privatstrand vorbehalten bleiben.

Der Tankini

© Triumph

Eine relativ neue, figurfreundliche Variante ist der Tankini – ein Bikini mit längerem Oberteil in Tank-Top-Form. Er ist eine bequeme Alternative zum einteiligen Modell.

Der Badeanzug

© Agent Provocateur

Badeanzüge sind elegant und machen eine gute Figur. Formende Varianten modellieren die Taille und stützen eine größere Brust optimal. Für sportliche Frauen gibt es Modelle mit im Rücken gekreuzten Trägern, eingearbeitete Push-ups vergrößern die Oberweite optisch. Zwar sorgen Einteiler für einen perfekten Look und können modische Eyecatcher sein, aber sie konnten sich kaum als Trend durchsetzen, da sie einerseits nach dem Bad nass am Körper kleben und andererseits ein Sonnenbad großflächig vereiteln.

Der Monokini

© Agent Provocateur

1964 lancierte der Österreicher Rudi Gernreich den Monokini, der ursprünglich nur aus einem Höschen mit „Hosenträgern" bestand. Er war nur als Pressegag gedacht, doch nachdem Gernreich bereits am ersten Tag 1000 Bestellungen erhielt, gab er ihn zur Produktion frei und wurde dadurch weltberühmt. Unter heutigen Monokinis versteht man Modelle, bei denen BH und Höschenteil vorne miteinander verbunden, Rücken- und Seitenpartie hingegen frei sind. Diese Form ist ideal für Frauen, die zwar schlank sind und extravagante Modelle lieben, aber vielleicht keinen so straffen Bauch haben.

Pareo oder Sarong

 Darunter versteht man ein feines Strandtuch, das man auf verschiedenste Arten drapieren und aus dem frau neue Kleidungsstücke zaubern kann. Pareos beziehungsweise Sarongs sind perfekt für den Drink oder Imbiss an der Strandbar geeignet und werden oft passend zu Bademodellen angeboten.

© Skiny/Huber

Passform

BHs mit Raffungen oder zweifarbige Modelle (beispielsweise eine helle und eine dunkle Brust) vergrößern optisch eine kleine Oberweite. Bei schwerer oder weit auseinanderstehender Oberweite geben eingearbeitete, feste Körbchen die nötige Stütze. Bandeau-Tops sind zu vermeiden. Modelle mit breiten Trägern sind für Frauen mit großer Brust unabdingbar. Einteiler mit seitlichen Farbakzenten verleihen der Taille eine schmalere Optik. Badeanzüge lassen zudem den Rumpf länger aussehen und passen Frauen mit kurzem Körper. Modelle mit tief angeschnittenem Bein sind die perfekte Wahl bei Hüftpölsterchen. Zweiteiler verkürzen den Rumpf optisch und sollten daher von Frauen mit langem Oberkörper getragen werden. Einteiler mit Stützeffekt kaschieren einen schlaffen oder üppigen Bauch. Größere und / oder helle Höschen vergrößern optisch den Po. Ein hoher Beinausschnitt erweckt den Eindruck längerer Beine. Hüftig geschnittene Slips sind ideal, um ein hohes Becken kürzer aussehen zu lassen. V-Slips betonen ein niedriges Becken positiv.

Tipps & Tricks

- Vorsicht bei ungefütterter, weißer beziehungsweise heller Badekleidung, denn sie wird durchsichtig, wenn sie nass ist.

- Badekleidung bei Tisch oder an der Strandbar ist ein absolutes No-go. Ein Pareo oder eine Tunika machen das Strandoutfit gesellschaftsfähig.

- Für schwangere Frauen gibt es spezielle Bademode, die stützt und bequem ist.

Leg-Wear

„Wer *schöne Beine* behalten will, muss sie von den Blicken der *Männer massieren* lassen."

Marlene Dietrich

© Wolford

Es ist fast unglaublich, wie viel Aufmerksamkeit dem „zarten Hauch von nichts" geschenkt wird. So ließ sich beispielsweise Schauspielerin und Luxusweib Liz Taylor vom jeweiligen Ehemann diamantenbesetzte Strümpfe schenken, und auch ihre Kolleginnen Marilyn Monroe und Jane Russell sind als Strumpffetischistinnen bekannt. In den 30er Jahren waren Seidenstrümpfe noch so unerschwinglich teuer, dass sich Frauen ihre Beine färbten und mit einem Stift die Nähte ihrer Traumstrümpfe vortäuschten. Heute gehören schöne Strumpfwaren zur Grundausstattung jeder Garderobe. Es ist aber ein offenes Geheimnis, dass der Wandel in der Mode auch vor den Strümpfen nicht Halt macht und verschiedenste

Trends in immer schnellerem Rhythmus das Design dieses wichtigen Accessoires prägen. Jahrelang waren ausschließlich schwarze oder hautfarbene Strümpfe en vogue, heute erleben wir das Revival bunter und auch gemusterter Strumpfwaren. Ein absolutes No-go von gestern kann morgen superschick sein. Dieser rasante Wechsel bedingt, dass aktuelle Trends ein paar Saisonen später wieder peinlich wirken. Der rechtzeitige Blick in Modemagazine, fachliche Beratung und aufmerksames Verfolgen der Society sind wichtige Indikatoren für Strumpftrends und dienen zur Orientierungshilfe. Abgesehen von schnelllebigen Modetrends gibt es dauerhaft gültige Richtlinien, wann welche Strümpfe angebracht sind und welche Alternativen es gibt.

Material & Qualität

Um die Strümpfe haltbarer zu machen, sind die Spitze und oft auch die Ferse durch zusätzlich eingestricktes Nylon verstärkt. Für einen transparenten Nude-Look werden auch Strumpfhosen ohne jegliche Verstärkung angeboten. Unsichtbare Formungen von Ferse und Wade sorgen für eine gute, faltenfreie Passform. Strumpfhosen mit eingearbeitetem Zwickel haben eine bessere Passform im Schritt und einen besseren Tragekomfort. Da Nylonstrumpfwaren sehr anfällig für Laufmaschen waren, erfand man Kräuselstrümpfe. Diese sind nicht so glatt und feinmaschig, dafür aber robuster. Strümpfe gibt es in verschiedenen Stärken, die in „den" (für Denier), einem Maß für die Garnstärke, angegeben werden. Je höher die Zahl, desto blickdichter (opaque) ist der Strumpf. Eine gleichmäßige Transparenz, ein gut sitzender Bund, der sich nicht einrollt, und flache Nähte, die nicht drücken und sich nicht abzeichnen, sind Qualitätszeichen, die beim Kauf beachtet werden sollten.

Stile & Dresscode

Bei der Wahl der Strümpfe sollte frau sich in der Stilwelt des Outfits bewegen. Solange dieser Rahmen nicht verlassen wird, liegt man richtig. Pastellfarbene Kleidung verlangt – außer als Fashion-Gag – nach hellen Strümpfen, dunkle Kleidung ergibt mit dunklen Strümpfen ein harmonisches Farbbild. Es gibt jedoch kaum eine Regel ohne Ausnahme, daher gilt: Bei ärmellosem Kleid oder Oberteil sind hautfarbene Strümpfe die bessere Wahl. Glänzende Strumpfwaren sind die elegante Alternative für festliche und vor allem abendliche Anlässe, während Netz- und Nahtstrümpfe einen verführerischen Kontrapunkt zu eleganter Kleidung setzen. Am Tag sind leichte Stützstrümpfe ein schöner Blickfang und bieten zudem hohen Tragekomfort. Zu Bouclé- und Wollstoffen, Strickartikeln,

Trachtenlook oder im Winter sind Woll- und Baumwollstrumpfhosen nicht nur die wärmste Alternative, sie sehen auch hervorragend aus. Klassische Kniestrümpfe und Socken sind keineswegs nur eine bequeme Variante für Hosen und lange Röcke, sondern spielen auch bei sportlichen oder androgynen Looks eine große Rolle. Die Attraktivität von Socken hängt sehr stark von aktuellen Modeströmungen ab. Auf jeden Fall sollten sie aber farblich zur Kleidung passen. Humoristische Designs- und Comicmuster sind, ebenso wie weiße Sportsocken, zu modischer Kleidung ein grober Fauxpas.

Gänzlich ohne

Lange Zeit galt es für elegante Damen als absolutes No-go, keine Strümpfe zu tragen. So streng sind die Regeln heute nicht mehr, allerdings wirken dünne Strümpfe wie ein Bein-Make-up. Im Business-Bereich zeigt eine Frau mehr Kompetenz, wenn sie Strümpfe trägt. Auch bei Ballveranstaltungen herrscht eigentlich Strumpfhosenpflicht.

Die Strumpfhose

Die Damenstrumpfhose setzte sich in den 60er Jahren durch – dem Minirock von Mary Quant sei Dank. Waren doch die Strumpfansätze unter den kurzen Röcken sichtbar, was nicht wirklich elegant wirkte. Die Farben der Strümpfe beschränkten sich lange Zeit auf Schwarz und Hauttöne. Bunte Strümpfe haben aber schon in den 70er Jahren ihren Platz erobert und feiern alle paar Jahre ein Comeback. Für festliche Anlässe bieten sich Spitzenstrümpfe oder glänzende Modelle an. Strumpfhosen mit sehr plakativen Mustern müssen ganz genau mit der Figur und der Garderobe abgestimmt werden. Woll- und Baumwollstrumpfhosen wärmen im Winter und sehen besonders zu sportlicher Mode oder Trachten gut aus. Auch hier gilt: Das Gesamtbild muss passen. Relativ neu sind spezielle Strumpfhosen ohne Zehenteil, die speziell für Peep-Toes gemacht sind.

© Calzedonia

Strümpfe

© Calzedonia

Strümpfe behielten trotz des Siegeszuges der Strumpfhosen ihren Platz in der eleganten Damengarderobe. Mit Stay-ups kann man den meist unbequemen Strumpfbandgürtel im Schrank lassen. Sie verfügen über ein Silikonbündchen, das die Strümpfe fest am Oberschenkel hält, ohne dabei einzuengen. Strümpfe gibt es in allen erdenklichen Designs. Netzstrümpfe sehen sexy aus und lenken von kleinen Makeln am Bein ab. Wenn darunter eine Strumpfhose getragen wird, verstärkt sich dieser Camouflage-Effekt. Die Maschenweite des Netzes hängt von der Mode ab. Netzstrümpfe sehen vor allem zu Cocktailkleidern sensationell aus, dies gilt auch für Strümpfe mit Naht. Ein besonderer Eyecatcher am Abend sind Strümpfe mit Glitzersteinen und aus edler Spitze.

Funktionsstrümpfe

© Falke

Ein besonderes Kapitel sind Funktionsstrümpfe. Und damit sind nicht nur Stützstrümpfe gemeint, die übrigens heute von herkömmlichen Modellen nicht mehr zu unterscheiden sind, sondern auch Hightech-Strümpfe, die mit Pflegestoffen wie Aloe Vera oder Koffein versehen sind und so die Beine pflegen und beleben. Auch Geruch neutralisierende Strümpfe sind erhältlich. Figurformende Strumpfhosen sorgen für einen flachen Bauch, straffen die Waden sowie die Oberschenkel und formen den Po mit speziellen Push-up-Komponenten.

Leggings

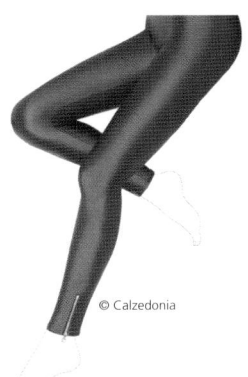

© Calzedonia

Entweder heiß geliebt oder abgrundtief verhasst, liegen die in den 80er Jahren als Must-have etablierten Leggings immer wieder im Trend. Ein kritischer Blick in den Spiegel schadet jedoch nicht, bevor frau sich für diesen Modetrend entscheidet. Wobei auch üppigere Frauen durchaus gut in Leggings aussehen können, wenn das Darüber stimmt. Leggings trägt man zu kurzen Kleidern, Tuniken und langen Pullovern, die das Gesäß bedecken sollten. Für das Business-Styling sind sie ein absolutes Tabu.

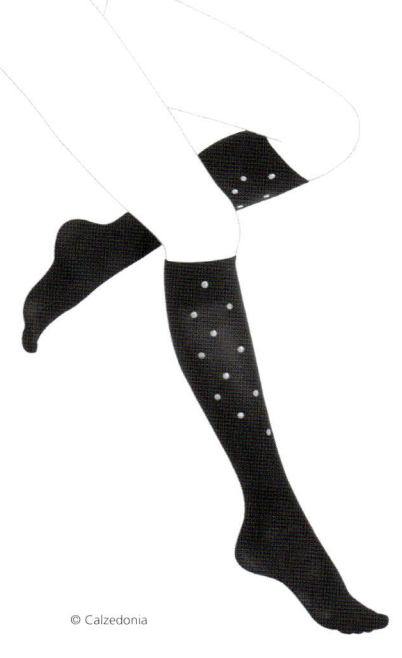

© Calzedonia

Kniestrümpfe & Overknees

Wer gerne Hosen trägt, bevorzugt möglicherweise Kniestrümpfe. Sie sind eine bequemere
Alternative zu Strumpfhosen. Beim Kauf sollte darauf geachtet werden, dass die Bündchen nicht zu eng sind, damit eine gute Blutzirkulation gewährleistet ist. Kniestrümpfe zu
Röcken zu tragen, ist Geschmackssache und
auch von den Trends abhängig. In der eleganten Mode und im Business-Bereich sollten diese nicht zu Röcken und Kleidern kombiniert
werden. Meist aus dickem Strick sind Overknees und Legwarmers, die vor allem bei der
Jugend beliebt sind. Sie werden zu kurzen Röcken ebenso getragen wie über enge Jeans.

Sportsocken & -strümpfe

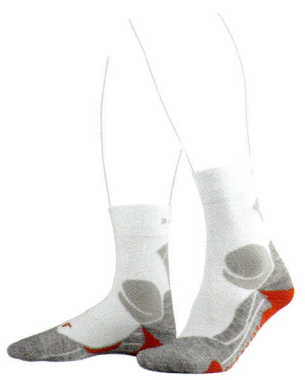

© Falke

Sportsocken werden aus den verschiedensten Materialien gefertigt, wobei modernste Hightech-Fasern
besonders beliebt sind. Die Gründe liegen dabei klar
auf der Hand: Sie sind je nach Modell klimaaktiv, an-
tibakteriell, schnell trocknend oder speziell verstärkt
(als Schutz- oder Stützfunktion).

Sneakers

© Falke

Die circa knöchellangen Socken werden vor allem zu
Sportschuhen getragen. Sie sind ausschließlich in der
Freizeitmode im Sommer zulässig und unter keinen
Umständen businesstauglich.

Söckchen

Söckchen sind immer wieder modern und werden auf cen Catwalks sogar mit High Heels gesehen. Diese Kombination sollte aber ganz jungen Frauen vorbehalten bleiben. Es gibt viele Modelle von sportlich bunt bis lieblich gerüscht. Dicke Stricksocken gehören eindeutig in den Freizeit-Bereich. Auch hier sollte darauf geachtet werden, dass die Bündchen nicht einschneiden.

© Calzedonia

Füßlinge & Zehlinge

Viele Frauen bekommen Blasen, wenn sie geschlossene Schuhe ohne Strümpfe tragen. Füßlinge schaffen hier Abhilfe. Sie sind unsichtbar und machen den Schuh auch im Sommer bequem. Entsprechend dem Modetrend gibt es Füßlinge zu Peep-Toes nun auch zehenfrei. Für Frauen, die gerne Mules, Sabots oder Slingbacks tragen, sind Zehlinge praktisch. Sie umhüllen nur den Vorderfuß und sind mit einer Anti-Rutsch-Gummierung ausgestattet.

© Calzedonia

Styling-Checkliste für Strümpfe & Co.

Helle Farben lassen dünne Beine optisch kräftiger aussehen, große Muster sie kompakter erscheinen. Knallige Farben lenken cie Aufmerksamkeit auf die Beine und sollten nur bei schönen Beinen getragen werden. Kräftige Beine wirken in dunklen Farben und vertikal linierten Modellen schlanker. Vorsicht ist hingegen bei Querlinien, Mustern oder Leggings gebcten. Strümpfe in der Farbe der Oberbekleidung verlängern Beine optisch und sind bei kurzen Beinen vorteilhaft. Formgebende Strumpfhosen mit Minimier- oder Push-up-Effekt bewirken sowohl unter Hosen als auch unter Röcken eine hübschere Bein- und Poform. Hüftstrumpfhosen sind zwar bei Hüfthosen und -röcken eine Notwendigkeit, eine schlaffe oder stärkere Taille quillt jedoch darüber hervor.

Tipps & Tricks

- Tragen Sie keine zu engen Socken, da diese sonst die Blutzirkulation stören und unschöne Wülste über den Rändern machen.

- Weiße Socken gehören auf den Sportplatz und nicht zum Mode-Outfit.

- Dünne Füßlinge sind nicht sichtbar und beugen bei Sommerschuhen Blasen vor.

- Es ist nicht ratsam, sich einzucremen, unmittelbar bevor Stay-ups getragen werden, da diese sonst leichter runterrutschen.

- Hüfthosen und -röcke verlangen Hüftstrumpfhosen.

- Leichte modische Stützstrümpfe sollten bei besonderer Belastung wie langem Gehen, Stehen oder im Flugzeug getragen werden, da sie nicht so schnell ermüden und die Blutzirkulation angeregt wird.

- Eine hauchdünne Strumpfhose – das Make-up für die Beine – wirkt immer hübscher als nackte Beine.

- Eine Strumpfhose unter Netzstrümpfen getragen macht schönere Beine und optimiert die Silhouette.

- Wichtig ist, die exakte Größe zu wählen. Zu kleine Strumpfhosen reißen leicht, zu große bilden Falten.

- Baumwoll- oder Wollstrümpfe passen nur zur Alltagskleidung.

- Zehenfreie Strumpfhosen sind eine modische Alternative für offene Schuhe.

- Bei Strümpfen, Kniestrümpfen oder Söckchen ist es manchmal sinnvoll, ein zweites, gleiches Paar zu kaufen. Wenn ein Strumpf kaputt ist, muss man den anderen nicht gleich wegwerfen.

- Achtung bei transparenten weißen Strümpfen. Sie betonen Blutgefäße, Besenreiser und andere Hautunebenheiten. Außerdem machen sie dicke Beine.

- Wenn das Strumpfwerk sehr fein oder die Hände rau sind, sollten zum Anziehen dünne Handschuhe getragen werden, um das feine Gewebe nicht zu verletzen.

- Wenn Strümpfe mit Strumpfbandgürtel getragen werden, sollten zuerst im Stehen die hinteren Halter befestigt werden und danach im Sitzen die vorderen. Das sorgt für einen besseren Sitz. Die Bänder sollten nicht zu straff gezogen werden.

„Eine *Dame* trägt keine Kleider.
Sie erlaubt den *Kleidern,*
von ihr getragen zu werden."
Yves Saint Laurent

Kleid: M Missoni

Kleidsam

Als Ausdruck der Weiblichkeit ist das Kleid seit Jahrhunderten das wichtigste Bekleidungselement der Frau. Nahezu jede Frau ist stolze Besitzerin dieses einteiligen Kleidungsstückes in unterschiedlichsten Schnitten und Materialien, denn spezielle Anlässe erfordern spezielle Kleider. Vom einfachen Schürzenkleid bis zum Brautkleid ist die richtige Passform entscheidend für einen gelungenen Auftritt.

Alle heute gängigen Kleiderformen haben sich aus einer Vorform, dem sogenannten Hemd- oder auch Kittelkleid, entwickelt. Inbegriff der Veränderungen
im 20. Jahrhundert ist Coco Chanel, die Erfinderin der Einfachheit und Bequemlichkeit. Kleiderklassiker wie das Hemdblusen- und Jerseykleid oder auch
das Kleine Schwarze befreiten von bisherigen Zwängen. Trotz der Verdrängung
durch die Jeans oder Rock-Blusen-Kombinationen ist das Kleid das unvergäng-
lichste Kleidungsstück der Geschichte. Durch die Erfindung des Minikleides fand
es seinen Weg zurück in die Kleiderschränke und ist seitdem aus der Alltags-
garderobe nicht wegzudenken. Besonders in den letzten Jahren lässt sich eine
steigende Beliebtheit des Kleides verzeichnen. Durch den femininen Charakter
einzigartig, hat das Kleid schon viele Trends überlebt, es war und ist wesentlicher
Bestandteil der Modewelt.

Schnitte & Dresscode

Kleider gibt es in allen nur erdenklichen Stoffen, Schnitten und Stilen – und natürlich auch für jede Figur. Neben hochmodischen extravaganten Modellen, die
wegen ihres Looks allerdings oft ein Ablaufdatum haben, gibt es eine Reihe von
klassischen Kleiderformen, die als Stilikonen zeitlos und immer en vogue sind
und sich nur in kleinen Details verändern.

Das Hemdblusenkleid

Diese im Hemdstil gehaltene Kleiderform hat einen Umlegekragen und endet in einem geraden
oder ausgestellten Rock. Die in der Länge variablen Ärmel werden zumeist mit Manschetten
oder Bündchen abgeschlossen. Eine Knopfleiste
kann entweder nur am Oberteil oder durchgehend geknöpft werden. Je nach Belieben kann
ein Gürtel zur Betonung der Taille eingesetzt
werden. Das Hemdblusenkleid wirkt sich auf
viele Figurtypen vorteilhaft aus. Locker geschnitten steht es schmal gebauten Frauen ebenso wie
kurvigeren Typen.

© www.stylebop.com

Das Wickelkleid

Dieser wandelbare Eyecatcher wirkt mit seinen unterschiedlichen Bindeeffekten sehr feminin und elegant. Typisch ist ein tiefer V-Ausschnitt und die einzigartige Wickeloptik. Dank der Designerin Diane von Fürstenberg wurde das Wickelkleid in den 70er Jahren zum Kassenschlager. Ein Comeback feierte das „Wrap Dress" 1997 im neuen Design. Weiche, leichte Materialien wie Seide, Jersey oder Wolle unterstützen den optimalen Fall des Kleides und sind angenehm zu tragen. Beim Ankleiden wird eine Hälfte über die andere geschlagen und mit einem Stoffgürtel oder einem Band um die Taille gebunden. Problemzonen kaschiert das Wickelkleid gekonnt, weibliche Formen der Trägerin werden einfach umspielt.

Das Kleine Schwarze

In Erscheinung trat das Kleine Schwarze erstmals in den 20er Jahren. Coco Chanels Geniestreich wird von Designern fast in jeder Kollektion übernommen. Legendär gemacht wurde es 1961 durch Audrey Hepburn, die im Film „Frühstück bei Tiffany" mit einer Variante des Modeschöpfers Hubert de Givenchy ausgestattet war. Körpernah und maximal knielang, überzeugt das Modell mit seiner klassischen Eleganz. Neutrales Schwarz macht schlank und bietet an, farbliche Akzente zu setzen. Absolut zeitlos und zu jedem Anlass passend, bietet das Kleine Schwarze besonders als Cocktailvariante eine Vielzahl von Stil-Möglichkeiten.

Das Shiftkleid

© Peek & Cloppenburg

Das Shift- oder auch Etuikleid kennzeichnet ein gerader, figurbetonter Schnitt ohne Taillennaht. In seiner klassischen Form ist es ärmellos, in etwa knielang und mit einem runden Ausschnitt versehen. Die Eleganz dieses Allrounders machten sich schon Stilikonen wie Jacqueline Kennedy, Audrey Hepburn oder auch Lady Diana zunutze. Heute gilt das Etuikleid als zeitlos, klassisch und immer einsetzbar. Dank des einfachen Schnittes und der fehlenden Verzierungen kann es problemlos kombiniert werden und ist sowohl im Büro als auch zu festlichen Anlässen tragbar. Als perfekter Allrounder passt es auch zu allen gemäßigten Silhouetten, wenn es in Schnitt und Details dezent auf die jeweilige Figur abgestimmt wird.

Das Trägerkleid

© Peek & Cloppenburg

Angenehm zu tragen und feminin aussehend variiert das Trägerkleid in der Silhouette von hautnah bis locker. Das von schmalen bis breiten Trägern gehaltene Kleid gewährt besonders in der wärmeren Jahreszeit Sicht auf viel Haut. Eine besondere Trägerform ist der Holderneck. Das zumeist schlicht gehaltene Oberteil endet in einem geraden bis glockig ausgestellten Rock. Trägerkleider sind auch mit Blusen gut kombinierbar, wodurch Frauen etwaige Problemzonen gut kaschieren können. Achtung: Zu bestimmten Anlässen oder an manchen Orten, beispielsweise in Kirchen, sollten die Schultern mit einer Jacke oder zumindest einer Stola bedeckt werden.

Das Empirekleid

Dieser Kleiderstil trat erstmals 1799 in Erscheinung und bot der Damenwelt nach der jahrhundertelangen Diktatur von Korsett und Mieder Bewegungsfreiheit. Dieses leicht historisch wirkende Modell ist für seine hohe Taille, die direkt unter der Brust ansetzt, bekannt. Meist betont mit Bändern oder Borten, verleiht der Empire-Stil ein sehr schönes Dekolleté. Die Ärmellängen können variieren, wobei Ballkleider ärmellos getragen werden. In allen Längen wird das Empirekleid gerne als leichtes Sommerkleid oder Cocktailkleid getragen. Die schmale, leicht ausgestellte Silhouette lässt seine Trägerin elegant wirken und verleiht ein zartes, mädchenhaftes Aussehen.

Das Charlestonkleid

In den 20er Jahren des letzten Jahrhunderts war es das Tanzkleid schlechthin, da Damen dank der Beinfreiheit den berühmten Charleston-Tanz auf das Parkett legen konnten. Ärmellos und schmal wird es häufig im Dekolleté oder im Rücken tief ausgeschnitten. Die in der Hüfte sitzende Taille wird durch Schleifen, Kordeln oder einen Gürtel betont. Typisch sind Fransen, häufig auch in Stufen, die sich beim Tanzen mitbewegen, sowie aufwendige Stickereien.

Das Strickkleid

© Popp & Kretschmer

Besonders im Winter ist das Strickkleid durch seine Wärme, Bequemlichkeit und Hautfreundlichkeit eine beliebte Variante. Strickkleidmodelle findet man mit Rollkragen, Rundkragen, Wasserfallkragen sowie V-Ausschnitten. Kaschmir, Angora und Mohair bieten besonders hohen Tragekomfort. Andere Modelle sind aus Schurwolle, Woll- oder Synthetikgemischen erhältlich. Von anschmiegsam bis leger ist das Strickkleid ein Must-have für jede Gelegenheit. Ein breiter Gürtel betont zudem die Figur. Die weiche, aber etwas dickere Struktur dieses Kleiderstils schmeichelt fast jeder Silhouette. Somit ist das Strickkleid nicht nur ein perfekter Allrounder für jede Gelegenheit, sondern auch für jede Statur.

Das Trapezkleid

© www.mytheresa.com

Die Trapezlinie wurde in den 60er Jahren des vorigen Jahrhunderts mit der Abschaffung der Wespentaille dank Yves Saint Laurent populär. Von den schmalen Schultern ausgehend, werden die Modelle zum Rocksaum hin immer breiter. Der obere Bereich und die Taille bleiben unbetont. Wenn Ärmel vorhanden sind, dann nur in kurzer Länge. Das Trapezkleid ist bestens dazu geeignet, um Blicke auf die untere Körperpartie zu lenken. Der einfache Schnitt ermöglicht das Kombinieren mit auffälligen Details, um eventuelle Problemzonen zu verdecken. Es steht einerseits sehr schmalen Frauen gut, da es ihnen mehr „Körper" gibt, andererseits kaschiert es eine breite Taille sowie etwas stärkere Hüften perfekt. Für sehr stattliche Silhouetten ist es jedoch nicht zu empfehlen.

Das Dirndl

© Neckermann

Das Dirndl ist das Stylingwunder unter den Kleidern, da es jeder Figur schmeichelt. Die Korsage
gleicht sowohl einen großen als auch einen kleinen Busen perfekt aus und kaschiert schmale als
auch breite Hüften. Einzig für sehr burschikose
Frauen sind seine feminine Linienführung und das
zumeist üppige Dekor zu verspielt. Je nach Anlass
kann das Dirndl aus unterschiedlichsten Materialien gefertigt oder mit verschiedenen Mustern
versehen sein und hat diverse Längen. Das enge,
tief dekolletierte Schnürmieder, unter dem meist
eine Dirndlbluse mit Puffärmelvariationen getragen wird, macht das Dirndl unverkennbar. Über
dem weiten, in der Taille beginnenden Rock wird
eine Schürze gebunden – meist in einer Kontrastfarbe gehalten. Ergänzend trägt man zum Dirndl
ein Schultertuch, Halstuch oder ein Kropfband mit
Schmuckanhänger.

Das Tunikakleid

© www.mytheresa.com

Diese locker sitzende Kleidervariante versprüht
gute Laune und Ferienstimmung. Verwandt mit
der Tunikabluse, verläuft dieses Kleid in einer
leichten A-Linie und reicht ungefähr bis zum
Knie der Trägerin. Ornamente, Ausschnitte und
Raffungen sind kennzeichnend für dieses exotische Kleid, dessen Ursprünge aus dem Orient
stammen. In transparenten, gemusterten Stoffen ist das Tunikakleid für einen Tag am Strand
ebenso geeignet wie aus eleganter Seide für
festliche Anlässe. Es kann auch mit Hosen und
Leggings kombiniert sowie mit einem Gürtel um
Hüfte oder Taille getragen werden.

Das Petticoatkleid

© Schmitt Schäfer

Der Petticoat war ursprünglich ein Unterrock, der aus versteiften Perlon- und Nylon-Stoffen bauschig sowie weit geschnitten wurde. Aus ihm entwickelte sich das Petticoatkleid, das in den späteren 50er Jahren des letzten Jahrhunderts aufkam. Die Zusammensetzung aus glockigem Rock und eng anliegendem Korsagenoberteil macht eine tolle Silhouette. Die vordere Mitte in Brusthöhe wird oft gerafft, das Oberteil von schmalen bis breiten Trägern gehalten oder schulterfrei getragen. Heute wird der Unterrock vorzugsweise aus steifem Tüll in mehreren Stufen gefertigt, wobei die letzte noch dezent unter dem Oberrock hervorblitzen kann. Eine typische Verzierung ist ein mit Spitzen und Rüschen versehener Saumabschluss.

Das Hängerkleid (Babydoll)

© Monsoon

Ähnlich wie beim Empire-Stil beginnt die Taille bereits unter der Brust. Ursprünglich als Nachtwäsche konzipiert, wurde das Hängerkleid 1956 durch den Film „Baby Doll" zum Trend. Kindlich, mädchenhaft aussehend und kurz gehalten, ist ein Babydoll besonders für jüngere Generationen ansprechend. Aus edler Seide wird das Babydoll zum eleganten Partydress. Casual gestylt, wird es aus Jersey- oder Baumwollstoffen in Kombination mit weichen Schals und Strumpfhosen getragen. Auch als Umstandskleid bekannt, erweist sich ein Babydoll nicht nur während einer Schwangerschaft als sehr praktisch, da es nicht einengt.

Das Bustierkleid

© Monsoon

Unwiderstehlich macht dieses Kleid seine Trägerin durch die weibliche Form, die es durch das Betonen des Halses und der Schultern erreicht. Hauptaugenmerk wird dabei auf ein wohlgeformtes Dekolleté gelegt. Ob als Schlauchkleid oder mit verschiedenen Rockformen, leichte Stoffe sehen besonders schön aus. Eine Korsage kann mitverarbeitet werden, um den Oberkörper zu formen. Damen mit wenig Oberweite können mit eingebrachten Pads ihre Weiblichkeit zur Geltung bringen. Auf einen BH kann beim Tragen eines Bustierkleides getrost verzichtet werden.

Das Ballon-Kleid

© Guess

Dieser eiförmige Kleiderschnitt, auch Boule-Form genannt, ist sehr bequem und endet zumeist oberhalb der Knie. Vorzugsweise aus Strick, Jersey oder anderen weichen, fließenden Stoffen kaschieren und verstecken diese oft mit einem Rollkragen oder Wasserfall-Ausschnitt versehenen Kleider durch ihre Weite und Fülle die Figur. Zusätzliche Drapierungen oder Applikationen geben ihnen trotz ihrer plumpen Form einen besonderen Reiz. Eine etwas figurbetontere Variante ist ein körpernahes Oberteil mit einem bouleförmigen Rockteil, der etwas stärkere Hüften gut kaschiert.

Style-Check-up

Bei üppigeren Typen sind etwas kompletter geschnittene Kleider von Vorteil, da sich Unterwäsche oder Hautunebenheiten nicht durchzeichnen können. Dies ist auch bei Stretch-Materialien zu beachten, die, wenn sie einer zu großen Dehnung ausgesetzt sind, leicht transparent wirken und das Darunter unbarmherzig sichtbar machen. Die richtige Länge von Kleidern richtet sich nach Anlass und Statur. Eher korpulenteren Frauen passen knieumspielende Längen am besten, ¾-Lösungen sollten vermieden werden, da sie an der dicksten Stelle der Wade eine Horizontale bilden. Auch für Frauen mit O- und X-Beinen ist diese ¾-Länge vorteilhaft.

Tipps & Tricks

- An kühleren Tagen sind Stolen, Pashminas, Boleros sowie Kurzjacken die perfekte Ergänzung zu Abendkleidern.

- Üblicherweise passen zu Kleidern etwas kürzere, taillierte Jacken gut, während zu Hosen auf Schritthöhe endende Blazer vorteilhafter sind.

- Je schlichter der Schnitt, desto wichtiger sind die Details und das Setzen von Kontrasten, denn die persönliche Note zählt.

- Für den Business-Bereich sollten Kleider maximal eine Handbreit oberhalb des Knies enden.

- Bei schlaffen oder dicken Oberarmen sollten ärmellose Kleider vermieden werden.

- Mit wechselnden Jacken und Accessoires wie Schmuck, Tüchern, Taschen und Schuhen ist ein schlichtes Kleid ein perfekter Allrounder, der im Nu je nach Anforderungen casual, abendlich, extravagant, etc. umgestylt werden kann.

Bluse, Blazer: Ralph Lauren

Jacke & Blazer

Die Jacke ist seit dem 14. Jahrhundert bekannt. Als Waffenrock oder Tracht der Bauern getragen, ist sie der Vorgänger des Jacketts für Männer, aus dem sich wiederum Damenjacke und Damenblazer entwickelten. Der Unterschied zwischen Jacke und Blazer ist fließend, im Allgemeinen bezeichnet man feminin geschnittene, kürzere Modelle als Jacke und maskulinere, längere Modelle als Blazer. Marlene Dietrich war in den 20er Jahren des letzten Jahrhunderts eine der ersten Frauen, die den Blazer trug und damit einen Skandal auslöste. In den 50er Jahren war er bei den Damen ein beliebtes Freizeitkleidungsstück. Nach einigen Anläufen wurde er in den 80er Jahren als unverzichtbarer Trend ausgerufen und ist seither fixer Bestandteil der Mode. Jacke und Blazer ergänzen die Hose zum Anzug als auch den Rock zum Kostüm und werden auch mit Kleidern kombiniert. Dank ihrer Wandlungsfähigkeit sind sie festlich und alltagstauglich zugleich. Wie unzählige, universell tragbare Modelle beweisen, kann ein und dasselbe Kleidungsstück verschiedenste Eindrücke schaffen.

Verarbeitung & Material

Wie kaum ein anderes Kleidungsstück verlangen Jacken und Blazer nach perfekter Qualität und Verarbeitung. Ein billiger Stoff und ein schlecht sitzender Schnitt vermitteln dem Gegenüber einen negativen Eindruck. Es lohnt sich, hochwertige Stoffe zu wählen, die Passform genau zu überprüfen und gegebenenfalls Änderungen vornehmen zu lassen. Für die kalte Jahreszeit eignen sich Schurwolle sowie Wollmischungen beispielsweise mit Kaschmir oder Mohair. Im Sommer bieten kühle Materialien wie Baumwolle, Leinen, Cool Wool oder Seiden-Woll- sowie Baumwollmischungen einen hohen Tragekomfort. Vorsicht ist aber bei Leinenstoffen geboten: Obwohl der sogenannte „Edelknitter" durchaus anerkannt und beliebt ist, vermittelt diese Optik leicht einen schlampigen Eindruck. Eine große Vielfalt an Kunstfasern ergänzt das Sortiment und ist vor allem bei modischen Styles zu finden. Viskosestoffe beziehungsweise -mischungen sind oft minderer Qualität, verformen sich leicht, wirken nach einiger Zeit lappig und sind aufgrund ihrer geringeren Haltbarkeit wenig empfehlenswert.

Stile & Dresscode

Jacken und Blazer präsentieren sich je nach Stil sportlich, casual, businesslike oder elegant und sind unverzichtbarer Bestandteil der Basisgarderobe. Je nach Schnittform und Material entstehen unterschiedliche Stilrichtungen, die für die Tragegelegenheit ausschlaggebend sind. Unterscheidungsmerkmale der einzelnen Formen sind das Material, die Länge und Weite, die Silhouette, der Schnitt und die Details. Zudem sollten sie mit dem restlichen Outfit harmonieren. Als Teil eines Kostüms oder Hosenanzugs sind sie aus der gleichen Stoffqualität wie die Unterteile gefertigt. Sie sind aber auch als Kombinationen – mit Hosen aus anderen Stoffqualitäten oder Farben – oder Ensembles, so werden Jacke und Rock aus verschiedenen Stoffqualitäten und Farben bezeichnet, gut tragbar. Anders als in der Männergarderobe verlieren sie bei richtiger Materialwahl nicht an Eleganz und sind somit auch für formelle Business-Anlässe oder Abendveranstaltungen perfekt geeignet.

Die Kostümjacke

© Otto

Die klassische Kostümjacke, auch als Kurzblazer bezeichnet, ist körpernah sowie tailliert geschnitten und endet in etwa mittig zwischen Taille und Schritt. Je nach Modeerscheinung kann die Schulterpartie abfallender, gerader, breiter oder schmäler ausfallen und auch der restliche Look ist sehr variabel. Abseits von solch modischen Details sollte die Kostümjacke aber vor allem in Schnitt und Farbe der Trägerin passen. Generell sehen kürzere, taillierte Jacken besser zu Kleidern und Röcken aus, da sie die Silhouette strecken.

Der Kurzblazer

© www.zalando.de

Die Kurzvariante des Blazers, auch Spenzer genannt, lenkt alle Blicke automatisch auf die Körpermitte. Durch ihren Schnitt streckt sie jede Figur und ist daher auch für kleinere Frauen perfekt geeignet. Der Kurzblazer definiert sich über eine in der Taille abschließende Länge und seine körperbetonte Form. Oft mit ¾-Ärmeln versehen, wird er auch bei festlichen Anlässen gerne getragen. Sehr feminin wirkt das Kleidungsstück auch zu Blusen und Kleidern. Je nach Saison werden leichte Baumwoll- oder Wollstoffe verarbeitet. Futterstoffe sorgen für einen angenehmen Tragekomfort.

Der Blazer

© www.stylebop.com

Aus der Männergarderobe entlehnt, ist der Blazer heute auch in der Damenmode integriert. In seiner klassischen Form hat er ein gemäßigtes Revers, ist leicht tailliert und endet in etwa auf gleicher Höhe wie die Ärmel, die mit Knopfleisten versehen sind. Er sorgt für einen Hauch von Strenge und Seriosität. Abhängig vom Material zählt der Blazer sowohl zur eleganten als auch zur sportlichen Bekleidung. In seiner typischen Schrittlänge eignet er sich besonders gut zur Kombination mit Hosen und ergibt so einen interessanten „Garçonne"-Look. Doch auch im Ensemble mit Röcken ist er sehr beliebt.

Der Navy-Blazer

© www.mytheresa.com

Ursprünglich war der Blazer als Uniformjacke der englischen Marine ein dunkelblaues, doppelreihiges Sakko mit goldenen Knöpfen und Brustemblem. Unter der Bezeichnung „Klubjacke" wurde diese Form später bei britischen Studenten populär, als diese die Mitgliedsjacken ihrer Ruder- und Kricketklubs zum Bestandteil ihrer Alltagskleidung machten. Heutzutage gibt es für Schnitte und Farben keine festen Regeln mehr, der Navy-Blazer hat aber immer Schmuckknöpfe, optional ein Brustemblem und ist zumeist blau oder weiß.

Der Boyfriend-Blazer

Ein Stilbruch mit femininen und maskulinen Bekleidungsstücken ist besonders spannend. Diese Blazerform ist ein beliebtes Element des Boyfriend-Looks. Bei diesem Stil werden übergroße Modelle, die dem männlichen Kleidungsstil nachempfunden sind, geschickt ins Styling integriert. Vorzeigebeispiel für diesen Look ist das britische Topmodel Kate Moss. Maskulin zum Hosenanzug getragen, ist der Boyfriend-Blazer immer einen Tick zu groß geschnitten. Typisch für den Look sind auch aufgekrempelte Ärmel und ausladende Schultern.

© www.stylebop.com

Der Langblazer

Der Langblazer, auch Longblazer oder Blazermantel genannt, ist eine etwas längere Variante des klassischen Blazers, die ungefähr bis zur Mitte der Oberschenkel reicht. Eine schöne, der Figur schmeichelnde Variante ist der Redingote, der eine etwas höher geschnittene Taille sowie einen weiteren Rockteil hat und somit die Statur streckt und zierlicher erscheinen lässt. Der Langblazer sieht offen getragen besonders lässig aus. Schlanken, großen Frauen verleiht er ein klassisches und schickes Auftreten und Problemzonen lassen sich durch ihn einfach kaschieren. Für kleinere Frauen ist der Langblazer nur geeignet, wenn er aus weicheren, dünnen Stoffqualitäten gearbeitet und etwas kürzer geschnitten ist.

© www.stylebop.com

Das Gilet

© www.zalando.de

Ein Gilet, auch als Weste bezeichnet, passt zu fast allen Körperproportionen und vermittelt – auch ohne Blazer – stets einen „angezogenen" Eindruck. In der Damengarderobe, als Ergänzung zu Hosenanzug oder Kostüm, wird es jedoch selten verwendet, da es das Outfit, bedingt durch die weiblichen Rundungen, etwas „sperrig" macht. Es unterliegt auch stark modischen Trends und ist phasenweise mehr oder weniger en vogue.

Die Bolerojacke

© Emilia Lay

Das knappe, offene Jäckchen reicht höchstens bis zur Taille und ist in seiner ursprünglichen Form, als Teil des traditionellen Torerokostüms, kragen- und ärmellos. Heutige Modelle können vorne mit einem Knopf verschlossen werden und Ärmel in beliebiger Länge aufweisen. Die optimale Gelegenheit, eine Bolerojacke zu tragen, ist ein festlicher Anlass. Elegante Abendkleider werden bei kühleren Temperaturen ideal komplettiert. Aber auch im Sommer liegt die beliebte Kurzjacke, zu leichten Kleidern getragen, vorne. Edle Stoffe, Pailletten oder Stickereien können das gesamte Outfit aufwerten.

Die A-Form-Jacke

© www.stylebop.com

Die aus den 50er Jahren stammende Schnittform ist im oberen Bereich schmal anliegend und zum Saum hin ausgestellt. Die Jacke ist meist auch an den Ärmeln erweitert, mit einem Kragen versehen und von taillenkurz bis oberschenkellang erhältlich. Sie wird durch Reiß- oder Knopfverschluss verschlossen. Leichte A-Formen sind die perfekten Begleiter zu engen Röcken oder Röhrenhosen. Weit ausgestellte Modelle passen besser zu weit schwingenden Kleidern oder Röcken. Stoffart und Farbe sind stark von der jeweiligen Mode abhängig und unterliegen ebenso wie der Schnitt wechselnder Nachfrage.

Style Check-up

Eine Jacke beeinflusst den ersten Eindruck, daher sind die richtige Größe und Passform wesentliche Parameter. Sie darf die Bewegungsfreiheit nicht einschränken und sollte locker über darunter getragene Kleidungsstücke passen. Die Länge der Jacke richtet sich nach der Körperform und der Größe der Trägerin: Lange Jacken verkürzen, kurze strecken die Silhouette.

richtig

falsch

Die Schultern der Jacke sind üblicherweise mit kleinen Polstern unterlegt. Die Dimension der Schulterpartie ist korrekt, wenn die Schulterbreite bei angelegten Armen exakt über den Oberarm fällt. Ist die Jacke zu groß, fallen die Schultern über dem Arm schräg ab, sind die Schultern zu eng gearbeitet, wölben sie sich unter den Ärmeln hervor. Ausnahmen von dieser Regel sind individuelle Modetrends.

Die korrekte Ärmellänge der Jacke endet knapp über dem Handrücken an der Daumenwurzel. Im Gegensatz zur Herrengarderobe ist es nicht üblich, aber durchaus legitim, wenn die Blusenmanschette hervorblitzt. Unbedingt vermeiden sollte man zu lange Ärmel, da diese einen unsicheren und ungeschickten Eindruck vermitteln.

Tipps & Tricks

- Eine hellere Farbe bei der Jacke im Gegensatz zum Unterteil lässt den Oberkörper dominanter wirken. Dunkle Farben wirken dezenter und minimieren die Dimensionen etwas.

- Große Frauen und Frauen mit langen Armen sollten bei der Wahl von ¾-Ärmeln vorsichtig sein, da diese die Arme in den Fokus des Betrachters stellen.

- Ein wichtiger Bestandteil der Optik einer Jacke sind die Knöpfe. Manchmal lohnt es sich, billige Originalknöpfe gegen hochwertigere Modelle auszutauschen – dies bewirkt oft ein deutliches „Upgrade" des Looks.

Der Rock – ein Klassiker mit Stil

„Sie trägt *einen Rock*, den kann man nicht *beschreiben*, denn schon ein einziges Wort wäre *zu lang*."

Reiner Kunze (deutscher Schriftsteller)

Der Rock an sich ist eigentlich ein einfaches Bekleidungsstück, das in den unterschiedlichsten Längen und Formen erhältlich ist – ein bisschen Stoff, das an den Seitennähten geschlossen oder als Schlauch gefertigt ist. Anders als bei der Hose umschließt er beide Beine gemeinsam. Ob in der Taille oder hüfttief getragen: Der Rock ist ein essenzieller Bestandteil der Damenbekleidung, ein eigenständiges Kleidungsstück, das mit den verschiedensten Oberteilen kombiniert werden

Bluse : Madeleine / Gürtel: Trendvision / Rock: Jones

kann. Silhouetten aller Art, extravagante Schnitte und exklusive Designs machen ihn zum unverzichtbaren Basisstück. Manche Rockformen unterliegen dem modischen Wandel und bleiben uns längere Zeit vorenthalten, bis sie wieder stolz von ihrer Trägerin, gemäß dem neuesten Trend, ausgeführt werden. Andere wiederum bleiben aufgrund ihres zeitlosen, klassischen Schnitts immer en vogue und werden nur minimal verändert.

Geschichtlich gesehen hat der Rock einen langen Entwicklungsweg zurückgelegt. Im Mittelalter wurde er geschlechtsunabhängig von Frauen und Männern als Oberbekleidung getragen. Damals war er noch nicht vom Oberteil getrennt. Eine der ersten eigenständigen Rockformen war der Reifrock, ein Unterrock, dessen Weite durch Reifen aus Draht, Fischbein oder Holz in Form gehalten wurde. Im Rokoko besonders verbreitet, galt er als höfisches Attribut. Über dem Reifrock wurde ein steifer Oberrock, die Krinoline, getragen. Im 19. Jahrhundert kam er zum letzten Mal groß in Mode. 1910 entwickelte Paul Poiret den Humpelrock. Dieser war knöchellang und am Saum eng zusammengefasst. Bevorzugt wurden allerdings bequemere Entwürfe wie die von Coco Chanel oder Jeanne Lanvin. In den 20ern erreichte der Rock erstmals Knielänge und schmale Linien dominierten die Mode. Nach androgynen Formen wurden weibliche Silhouetten mit enger Taille und weit schwingenden, wadenlangen Röcken wiederentdeckt. Mit dem wirtschaftlichen Aufschwung legte man wieder vermehrt Wert auf modische Kleidung. Dior, der wieder Glamour in die Modewelt brachte, wurde hoch gelobt. Die Swinging Sixties standen ganz im Zeichen des Minirockes. Midi- und Maximodelle konnten sich nach seinem Aufkommen kaum mehr durchsetzen. Der Siegeszug der Jeans verwies die bisher von Frauen getragenen Kleider und Röcke in den Hintergrund. Obwohl die Hose heute von vielen Frauen vorgezogen wird, bleibt der Rock unumstritten ein beständiges Kleidungsstück. Die erotische Wirkung, die der Rock ausstrahlt, kann sich seine Trägerin nicht nur zu besonderen Anlässen zunutze machen. Vor allem in der heißen Jahreszeit steigt die Lust auf einen kurzen Mini.

Stile & Dresscode

Für viele Frauen ist es gar nicht so einfach, die untere Körperhälfte optimal in Szene zu setzen. Mit verschiedenen Rocklängen und -stilen verhält es sich zwar nicht mehr so streng wie zu früheren Zeiten, man sollte sich aber dem Anlass entsprechend kleiden und die individuelle, richtige Länge auswählen. Denn jedes Modell betont unterschiedliche Körperstellen und lenkt so von anderen ab. Schon wenige Zentimeter können hierbei ausschlaggebend sein.

Der Ballonrock

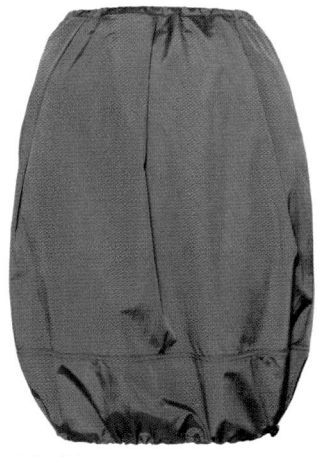

© Trendvision

Wie schon sein Name verrät, definiert sich der Ballonrock durch seine ballonartige Form, die durch die unterschiedlichen Längen des Außen- und Innenrockes erreicht wird. Das gebauschte Aussehen im Saumbereich entsteht durch das Zusammennähen beider Röcke und wird zusätzlich durch den Stoff beeinflusst. Ein voluminöser Ballonrock sieht am besten zu engen Oberteilen aus. Er passt besonders zierlichen und sehr schlanken Frauen gut, kaschiert aber auch die etwas breiteren Hüften der A-Silhouette und der Birnenkörperform.

Der Bleistiftrock

© Madeleine

Ein Klassiker unter den Röcken ist der figurnah geschnittene Bleistift oder „Pencil Skirt". Weibliche Kurven kommen in ihm besonders gut zur Geltung. Beginnend von der Taille, verengt sich der schmal gehaltene Rock bis zum Saum, der in der Länge variieren kann. Ein Stretch-Anteil im Stoff sowie ein seitlich oder hinten eingearbeiteter Schlitz schaffen mehr Bewegungsfreiheit. Passend zu der engen Linie sind extravagante Oberteile. Weiße Blusen machen den Bleistiftrock bürotauglich.
Besonders geeignet für kurvige, große sowie zierliche Frauen, liegt der in den 50er Jahren populär gemachte Bleistiftrock wieder im Trend. Voraussetzung für einen gelungenen Auftritt in diesem Modell sind jedoch lange Beine. High Heels strecken das Bein zusätzlich und machen den Bleistiftrock besonders bei festlichen Anlässen oder im Geschäftsleben trotz seiner Schlichtheit zu einem besonderen Eyecatcher.

Der Minirock

© www.mytheresa.com

Etwa 10 cm oberhalb der Knie endend, präg-te die wohl provokanteste Form des Rockes die Modewelt wie kein anderes Modell. 1962 von der britischen Designerin Mary Quant entwor-fen, brachte der Minirock mit seiner geringen Länge frischen Wind ins Modegeschehen. Wer sich in ihm zeigte, galt als respektlos der Gesell-schaft gegenüber. Trotz anfänglicher Skandale setzte sich der Mini durch und wurde zum Ver-kaufsrenner. Knapp und sexy lässt der Minirock viel Sicht auf lange, schlanke Beine. Bei kräftigen Oberschenkeln sollte die Länge nicht zu kurz ausfallen. Eine blickdichte Strumpfhose oder Leggings sind, sofern gerade in Mode, ebenfalls passende Begleiter.

Der Faltenrock

© Mango

Wie der Name schon sagt, zeichnet sich dieses Modell durch eingearbeitete Falten aus, die ent-weder durchgehend oder stellenweise in eine oder verschiedene Richtungen verlaufen kön-nen. Dabei ist die Rockweite oben eng gehalten und springt zum Saum hin auf. Schon zu Beginn des 20. Jahrhunderts war der Faltenrock ein be-gehrtes Kleidungsstück. Dank seiner Weite ist er bequem zu tragen und gibt viel Bewegungsfrei-heit. Rocklängen variieren von mini bis boden-lang. Röcke mit vielen Falten tragen mehr auf und stehen besonders schlanken Frauen. Dün-ne, fließende Stoffe und Modelle, bei denen die Faltenlegung erst im Hüftbereich beginnt, sehen bei breiteren Hüften gut aus.

Der A-Linien-Rock

© www.mytheresa.com

Eine simple Grundform weist der Rock in A-Linie auf. Sein Name beruht auf der leicht ausgestellten Form an den Seitennähten. Klassisch wird er mit einem schmalen Bund und Reißverschluss versehen. Nicht zu auffällig, aber doch modisch ist er als alltagstaugliche Rockform bekannt. Der A-Linien-Rock steht jeder Figur gut. Ausladende Kurven werden zudem gekonnt kaschiert. Die neutrale Grundform ist zu fast allem tragbar, lediglich ausgestellte oder in der Hüfte weite Oberteile sollten vermieden werden. Nähte oder andere Details und Applikationen peppen den Rock auf.

Der Wickelrock

© www.stylebop.com / Matthew Williamson

Dieser Figurschmeichler ist durch offene Verschlusskanten, die überlappen und seitlich geschlossen werden, gekennzeichnet. Der Wickelrock wird heute von vielen Designern neu interpretiert. Die um die Hüften geschlungene Stoffbahn wird an der Bundkante durch Haken-, Knopf- oder Schlaufenverschlüsse gehalten und kann flexibel reguliert werden. Gute Trageeigenschaften und die verstellbare Bundweite machen aus dem Wickelrock ein praktisches Bekleidungsstück. Simpel und edel zugleich ist er besonders für Frauen mit Problemzonen im Bereich der Hüften und Oberschenkel geeignet. Dekorative Details wie Rüschen oder Raffungen sehen an ihm besonders gut aus.

Der Glockenrock

© Mango

Der glockenartig weite Saum kommt durch einen kreis- oder halbkreisförmigen Schnitt zustande. Die meist hohe Taille kann hauteng anliegend sein. Die Betonung durch einen breiten Gürtel verstärkt den Sanduhr-Silhouetten-Effekt. Die Längen variieren von boden- bis knielang, da die Glockenform bei kürzeren Modellen nicht ideal zur Geltung kommt. Seine Blütezeit erlebte der Glockenrock in den 50er Jahren. Mit ihm wurde der sogenannte Petticoat, ein bauschiger Unterrock, getragen. Kräftige Hüften sowie dünne Figuren verbirgt der Glockenrock perfekt und macht ihn so zu einem Figurschmeichler. Ähnlich wie bei der A-Linie sollten ausgestellte Tops gemieden werden.

Der Godetrock

© www.mytheresa.com

Durch das Einsetzen dreieckiger, länglicher Stoffeinsätze, sogenannter Godets, entsteht eine Mehrweite an der Länge, die an der Unterkante des Rockes ausschwingt. Die Modelle unterscheiden sich in der Breite und Länge der Godets. Typischerweise wird der Rock in Kniehöhe weiter. Bei manchen Röcken können die eingesetzten Teile auch länger als der restliche Saum sein. Insbesondere für Frauen mit rundlichen Hüften wirkt er figurschmeichelnd und vorteilhaft.

Der Stufenrock

© www.zalando.de

Die locker schwingende Rockform setzt sich aus mehreren waagrechten Stoffbahnen zusammen, die nach unten hin an Weite gewinnen. Die leichte Kräuselung entsteht durch das Einziehen der oberen Kante einer jeden Stufe. Der Abschluss mit einer Rüsche unterstreicht die romantische Ausstrahlung, die an bodenlangen Modellen am besten zur Geltung kommt. Der Stufenrock präsentiert sich zumeist im typischen Hippie-Look mit Mustermixen und farbintensiven Prints. Er ist stylingtechnisch ein Allrounder, der allen Figuren passt und kleine Unzulänglichkeiten hervorragend kaschiert.

Der Zipfelrock

© MARONSKI, bei www.styleout.com / Mischa Nawrata

Weich fallende, asymmetrische oder zipfelige Säume sind das Merkmal dieser beliebten Rockform. Die am Bund angebrachten Stoffteile werden, wie auch beim Glockenrock, in einem Stück und rund geschnitten. Dabei wird der Saum zackig geformt, wodurch er gewollt ungleich fällt. Angenehm zu tragen sind fließende und dünne Stoffe mit Stretch-Anteil. Der Zipfelrock kann über mehrere Stufen verfügen und wirkt je nachdem elegant oder folkorisch. Zum luftigen Zipfelrock trägt man am besten ein Top und einen Blazer oder eine Kurzjacke, das wirkt besonders feminin. Unvorteilhafte Figuren und Beine gleicht der Zipfelrock aus, nur bei sehr starken Hüften ist Vorsicht geboten.

Der Tulpenrock

Kurz bis knielang erhält der Tulpenrock seine schöne Weite durch Bundfalten oder einen ballonförmigen Schnitt, der sich bis zum Saum hin verengt. Getragen wird er am besten von schlanken Frauen. Seitliche Eingriffstaschen, Knöpfe oder Reißverschlüsse geben modischen Pep und wirken optimal bei einfarbigen Materialien. Da der Rock an sich schon weit ist, sollten zum Tulpenrock schmale Oberteile getragen werden, die in den Rock gesteckt werden. Mit Blusen oder Rollkragenpullover kombiniert, ist er auch im Büro ein begehrtes Stück.

© www. stylebop.com / Givenchy

Der Rock mit Kellerfalte

Klassisch ist der hohe Falteneinsatz in der vorderen Mitte. Das ermöglicht eine bequeme Gehweite. Die Silhouette bleibt trotzdem schmal. Die dezente A-Linie passt zu jeder Figur und setzt seine Trägerin vorteilhaft in Szene. Mit der aufspringenden Kellerfalte als Highlight sind Röcke dieser Art noch mit Taschen und einem Bund versehen. Komplettiert mit einem hübschen Blazer sind sie zu jeder Gelegenheit passend. Auch im Golfsport ist der Rock mit Kellerfalte vertreten und sorgt für weiblichen Chic.

© Karen Millen

Tipps & Tricks

- Kleineren Frauen ist von bodenlangen Schnitten abzuraten.

- Farbige Strümpfe in Kombination mit Röcken lassen dünne Beine optisch stärker erscheinen.

- Beim Tragen von langen Jacken und kurzen Mänteln sollte auf die zur Oberbekleidung passende Länge des Rocksaumes geachtet werden.

- Schlanke, lange Beine sowie Oberschenkel kommen bei kurzen bis mittellangen Röcken vorteilhaft zur Geltung.

- Kniebedeckende bis bodenlange Röcke verdecken eventuelle Problemzonen. Aber auch religiöse Gründe können in manchen Kulturen gegen kurze Röcke sprechen.

- Bei engen Röcken mit durchgehend schmaler Silhouette ist die Saumweite geringer als der Hüftumfang.

- Vor dem Kauf sollten Röcke auf ihre Alltagstauglichkeit getestet werden: Erlauben sie genügend Beinfreiheit, um auch schneller gehen zu können? Sind sie bequem, wenn man länger sitzt, oder ermöglichen sie unerwünschte Einblicke?

- Ausgestellte Rockformen sorgen für bequeme Beinfreiheit und eignen sich hervorragend, um Problemzonen bei den Hüften zu kaschieren.

- Insbesonders enge Röcke sowie billige Qualitäten können sich mit der Zeit, wenn man viel und lange sitzt, im Gesäßteil oder seitlich ausbeulen. Ein Check-up, ob die Passform noch perfekt ist, ist daher empfehlenswert.

Die Redewendung „die Hosen anhaben" ist ein Synonym dafür, Befehlsgewalt auszuüben.

© Wolford

Beinkleid & Co.

Macht und Befehlsgewalt zu haben, was für die meisten Männer von Anbeginn der Zivilisation gelebte Tatsache war, mussten sich Frauen erst hart erkämpfen. Und zentrales Symbol des Geschehens war immer die Hose. Sie eroberte im Gleichschritt mit der Emanzipation der Frauen auch das Terrain der weiblichen Garderobe. Die amerikanische Frauenrechtlerin Amelia Bloomer setzte sich Mitte des 19. Jahrhunderts für die Abschaffung der Korsetts ein und führte knielange Röcke ein, unter denen Pluderhosen getragen wurden. Das sogenannte „Bloomer-Kostüm" konnte sich jedoch nicht durchsetzen und der Reformversuch scheiterte. Erst Anfang des 20. Jahrhunderts brachten die ersten mutigen Frauen durch das Tragen von Hosen die damals herrschende gesellschaftliche Ordnung ins Wanken. Marlene Dietrich war in den 30er Jahren die erste Frau, die der breiten Öffentlichkeit eine Hose vorführte. Zunächst blieben Hosen jedoch strikt auf die Sport-, Strand- und private Hausmode beschränkt. In der Business-Mode begannen sich die Hosen erst in den 60er Jahren zaghaft durchzusetzen und waren sogar 1970 noch bei noblen sowie formellen Anlässen strikt verboten. Doch bald darauf feierten Hosen ihren Siegeszug und das Tragen der einst den Männern vorbehaltenen Bekleidung wurde auch für Frauen legitim. Mittlerweile hat dieses traditionelle Beinkleid bereits Röcke und Kleider in der Beliebtheitsskala überholt.

Verarbeitung & Material

Ein perfekter Auftritt auch unterhalb der Taille wertet das gesamte Erscheinungsbild merklich auf. Damenhosen werden heute in klassischen und modernen Formen, aus unterschiedlichen Materialien zu fast allen Gelegenheiten getragen. Längen und Schnitte sind modisch wandelbar, unterliegen jedoch immer einer bestimmten Grundform. Knapper Sitz, bequeme Weite, Sattel oder Bundfalten, Bügelfalten oder Aufschläge sind Kennzeichen der jeweiligen Modelle. Ein hoher Preis muss nicht gleich auf entsprechende Qualität hinweisen. Ein Blick auf die Verarbeitung verrät meist mehr. Besonders leichte Stoffe neigen zu schnell abgenutzten Stellen an Knien oder im Gesäßbereich.

Schnitte & Dresscode

Die unterschiedlichen Körperformen bei Frauen können den Kauf der perfekt sitzenden Hose ungemein erschweren, denn Taille und Gesäß sind in ihren Rundungen, ihrer Höhe und Form sehr individuell ausgeprägt. Eine vom Jeanshersteller Levi´s verfasste Studie, die an 60.000 Frauen durchgeführt wurde, ergab, dass 80 % aller Frauen bei Hosenschnitten in drei charakteristische Silhouetten unterteilt werden können – in die knabenhaft schmale, die zierlich kurvige Figur und in Silhouetten mit schwungvollen weiblichen Kurven. Die beiden letzten Körperformen treffen auf 70 % der Europäerinnen zu. Da sich viele günstige Hersteller an der Silhouette der Masse orientieren, sind oft individuelle Anpassungen vonnöten. Als Parameter dient hierbei das Gesäß. Taille und Länge können relativ leicht verändert werden, erfordern allerdings einen guten Änderungsschneider. Je nach Label, Stil, Herkunftsland und fokussierter Zielgruppe variieren Größe und Schnitt von Konfektionshosen ungemein. Hier gilt der Grundsatz: Probieren geht über Studieren. Hosen sind perfekte Allrounder und je nach Stil sowohl in der Freizeit als auch im Business-Bereich und am Abend tragbar. Sie wirken jedoch formeller und maskuliner als Röcke und Kleider und unterstreichen in manchen Branchen psychologisch die Kompetenz ihrer Trägerinnen. Dies sollte bei der Wahl des Stylings bedacht werden.

Die Bundfaltenhose

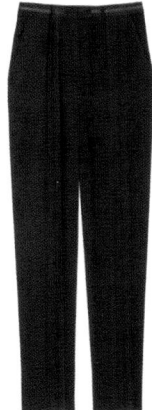

Mit schrägen Eingrifftaschen, Gürtelschlaufen, gerade geschnittenen, weiten Beinen und zumeist mit Bug versehen, ist die Bundfaltenhose ein beliebter Klassiker. Der Renner aus den 80er Jahren ist ein perfekter Kombinationspartner für Blazer, Blusen, Shirts sowie Tops. Die aufspringenden Falten, deren Anordnung und Anzahl sehr individuell sein kann, schaffen Bewegungsfreiheit und Bequemlichkeit. Achtung bei weiblichen Rundungen: Diese werden durch tiefe Bundfalten besonders betont.

© www.mytheresa.com

Die Torero-Hose

Ob als Jeans oder Stoffhose, High-Waist-Modelle sind immer wieder begehrte Fashion-Must-haves. Diese Hosenform betont gekonnt die Mitte und rückt weibliche Figuren ins rechte Licht. Üblicherweise wird sie bis ganz oben zugeknöpft. Das Gegenteil der Hüfthose bedeckt gut im Winter und ist zu Blusen, die in den Bund gesteckt werden, einfach unschlagbar schick. Überaus feminin und sexy sind die meisten Modelle dunkel gehalten. Die Beine werden optisch durch die lange Form gestreckt. Ob eng oder glockig geschnitten, ein perfekter Halt an der Taille ist wesentlich für einen gelungenen Look. Allerdings ist eine gemäßigte Konfektionsgröße für diesen extravaganten Look unabdingbar.

© Trendvision

Die Röhrenhose

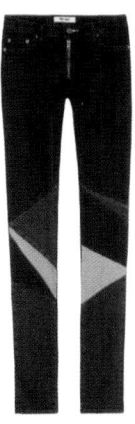

Die äußerst körpernah sitzende Hosenform erlebte ihren ersten Boom in den 70er Jahren, als enge Jeans in Mode kamen. Manche Röhrenhosen waren so eng geschnitten, dass am Knöchel Reißverschlüsse zum An- und Auskleiden angebracht waren. Im Laufe der Zeit entwickelten die Hersteller Röhrenjeans mit komfortableren Passformen. Heute feiern die Röhrenjeans ein Comeback. Stretchstoffe und klassischer Denim ziehen alle Blicke auf schön geformte Beine. Mit einer Tunika getragen, werden ein eventueller Bauchansatz und starke Oberschenkel kaschiert. Sie lassen sich wunderbar mit weiten Oberteilen kombinieren. Die Kombination mit Stiefeln sieht besonders vorteilhaft aus.

© www.mytheresa.com

Die Marlene-Hose

Diese Hosenform steht fast jeder Frau und macht mit ihrem hohen Bund endlos lange Beine, die durch Bügelfalten zusätzlich akzentuiert werden. Benannt nach der berühmten und selbstbewussten Schauspielerin Marlene Dietrich, die sich in den 30er Jahren des 20. Jahrhunderts skandalträchtig mit diesen weiten Hosen zeigte, zählt sie zu den zeitlosen Klassikern. Die vom Schnitt an Männerhosen orientierte Form wird am besten mit knappen Oberteilen kombiniert. Für sehr kleine Frauen und Frauen mit ausgeprägten weiblichen Rundungen ist dieser Hosenschnitt nicht geeignet.

© Monsoon

Leggings & Radlerhose

Die Leggings ist ein immer wiederkehrendes Modehighlight der 1980er. Ursprünglich der professionellen Tanz- und Sportkleidung entlehnt, wird das knappe, elastische Beinkleid heutzutage zumeist unter einem Rock oder Kleid getragen und üblicherweise aus Baumwollstretchstoffen, Kunstfasern und Leder gefertigt. Kurze Leggings werden als Radlerhose bezeichnet. Unter sogenannten Jeggings versteht man einen Mix aus Jeans und Leggings. Je länger die Leggings, desto länger wirkt das Bein. Grundsätzlich kann jede Frau Leggings tragen, auch sehr runde Silhouetten.

© www.mytheresa.com

Die Pluderhose

Einen exotischen Touch verleiht die aus dem Orient stammende Harems-, Puff- oder Sarouelhose genannte Form. Außer der bequemen Beinfreiheit lässt die Hose viel Luft an die Haut, was eine kühlende Wirkung mit sich bringt. Die Beinweite wird am Saum in Bündchen zusammengefasst. Der Schritt liegt sehr tief. Figurprobleme im unteren Bereich verschwinden unter den üppigen Stoffbahnen. Durch die Faltenwürfe wird eine ausladende Silhouette besonders betont. Es hängt sehr vom Typ, Anlass und Stil der Trägerin ab, inwieweit diese Hosen bei ausgeprägten Rundungen gut aussehen. Ein enges Oberteil ist verbindlich, da ausladende Formen dem Gesamtbild nicht schmeicheln würden. Beim Styling sind Feingefühl und Know-how gefragt.

© Monsoon

Die Hotpants

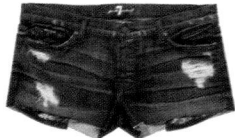

© 7 for all mankind

Die „heißen Hosen" sind sehr kurze und eng geschnittene Shorts, die ein sexy Eyecatcher der Freizeitmode sind und oft aus Jeansstoffen gefertigt werden. Elegantere Varianten aus seidigen Satinstoffen sind auch als extravagante Partykleidung möglich. Nachdem der Minirock gesellschaftsfähig wurde, kamen auch die Hotpants auf und machten ihm gehörig Konkurrenz. Besonders beliebt waren abgeschnittene Hosen mit ausgefransten Rändern. Nicht allzu tief dekolletierte Tops, flache Sandalen oder Ballerinas sind passend zu diesem neckischen Allrounder, der ein perfektes Gesäß und eine schlanke Statur verlangt. Vorsicht ist bei der Kombination mit High Heels geboten, da dieser Look dadurch auch vulgär wirken kann.

Die Shorts

© www.mytheresa.com

Ein Klassiker im Sommer sind die Shorts, auch Bermudas genannt, die jeder Statur passen. Shorts sind kurze Hosen, die meist oberhalb der Knie, aber auch näher beim Schritt enden können. In warmen Gegenden wie Australien weit verbreitet, sind sie eine beliebte Alltagskleidung und lenken alle Blicke auf schön gebräunte Beine. Knieumspielend können weite Shorts festere Oberschenkel kaschieren. In unterschiedlichen Farben und Modellen stellen Shorts einen altbewährten, modischen Begleiter in der Freizeit dar.

Die Cargo-Hose

© Napapijri

Ursprünglich wurde die Cargo-Hose beim Militär, bei der Polizei oder von Arbeitern eingesetzt. Mittlerweile konnte sie sich auch im Freizeit-Bereich etablieren und wird gleichermaßen von Frauen und Männern getragen. Sie ist meist aus robustem Baumwollstoff gefertigt und leicht erkennbar durch die aufgesetzten Taschen im Kniebereich. Für einen sportlichen Look können diese groß ausfallen und markant ins Auge stechen. Feminine Cargo-Hosen werden mit eher kleinen, flachen Taschen versehen.

¾- & ⅞-Hosen

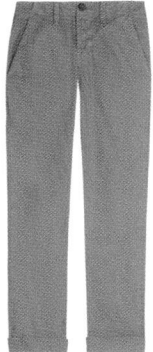

In der Sportbekleidung sowie in der Freizeitmode sind ¾- bis ⅞-Hosenformen sehr beliebt. Für den Sport geeignete Modelle erinnern an lange Laufhosen und sind aus dehnbarem Material hergestellt. Auch abseits des Sports wird die ¾-Hose in der Freizeit gern getragen. Baumwoll- oder Jeansstoffe machen sie zu einem alltagstauglichen Allrounder. Sobald die Temperaturen steigen, ist dieses Hosenmodell besonders beliebt. Da diese Hosenschnitte die Beine stärkerer Silhouetten optisch verkürzen, ist oft ein Kompromiss zwischen Funktionalität und Optik gefragt.

© www.mytheresa.com / Tommy Hilfiger

Die Chino-Hose

Die robuste Twill-Hose wird hauptsächlich als Freizeithose getragen und ist als Business-Kleidung nur in Berufsgruppen mit legeren Dresscodes erlaubt. Ursprünglich Teil der britischen und französischen Militärbekleidung fand der dünne, aber durchaus robuste Stoff als leichte Sommerhose bald auch in der Zivilkleidung Anklang. Als Alternative zur Jeans werden Chino-Hosen von beiden Geschlechtern gleichermaßen getragen. Mittlerweile in vielen Farben erhältlich, sind klassische Modelle in hellen Naturtönen verbreiteter.

© www.mytheresa.com

Glockenhose & Boot-Cut-Modelle

Das Modesymbol der Hippiebewegung erlebte seinen Höhepunkt in den 1970er Jahren. Die bis zum Knie enge und dann trichterförmig ausgestellte Glockenhose war ursprünglich hüftig geschnitten, endete jedoch je nach Mode auch in Taillenhöhe. Sie zählte zur damaligen Disco-Bekleidung und kam im nächsten Jahrzehnt aus der Mode. In den 1990er Jahren erlebte sie ein Comeback und war besonders unter Jugendlichen verbreitet. Die Weite der Hosenbeine unter den Knien ist besonders bei starken Waden von Vorteil, da diese gut versteckt werden. Eine gemäßigte Form ist der Boot-Cut, dessen Weite das Tragen von Stiefeln unter der Hose ermöglicht. Dieser Schnitt ist vor allem für Frauen mit stärkeren Beinen vorteilhaft.

© Monsoon

Die Karottenhose

© www.stylebop.com

Die betonte Weite im Hüftbereich und die schmal werdenden Hosenbeine bilden die charakteristische Form der Karotte. Diese ist einerseits für androgyne Figuren von Vorteil, da die Karottenhose Kurven zaubert, und andererseits kaschiert sie bei rundlichen Figuren breite Hüften und starke Beine. In den 80er Jahren absolutes Fashion-Must-have trotzt die Karotte bis heute standhaft allen Unkenrufen und ist in gemäßigter Form sehr beliebt. Der weite Bund verspricht Bequemlichkeit. Schuhe mit Absatz sind bei der Karottenhose vorteilhaft, da sie zwar Rundungen kaschieren, aber auch die Silhouette stauchen. Kurzblazer sehen in Kombination mit der Karotte sehr toll aus.

Die Hüfthose

© Mango

In der Hüfte sitzend reicht diese Hose im Gegensatz zur Grundform nicht bis zum Bauchnabel ihrer Trägerin. Sie kann nur beschränkt hochgezogen werden und lässt Unterwäsche manchmal ungewollt hervorblitzen. Es gibt die Hüfthosen in verschiedenen Designs und Schnittvariationen. Das figurbetonte Grundmodell wird aus den verschiedensten Materialien gefertigt und ist sowohl im Casual- als auch im Business-Bereich tragbar, wenn man auf den richtigen Dresscode achtet. Hüfthosen stehen Frauen mit androgynen und kurzen Hüften sehr gut, da diese das Oberteil oder auch die Bluse in die Hose stecken können. Bei einem hohen Becken gilt es einen harmonischen Ausgleich durch perfekt sitzende Tops zu finden, die über der Hose getragen werden sollten.

Die Caprihose

© Jones

Frauen war es in den 1940er Jahren noch untersagt, viel Bein zu zeigen. Die Modedesignerin Sonja de Lennart erfand daher 1948 die Caprihose als Alternative. Schon bald etablierte sich dieses Hosenmodell auch außerhalb der italienischen Grenze und ist bis heute als Sommerhose beliebt. Eng anliegend ist sie sportlich und sexy zugleich. Klassisch ist sie knapp kniebedeckend und hat oft einen umgekrempelten Saum. Ihre Länge wirkt sich besonders bei Frauen mit sehr ausgeprägten Rundungen negativ aus, da sie die Silhouette verkürzt. Andererseits kann sie mit dem richtigen Styling auch sehr apart aussehen.

Die Reithose

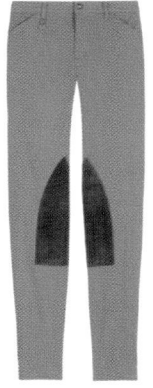

Die knöchellange Reithose, auch Jodhpurs oder, wenn schenkelweit, Breeches genannt, ist mit einem an der Innenseite der Beine aufgenähten abriebfesten Material versehen und verstärkt so die Kniepartie. Eng anliegend wird sie noch immer im Reitsport verwendet und auch immer wieder beliebter Modetrend – vor allem als Alternative zu Leggings. Breeches weisen von der Taille bis zu den Knien eine ballonartige Form auf und sind dann bis zu den Fußgelenken eng geschnitten. Beide Hosenformen sehen am besten in Kombination mit Stiefeln aus. Sie passen allen gemäßigten Staturen, wobei Breeches zudem etwas zu schmale als auch weite Hüften kaschieren.

Latzhose & Overall

Kennzeichnend für die Latzhose ist der angenähte oder angeschnittene Schurz, der mit den typischen Hosenträgern verbunden ist. Diese ursprünglich der Arbeitskleidung entstammenden, typischerweise aus Jeansstoff gefertigten Modelle liegen immer wieder im Trend. Kombiniert mit einer lässigen Bluse sowie einer kurzen Jacke kann man einfach nichts falsch machen. Die Latzhose ist, abgesehen von sehr modischen Stylings, ein klassischer Allrounder, der sich allen Figuren anpasst, aber ohne besonderen Designanspruch. Beim Overall sind Hose und Oberteil aus einem Stück. Er taucht in den verschiedensten Formen und Stilen als modische Extravaganz immer wieder in Designerkollektionen auf.

Der Hosenrock

Als weites Kleidungsstück kam er schon um 1900 auf und hat durch seine glockig geschnittenen Hosenbeine eine rockähnliche Silhouette. Da das Tragen von Hosen für Frauen tabu war, galt der Hosenrock beim Sport als einzige Alternative zu Kleidern sowie Röcken. In den 1960er Jahren war er modisch aktuell, bis seine Beliebtheit in den 1990er Jahren zurückging. Er vereint den Komfort der Hose mit dem femininen Look des Rocks und passt durch seine A-Linie den meisten Staturen sehr gut.

Style Check-up

Neben der individuellen Passform jeder Hose gibt es auch ganz grundsätzliche Parameter für ein perfektes Styling. So ist bei X- und O-Beinen sowie bei ganz dünnen Beinen ein etwas weiterer Hosenschnitt von Vorteil. Bundfalten können etwas fülligere Figuren kaschieren. Sehr tiefe Bundfalten verkürzen jedoch die Beine und sind nicht für kleine, korpulente Personen geeignet. Hosen mit Bug strecken die Silhouette und lassen sie schlanker erscheinen. Stulpen verkürzen optisch die Beinlänge und sind daher für untersetzte Staturen nicht empfehlenswert. Auch darüber, wie eng eine Hose sein darf, gibt es unterschiedlichste Auffassungen. Hier ist modisches Gespür gefragt, um den feinen Unterschied zwischen knackig, knalleng und abgeschnürt auszuloten. Auch das Gegenteil ist oft der Fall. Im Ansinnen, zu üppige Körperformen zu kaschieren, werden oft zu weite und / oder große Modelle gewählt, die jedoch dadurch erst recht die Aufmerksamkeit des Betrachters auf sich ziehen und disharmonisch wirken. Ganz bewusst zu große Hosen zu tragen, ist beim sogenannten Boyfriend-Style gefragt, der auch schon in den 1980er Jahren als „Clochard-Look" Furore machte. Hierfür werden Männermodelle mit Gürteln an der Taille festgezurrt und überlange Hosenbeine hochgekrempelt. Objektiv gesehen, wirkt dieses Styling immer unvorteilhaft und disharmonisch, auch wenn Stilikonen wie Kate Moss und Modemagazine diesen Look immer wieder hypen.

Tipps & Tricks

- Um zu vermeiden, dass sich das Gewebe im Knie- und Gesäßbereich ausbeult, sollten Hosen aus feinen Geweben oder Wollstoffen nie mehrere Tage hintereinander getragen werden.

- Beim Kauf einer Hose passend zu einem Blazer sollte immer bei Tageslicht kontrolliert werden, ob die Farben auch wirklich zusammenpassen.

- Baumwoll- oder Leinenhosen sollten vor dem Kürzen immer gewaschen werden, da sie manchmal eingehen und sich somit die Beinlänge verkürzen kann.

- Beim Kauf von Konfektionshosen ist auf die richtige Länge und Passform zu achten. Hilfreich ist eine „Geh- und Sitzprobe", um zu kurze und / oder zu eng geschnittene Modelle zu erkennen.

"Ein *Kostüm* sieht nur
dann gut aus, wenn es scheint,
als habe die *Frau*,
die es trägt, darunter
nichts an."
Coco Chanel

Kostüm: Jones / Schal: Louis Vuitton

Kostüme & Ensembles

Das Zitat der berühmten französischen Modeschöpferin gilt nicht nur für Kostümen sondern auch für Ensembles. Unter Letzterem versteht man die Kombination von Kleid und Kostümjacke. Ihr Reiz und ihre Eleganz liegen in ihren schlichten, klassischen Formen, die ebenso wie Herrenanzüge nur in Details den jeweiligen Modeerscheinungen folgen. Beim Kostüm sind Jacke und / oder Kleid stets aus dem gleichen Stoff gefertigt, im Gegensatz zu Kombinationen, bei denen Unter-

und Oberteil verschiedene Stoffe, Farben oder Muster aufweisen. Femininer und eleganter als ein Hosenanzug stellt das Kostüm ein stets korrektes Outfit für das Geschäftsleben dar und ist bei gehobenen Anlässen unabdingbar.

Kostüme für Damen kamen in der Zeit der ersten Emanzipationsversuche im 19. Jahrhundert auf. Damals bildeten sie mit einem langen Rock eine Einheit. Frauen begannen unabhängiger zu werden und Kostüme im Herrenstil waren dafür eine perfekte Demonstration. Klassische Kostüme wurden früher ausschließlich von Herrenschneidern nach Maß angefertigt, weshalb traditionelle Kostüme auch noch heute als „Schneiderkostüme" bezeichnet werden. Auch Marlene Dietrich ließ sich ihre „Herrenmode" bei einem Wiener Traditionsschneider anfertigen. Coco Chanel bescherte der Damenwelt bereits in den 1920er Jahren einen vollkommen neuen Look. Ihre bekannteste Kreation, das Chanel-Kostüm, mit seinen weichen fließenden Linien und seinem hohen Tragekomfort ist heute noch ein beliebter Klassiker.

Verarbeitung & Material

Kostüm und Ensemble sind eine gelungene Symbiose von femininem Look mit maskulinem Touch. Schlichtheit und Schnitt der Jacke lehnen sich an die Herrenmode an, haben aber femininere Linien. Es lohnt sich, in ein hochwertiges Kostüm mit einer perfekten Passform zu investieren, da dieses nur sehr langsam an modischer Aktualität verliert. Ob Baumwolle, Tweed oder Seide, der Stoff ist wesentlich bei der Wirkung von Kostüm und Ensemble. Für alle festlichen Anlässe bieten sich vor allem ungewöhnliche Stoffe an, die einen Blickfang darbieten. Vom dezenten Schimmer über Glanzeffekte bis hin zu Struktur und Musterungen ist außerhalb des Büros alles erlaubt.

Stile & Dresscode

Als unkompliziert zu tragendes Kleidungsstück sind Kostüm und Ensemble einfach zu stylen. Elegante, klassische Kostüme und Ensembles sind für berufliche Anlässe eine gute Wahl und zeugen von Stilsicherheit. Sofern der Arbeitgeber nicht ausschließlich konservative Kleidung verlangt, können Damen auch zu Kostümen in verschiedenen Farben und Schnitten greifen und so ihren Typ unterstreichen. Ansonsten gelten eine zurückhaltende Farbwahl und das altbewährte Zusammenspiel mit einer weißen Bluse, Pumps und dezentem Schmuck. Schwarz, Grautöne sowie dunkles Braun und Blau prägen die Businessmode in Unternehmen.

Für all jene Damen, die im Kundenkontakt stehen, ist der gepflegte Business-Stil ein Must. Die Kombination aus Blazer und Rock eignet sich aber nicht nur als Kleidung für das Büro, sondern ebenso für die Freizeit. Abends darf es sogar etwas mehr sein: Ein schimmerndes Top und hohe Schuhe verleihen Damenkostümen Glamour. Prinzipiell gilt: Nichts darf einengen oder ziehen, alles soll angenehm am Körper anliegen. Die Wirkung variiert je nach Material, Schnitt und Details von schick über seriös bis hin zu lässig. Je nach Anlass erfolgt eine Auswahl des Rockes und der dazu passenden Jackenlösung. Durchscheinende Kleidung und tiefe Ausschnitte sind besonders im Business-Bereich zu vermeiden.

Das Chanel-Kostüm

Das durch seinen einfachen Chic und zeitlosen Stil bestechende Kostüm kleidet seit mehreren Jahrzehnten die Damenwelt ein. Gerade oder leicht ausgestellte Röcke, mit kastenförmigen Jacken aus Tweedstoff kombiniert, werden mit Wollbordüren versehen und mit zierlichen Goldknöpfen geschlossen. Kleine, aufgesetzte Taschen machen den Look komplett. Obwohl die Modepresse das Kostüm erst wenig enthusiastisch kommentierte, wurde es rasch zum Welterfolg. Die einmalige Erfindung steht für Glamour und die Moderevolutionärin Coco Chanel, Namensgeberin ihrer Kreation. Der Mode-Evergreen wird traditionell mit Chanel-Bluse und charakteristischen Schleifen kombiniert. Einzeln getragen ist die Jacke ein perfekter Allrounder, der zu Jeans ebenso passt wie zum Abendkleid.

Das Jackenkleid

© Otto

Dieses Ensemble besteht aus einem zumeist ärmellosen Kleid und einer Kostümjacke und vereint die Vorzüge des femininen Kleides mit einer formeller wirkenden Jacke. Es ist eine beliebte Stylingvariante für formelle oder abendliche Anlässe. Ärmel- sowie Saumlängen können variieren. Stark taillierte Jacken und eng geschnittene Röcke betonen weibliche Formen. Stoffe mit Stretch-Anteil schmeicheln der Figur besonders. Feine, seidige Stoffe in Pastellfarben wirken frisch. Schlichte Modelle lassen sich mit auffälligen Schmuckstücken in Szene setzen.

Das klassische Kostüm

© Otto

Das Pendant zum Herrenanzug ist die perfekte Bekleidung für formelle Anlässe. Das klassische Kostüm präsentiert sich klassischerweise in gedeckten Farben und zeitlosem Schnitt. Dem modischen Wandel nur peripher unterworfen, können Jacken in Form und Länge variieren, ein- oder doppelreihig geknöpft werden. Röcke sind in der Regel körperbetont gefertigt, aber auch in ausgestellter Form erhältlich. Die Rocklänge reicht von knie- bis knöchellang. Das klassische Kostüm im Stil der 40er Jahre zählt zur eleganten Tageskleidung für viele Anlässe.

Style Check-up

Kostüme bieten eine große Bandbreite an Schnitten und Stilen, sodass mit Sicherheit zu jeder Körpersilhouette ein passendes Modell gefunden werden kann.

Die Wahl des Rockes hängt einerseits von der Figur, andererseits vom Anlass ab. Die klassische Form ist gerade oder ein Bleistiftrock, aber auch leicht ausgestellte Varianten sind zu empfehlen. Für schlanke Damen sowie Damen mit femininen Rundungen eignen sich auch Faltenröcke, sofern der Stoff sehr dünn ist, oder die Godetform. Beide bilden einen interessanten, femininen Kontrapunkt zu der streng geschnittenen Jacke. Voraussetzung für beide Formen sind jedoch schöne, lange Beine.

Blazer

Klassische Blazer, wie sie auch zu Hosen getragen werden, passen Frauen mit einer androgynen Körpersilhouette auch in Kombination mit Röcken sehr gut. Jedoch sollte bedacht werden, dass die Länge der Jacke die Statur verkürzt. Abhilfe schaffen Schuhe mit Absatz. Früher wurden Frauen mit breiteren Hüften auch Herrenblazer empfohlen, da diese die Hüften vordergründig verdecken.

© Popp & Kretschmer

Kurze Jacken

Kürzere Jacken sehen zumeist am besten in Kombination mit Kleidern aus. Sie strecken die Silhouette und betonen die Taille positiv. Ihre Länge kann von knapp unterhalb der Taille bis vom Ende des Rippenbogens variieren – letzteres Modell ist als Bolerojacke bekannt. Auch zu Röcken getragen sehen diese Jacken sehr schick aus. Hier sollten sie jedoch knapp unterhalb der Taille enden und sehr figurnah geschnitten sein. Kastenförmig geschnitten passen sie androgynen, nicht zu mächtigen Silhouetten perfekt.

© Popp & Kretschmer

Gemäßigte Jackenlänge

© Popp & Kretschmer

Die kommerziellste Jackenlänge endet circa mittig zwischen Taille und Schritt und weist eine betonte Taille auf. Sie ist ein perfekter Allrounder und passt je nach schnitttechnischen Variationen allen gemäßigten Staturen sehr gut. Mit einem kleinen Schößchenteil versehen betont sie überdies die weiblichen Rundungen vorteilhaft und lässt die Silhouette besonders feminin wirken.

Tipps & Tricks

- Zum Kostüm ist das Tragen von Feinstrumpfhosen Pflicht – zumindest im Business-Alltag. Auch wenn dies im Hochsommer außer in sehr gehobenen Positionen kaum praktiziert wird.

- Rock und Blazer sollten immer gemeinsam gereinigt werden, um eventuellen Farbdifferenzen vorzubeugen.

- Achtung beim Kauf von Dreiteilern: Der Blazer sieht zumeist zu Hosen besser aus, kurze taillierte Jacken zu Kleidern und Röcken. Erfahrungsgemäß bleibt das nicht ideal passende Teil zumeist im Schrank und wird „fast" nie getragen.

- Ein Kostüm kann auch mit anderen Kleidungsstücken kombiniert werden. Klassische Zusammenstellungen sind der Rock mit einem Twinset oder die Jacke zu anderen Röcken und Kleidern.

„In erster Linie zählt
die *Silhouette.*
Niemals überfrachten, nie zu viel
Fantasie, das geht nur auf
Kosten der *Anmut.* "

Yves Saint Laurent

Hosenanzug: Jones / Bluse: Geox / Ohrringe: Pandora

Hosenanzüge

Jacke wie Hose wurden zum ersten Mal im 17. Jahrhundert aus demselben Material passend zueinander gefertigt. Man sollte meinen, dass das beliebte Ensemble aus Jacke und langer Hose, aus gleichem Stoff bestehend, schon lange Bestandteil der Damenbekleidung ist.

Aber erst nach einer langen Zeit vehementer Ablehnung wurde dem Hosen-anzug ebenso wie der Hose der Weg geebnet, bis er sich schlussendlich in der Damengarderobe etablierte. Die ersten Formen des Hosenanzuges wurden bereits in den 20er Jahren von mutigen Querdenkerinnen getragen. Marlene Dietrich hatte eine Vorliebe für Hosenanzüge und ließ sie sich gerne auf den Leib schneidern, obwohl dies damals absolut skandalös war. Kaum vorstellbar für heutige Generationen ist, dass die deutsche Politikerin Lenelotte von Bothmer noch 1970 einen Skandal auslöste, indem sie sich im Parlament unerlaubter-weise in einem Hosenanzug zeigte. Heutzutage erweist sich der Hosenanzug als Dauerbrenner für berufstätige Frauen, er findet inzwischen sogar eine größere Akzeptanz als das Kostüm.

Verarbeitung & Material

Wie schon bei Jacke und Hose sollte auch beim Hosenanzug besonders auf hoch-wertige Verarbeitung und gute Stoffqualität geachtet werden. Ein Blick in das Innenleben und auf die Knöpfe verrät viel über Verarbeitung und Qualität des Kleidungsstückes. Im Gegensatz zum Hosenanzug für Männer ist die Auswahl an Stoffen für Damenmodelle größer. Neben den klassischen Woll- und Baumwoll-qualitäten sowie den verschiedensten Mischfasern sind auch Jerseystoffe und sogar Strick möglich. Die letzten beiden garantieren durch ihre weiche Struktur eine besonders schmeichelnde sowie feminine Silhouette und nehmen dem Look etwas von seiner maskulinen Strenge.

Stile & Dresscode

Eine Fülle an Farben und Schnitten von sehr feminin bis hin zu betont mas-kulin hat sich aus dem klassischen Hosenanzug entwickelt. Das Modell sollte den individuellen Typ optimal unterstreichen. Besondere Reversverarbeitungen, verschiedene Taschenformen oder Ziernähte schaffen Akzente. Die richtigen Saumlängen sind ausschlaggebend für einen gelungenen Look. Der klassische Schnitt mit langer Hose und einer Jacke sieht an jeder Figur vorteilhaft aus. In der Arbeitswelt ist es für Frauen manchmal von Vorteil, etwas maskuliner zu wirken. Das vermittelt unbewusst Zielstrebigkeit und Selbstbewusstsein.

Betreffend der Farben steht eine umfangreiche Palette zur Verfügung, die jedoch nicht bei allen Gelegenheiten passend ist. So sind im Geschäftsleben gedeckte Farben von Vorteil, im privaten Bereich darf man auch zu farbenfrohen Varianten zurückgreifen. Wichtig ist, dass Hose und Blazer perfekt zusammenpassen. Weiß wirkt zwar immer edel, trägt aber auch auf. Lange Blazer können hierbei breite Hüften ausgleichen. Das typische Nadelstreifenmuster streckt die Figur optisch. Beim Kauf sollte der Anzug angenehm sitzen. Blazer und Jacken sollten beim Strecken nicht völlig hochrutschen, sondern handbreit das Unterteil bedecken, damit Hautblitzer ausgeschlossen werden können.

Der klassische Hosenanzug

© Otto

Der Damen-Hosenanzug ist eine zusammenhängend gestaltete Kombination von Blazer oder Jacke und Hose. Bei dreiteiligen Varianten ist zusätzlich eine Weste mit von der Partie. Gerade geschnittene Hosen oder auch Modelle im Marlene-Stil weisen oft streckende Bügelfalten auf. Auch bei der Anzugjacke lassen sich unterschiedliche Modelle finden. Sie kann gerade geschnitten sein oder sich den weiblichen Konturen durch eine Taillierung anpassen. Das betont gekonnt die weiblichen Reize. Klassische und dezente Farben wie Schwarz, Grau oder Dunkelblau treten uni auf oder können mit einem Nadelstreifenmuster versehen sein. Der Klassiker passt einfach zu jedem Anlass und kann durch bestimmte Accessoires gleich einen ganz anderen Effekt erzielen. Vervollständigt wird er durch Blusen, Pullover, Halstücher und dezente Schmuckstücke.

Der moderne & Casual-Hosenanzug

© Otto

Der förmliche Hosenanzug wurde im Laufe der Zeit von diversen Designern neu interpretiert und wartet mit neuen Details auf. Die Schnitte der modernen Hosenanzüge sind entweder besonders weit oder sehr eng gehalten. Die frühere Strenge wird durch den Einsatz von neuen Materialien gebrochen. Veredelte Wollstoffe, Leinen sowie Seide sind etwas luftiger zu tragen und erhöhen den Wohlfühlfaktor. Für den Casual-Bereich kommen auch kürzere Hosen- und legerer geschnittene Jackenmodelle infrage. Die Regeln des Business-Alltags gelten hier nicht. Alle aktuellen Jacken- und Hosenformen werden bei den Designs miteinbezogen.

Styling Check-up

Für Jacken und Hosen des Hosenanzugs gelten die jeweiligen hierzu passenden Stylingtipps. Bei der Kombination beider Teile ist auf eine harmonische Symbiose zu achten. So gilt es, die optimale Jackenform mit einer optimalen Hosenform zu verbinden, was jedoch manchmal – besonders im Business-Bereich – Kompromisse verlangt.

Tipps & Tricks

- Als Kombination wird, ebenso wie in der Herrengarderobe, ein Ensemble bezeichnet, bei dem Blazer und Hose aus unterschiedlichen Stoffen oder Farben sind.

- Hose und Blazer sollten immer gemeinsam gereinigt werden, um eventuellen Farbdifferenzen vorzubeugen.

„Ist ein *Kleidungsstück*
völlig unpraktisch,
kann es auch nicht
wirklich schön sein.“
Giorgio Armani

Bluse: Madeleine / Rock: Jones

Blusen & Co.

Lange Zeit galt ein rein weißes Hemd als Statussymbol des Herrn und war ein Zeichen dafür, dass sich sein Träger nicht mit schmutziger Arbeit befassen musste. Aus ihm kristallisierte sich die klassische Bluse für Damen heraus. Das Shirt hingegen hat viele Väter. Grundsätzlich entwickelte es sich aus der Unterwäsche, die als T-Shirt oder Trägertop Einzug in die Oberbekleidung fand. Aber auch die hautengen Pullover der 50er Jahre standen Pate für dieses beliebte Kleidungsstück.

Die Bluse kam um 1820 auf, als sich neben Kleidern nun auch getrennte Kleidungsstücke, bestehend aus Oberteil und Rock, zu etablieren begannen. 1880 wurde sie zum Standardbegleiter des Kostüms. Bis zum Formenwandel in den 20er Jahren unterschied sich die Damenbluse deutlich vom Herrenhemd, da sie mit femininen Details wie Rüschen, Falten sowie extravaganten Ärmelformen ausgestattet war. Nach dem Ersten Weltkrieg kam die maskulin angelehnte Hemdbluse auf, die typische Details eines Herrenhemdes aufwies und die klassische Blusenart darstellt. Heute unterscheidet man eine Vielzahl von Blusenformen, die sich nach und nach gebildet haben. Je nach Modell ist die Bluse ein Kleidungsstück, das zur formellen Bürokleidung oder elegant sportlicher Alltagsbekleidung zählt. Die weiße Variante ist businesslike, vielseitig einsetzbar und essenziell für Outfitkombinationen. Leichte Gewebe aus dünnen Baumwollstoffen oder Seide sorgen für ein angenehmes Tragegefühl im Büro. Bluse und Shirt sind fixer Bestandteil der Grundgarderobe sowie eine wichtige Ergänzung zu Kostümen, Röcken, Westen und allen Jackenarten.

Material & Verarbeitung

Die Bluse ist ein leichtes, locker oder eng sitzendes Kleidungsstück, das den Oberkörper bedeckt, vorne geöffnet ist und mit Knöpfen, Haken oder Zippern verschlossen wird. Das Shirt lässt schier unendliche Interpretationen hinsichtlich Schnitt und Materialwahl zu. Der einzige gemeinsame Nenner ist, dass man darunter geschlossene Oberteile versteht. Die Bluse wird klassischerweise aus Baumwolle, mittlerweile auch aus Seide, Mischgeweben oder Kunstfasern gefertigt. Das Shirt ist zumeist aus Jerseystoffen hergestellt und mit Lycrafasern versehen, die Elastizität und Tragekomfort erhöhen.

Stile & Dresscode

Der Schnitt der Bluse kann entweder gerade oder tailliert ausfallen. Zudem sind an Damenblusen Teilungsnähte zu finden, da sich die Schnitte so im Bereich der Taille besser dem weiblichen Körper anpassen können. Die Nähte strecken zusätzlich den Oberkörper optisch, genauso wie die Brustabnäher den Brustbereich, die besonders bei großer Oberweite sinnvoll sind. Verschieden aufgesetzte Taschenformen verleihen das typische hemdartige Aussehen. Brust- und Seitentaschen in Paspel- oder Pattenform sind am häufigsten zu finden. Manschetten sind ein weiteres, wichtiges Attribut der Damenbluse. Verschiedene Manschettenformen finden hierbei Einsatz. Falten und Rüschen werden oftmals im vorderen Bereich einer Bluse verarbeitet und sorgen für modische Abwechslung. Klassisch sind Sattel und Passen im Vorder- oder Rückenteil. Die Bluse wird üblicherweise nicht komplett durchgeknöpft und darf ein Stück offen gelassen werden. Lässig über einem T-Shirt oder Top getragen, sind Blusen die perfekten Allrounder. Leichte Gewebe aus dünnen Baumwollstoffen oder Seide sorgen für ein angenehmes Tragegefühl im Büro.

Das Shirt findet ob seiner großen Wandlungsfähigkeit bei allen Stilen Verwendung. Die Herausforderung besteht allein darin, eine zum gewünschten Dresscode passende Variante zu finden. Das Augenmerk liegt hierbei einerseits auf dem Basismaterial und andererseits auf dem Schnitt. So sind Trägertops und tiefe Ausschnitte für Business-Outfits ebenso tabu wie reich verzierte, überladene Modelle oder simple T-Shirts.

Die Bluse

Ein Basiselement der Damenbekleidung und wohl die klassischste Form unter den Blusen ist die Hemdbluse. Die durchgehende Knopfleiste im Herrenhemdstil ist neben dem Hemdblusenkragen und den Manschettenärmeln ein charakteristisches Merkmal, ebenso wie verschiedenste Kragenvarianten beispielsweise der Haifisch-, Windsor- oder Bubikragen, die zumeist Herrenmodellen entlehnt sind. Die häufigsten Varianten sind der Hemdkragen, der Reverskragen, der Stehkragen und der Schluppenkragen.

Das Shirt

Körperbetont, weit, elegant, sportlich, mit einem Stretch-Anteil versehen, aus feinem Strick, unifarben, bunt gemustert, minimalistisch oder mit einer Vielfalt von Applikationen – das Shirt hat unendlich viele Erscheinungsformen. Auch die Länge kann stark variieren. Bustiers oder kurze Trägertops enden knapp unterhalb der Oberweite, sogenannte Lang- oder Longshirts in der Mitte des Oberschenkels. Die klassische Länge ist zwischen Taille und Schritt.

© www.stylebop.com

Styling Check-up

Blusen mit einem Sattel im Vorderteil verbreitern schmale Schultern. Je nach Figur der Trägerin können Sattel und Passe verschieden angesetzt werden. Manschetten sind für lange Arme gut geeignet, da sie diese optisch verkürzen.

Tipps & Tricks

- Vor dem Kauf sollte beachtet werden, dass die Kunstfaser oft unangenehme Gerüche aufnimmt und manchmal durch mangelnde Atmungsaktivität Schweißbildung fördert.

- Taillierte Blusen erfordern einen regelmäßigen, kritischen Style-Check. Ein absolutes No-go sind Knopfleisten, die vorne zwischen den Knöpfen mangels ausreichender Weite auseinanderklaffen.

- Beim Kauf einer Konfektionsbluse sollte auf Details wie Knöpfe und Stichanzahl der Nähte geachtet werden. Diese offensichtlichen „Kleinigkeiten" geben viel Aufschluss über die Qualität der Bluse.

- Abgetragene, abgestoßene Kragen oder Manschetten sind absolute No-go`s. Daher sollten die Kanten beim Bügeln nie mit der Bügeleisenspitze bearbeitet werden.

Schutz mit Stil

Mäntel und Jacken vervollständigen ein ordentliches Aussehen. In der kalten Jahreszeit beeinflussen die wärmenden Oberbekleidungen zweifellos den ersten Eindruck. Vordergründig betrachtet, schützen Mantel sowie Jacke in erster Linie vor Kälte, Wind, Staub und Regen. Sie stellen eine einzigartige Schutzhülle dar, die gegen verschiedenste Umwelteinflüsse wirkt. Bereits vor etwa 3000 Jahren wurden zu diesem Zweck Umhänge getragen, aus denen sich im Laufe der Zeit zunächst verschiedene Cape-Formen und in weiterer Folge die unterschiedlichsten Mantelmodelle entwickelten.

Schon im Mittelalter repräsentierten Merkmale von Mänteln und Jacken Stand und Berufsgruppe. Interessant ist der Einfluss vom Militär auf die Mantelkultur der Frauen. Viele der klassischen Mantelformen wurden ursprünglich nur in der Armee eingesetzt, bevor sie in der Alltagsmode Verwendung fanden. Da Frauen früher ob ihrer voluminösen langen Kleider fast ausschließlich Capes als Überbekleidung tragen konnten, waren Mäntel bis zu Beginn des 20. Jahrhunderts allein Männern vorbehalten. Schnitt-, Stoff- und Detailauswahl können über seriöses oder legeres Auftreten entscheiden und viel über die Wertsysteme, das Budget und den Geschmack der Trägerin verraten. Outdoor-Kleidung ist heutzutage nicht nur mehr funktional, sondern stellt auch ein wichtiges Modeelement dar.

Dünne Mäntel schützen ideal an lauen Sommerabenden und lassen sich dank des geringen Gewichtes angenehm leicht tragen. Jedoch ist die gute Qualität entscheidend, da häufiges Tragen das Material beansprucht. Damit Funktionen wie Kälte- und Wetterschutz lange erhalten bleiben, sind eine gute Verarbeitung sowie hochwertige Materialien ausschlaggebende Kriterien bei der Anschaffung eines solchen Kleidungsstückes. Revolutionär war das Aufkommen wasserabweisender Stoffe. Baumwolle erzielt durch eine Gummi- oder Wachsschicht genau diese Wirkung. Wasserdichte Mäntel sollten stets atmungsaktiv sein, um einen Hitzestau zu vermeiden. Eine weitere Funktion der Überbekleidung besteht darin, auf den Stil der bereits darunter getragenen Kleidung hinzudeuten. Jeder Mantel und jede Jacke vermittelt ein bestimmtes Statement.

Schnitte & Dresscode

Klassische Grundmodelle sind Ausgangspunkt für moderne Variationen. Durch die Abwandlung der traditionellen Kleidungsstücke sind zahlreiche Mantel- und Jackenformen entstanden. Egal ob Ein- oder Doppelreiher, gerade oder taillierte Silhouetten, ein richtiger Sitz ist unerlässlich. Zusätzlich sollte die Ärmellänge der Oberbekleidung stets mit den Längen darunter getragener Kleidungsstücke abgestimmt werden. Stoffe und Farben variieren je nach Anlass und Jahreszeit. Natürlich unterliegen sie auch dem modischen Wandel. Die Weite sollte den darunter getragenen Kleidungsstücken angepasst sein. Enge Modelle eignen sich besser für elegante Anlässe, man trägt unter dem Mantel lediglich ein schickes Kleid. Bei den Designs ist dezente Rückhaltung in Sachen Muster angebracht. Fischgräten, Hahnentritt und Pepita sind altbewährte Klassiker. Wer auffallen möchte, greift zu bunten Farben. In Kombination mit Schwarz sehen solche Farbtupfer nicht overdressed aus. Strukturierte Stoffe bieten mit einer interessanten Oberfläche eine willkommene Abwechslung.

Der Trenchcoat

© Burberry

Erfunden von Thomas Burberry, war der Trench zunächst Teil der Ausrüstung der britischen Armee im Ersten Weltkrieg. Heutzutage ist er aufgrund seiner wind- und wetterabweisenden Eigenschaften in der Business- und Freizeitmode sehr beliebt. Typische Details wie Schulterklappen, Ärmelriegel oder ein breiter Sattel verleihen nach wie vor militärischen Charakter. Der wetterfeste Mantel war ursprünglich zweireihig und hatte einen breiten Reverskragen. Mittlerweile sind auch einreihige Modelle mit anderen Kragenformen erhältlich. Der Trench wird überwiegend aus leichtem Baumwollstoff, wie Gabardine oder Popeline, gefertigt. Der besonders eng gewebte, imprägnierte Gabardine wurde 1888 von Burberry zum Patent angemeldet. Als ursprünglicher Herrenmantel wird der Trenchcoat gerade geschnitten. Damenmäntel haben durch den Gürtel eine betonte Taillierung und können zudem ausgestellt werden.

Der Dufflecoat

© www.stylebop.com

Dank des Tragekomforts und der Sportlichkeit haben sich die Damen-Dufflecoats zu einer beliebten Mantel- und Jackenform entwickelt. Der ursprünglich dreiviertellange, einreihige Windmantel ist die klassische Variante, die auch mit einer Kapuze ausgestattet ist. Seine Kastenform, die großen aufgesetzten Taschen und nicht zuletzt die typischen Knebelknöpfe aus Holz oder Horn machen ihn zu einem Bekleidungsstück, das in der Business-Mode kaum einsetzbar ist. Seinen Namen bekam der Dufflecoat vom sogenannten „Duffle", dem groben Wollstoff, aus dem er gefertigt wurde. Anfänglich wurde er nur von Männern getragen. In die Damenmode gelangte er in den Vierzigern und Fünfzigern des vorigen Jahrhunderts, als die britische Armee ihre überschüssigen Mäntel an die zivile Öffentlichkeit verkaufte. Typische Farben des Dufflecoats sind Camel und Dunkelgrün.

Der Lodenmantel

© Neckermann

Loden ist ein gewalktes und danach aufgerautes Wollgewebe, das sich relativ wasserdicht und -abweisend verhält. Der grüne Lodenmantel ist längst zu einem gesamteuropäischen Klassiker geworden. Obwohl man ihn eher den alpenländischen Regionen zuordnet, ist er in England, Frankreich oder Belgien nicht minder beliebt. Dieses robuste, lange Kleidungsstück mit Umlegekragen und Kellerfalte im Rücken hat seinen Ursprung in der Trachten- und Jagdmode. Als Stadt- und Business-Mantel ist er kaum mehr wegzudenken. Alles andere als spießig, stellt er zudem eine wichtige Ergänzung eines jeden Mantelsortiments dar.

Die Barbour-Jacke

© www.stylebop.com / Barbour

Die wohl berühmteste Wachsjacke der Welt ist besonders für Outdoor-Aktivitäten geeignet. Sie wurde vom gleichnamigen Label entwickelt und ist eine wasserdichte, gewachste Baumwolljacke. Doppelnähte samt imprägniertem Faden sorgen für ein wasser- und windundurchlässiges Material. Man erkennt sie an ihren großen Innen- und Außentaschen, den Sturmriegeln sowie am wärmenden Cordkragen. Seit ihrem Aufkommen erfreut sie sich insbesondere in klassischem Olivgrün, Marineblau oder Erdfarben ungebrochener Beliebtheit und ist eine dauerhafte, lohnende Investition. In manchen Kreisen steigert sich sogar ihr Wert, wenn sie bereits abgetragen wirkt. Besonders jüngere Frauen setzen im Freizeit-Bereich wieder auf diesen klassischen, perfekten Allrounder.

Der Caban

© www.stylebop.com / Milly

Der Caban war eine traditionell gebräuchliche Wollstoffjacke in der britischen Marine und Seefischerei. In Deutschland wird er auch Stutzer oder Colani und in Amerika Pea Coat genannt. Zweireihig geknöpft und mit breitem Revers eignet er sich heutzutage für sportliche bis leicht elegante Anlässe. Die sportliche Gebrauchsjacke, die es auch in Mantelform gibt, findet vor allem im Freizeit- und Casual-Bereich Verwendung. Ihre dunkle Farbe und ihr Schnitt verleihen ihr eine gewisse Strenge. Sie ist leicht kombinierbar und betont in modernen, körpernahen Schnitten die weibliche Figur vorteilhaft. Besonders edel und angenehm zu tragen sind Woll-Kaschmirmischungen.

Die Steppjacke

© www.stylebop.com / Barbour

Diese Jackenform wurde Anfang der 60er Jahre des 20. Jahrhunderts in England von Stephen Gulyas, einem gebürtigen Amerikaner, erfunden. Zuerst entwickelte er nur eine gesteppte Schießweste, dann eine Jacke in derselben Art und Weise – die Husky-Jacke. Die Nachfrage stieg rapide an und eine ganze Reihe von Imitationen kam auf. Die Husky gilt jedoch als das Original. Die wattierte, gesteppte Optik ist das Hauptmerkmal dieser Steppjacke. Ein kastenartiger Schnitt und der Druckknopfverschluss sind weitere Kennzeichen. Die kunststoffartigen Jacken sind klassisch in Dunkelblau sowie Blassgrün gehalten und mit einem Cordkragen versehen. Heutzutage sind sie in sämtlichen Modefarben erhältlich und in der Alltagsmode äußerst beliebt.

Der Parka

Modisches Auftreten und praktische Funktion sind wesentliche Eigenschaften dieser voluminösen, langen Wetterjacke, die es mittlerweile auch als Kurzmantel gibt. Ursprünglich bis zu den Oberschenkeln reichend, besticht der Parka außerdem mit geräumigen Schubtaschen, einer Kapuze und je einem Tunnelzug an Taille und Saum. Ein Fellkragen und die herausnehmbare Fütterung wärmen bei niederen Temperaturen. Ursprünglich nur in kalten Regionen getragen, wurde der Schnitt von der Armee übernommen und fand in den 60er Jahren des 20. Jahrhunderts Einzug in die Zivilbekleidung. Zunächst wurde der Parka überwiegend von Männern getragen, nach und nach fanden auch Frauen Gefallen an der dicken Winterjacke. Klassisch olivgrün und im Military-Look, gibt es auch Varianten in Beige sowie allen erdenklichen Naturtönen. Eine zusätzliche Imprägnierung sorgt für eine noch bessere Schmutzabweisung.

Cape & Poncho

Als häufig getragene Damenoberbekleidung erfreute sich das Cape in den 70er Jahren des letzten Jahrhunderts großer Beliebtheit. Danach ist es fast vollkommen aus der Modeszene verschwunden und taucht nun wieder in unzähligen modischen Varianten auf. Der weit geschnittene, ärmellose Umhang ist meist mit geschlitzten Ärmeldurchgriffen ausgestattet. Zusätzlich können Kapuze sowie Kragen eingearbeitet sein, die mehr Komfort bei kühleren Temperaturen bieten. Die „Pelerine" oder der „Poncho", wie das Cape auch bezeichnet wird, dient üblicherweise als praktische Gebrauchskleidung zum Schutz vor Wind und Wetter. Das schwarze Samtcape hingegen ist als Überwurf für die schicke Abendgarderobe gedacht und wird mit verschieden langen Säumen getragen.

Raglan-Jacke & -Mantel

© www.mytheresa.com / Marc by Marc Jacobs

Charakteristisch für diese Modelle ist der spezielle Ärmelschnitt. Anders als bei herkömmlichen Ärmelformen bilden Ärmel- und Schulterpartie eine Einheit, da die Ärmel bis zum Halsloch angeschnitten sind. Die typisch schräge Ärmelnaht ist sichtbar. Diese Schnittart erleichtert das An- und Ausziehen. Der Raglan-Mantel ist nach Baron Raglan benannt, der einen solchen Mantel trug. Aus Woll-, Baumwoll- oder Daunenstoffen gefertigt kennt man ihn auch als Jacke. Grundsätzlich ist der Raglan eine sportlichere Bekleidung und eignet sich für die Freizeitmode besser als für den klassischen Business-Look.

Der taillierte Mantel

© DAKS

Diese klassische Mantelform gibt es in allen nur erdenklichen Variationen – lang, kurz, ein- und zweireihig, mit oder ohne Gürtel, als Übergangs- oder Wintermantel, konservativ oder in exaltierten Schnitten. Vorläufer all dieser Modelle ist der Redingote, dessen Name dem Englischen „Riding Coat" entlehnt ist und aus dem Beginn des 18. Jahrhunderts stammt. Die englische, ursprünglich als Reitmantel getragene Oberbekleidung ist auch heute noch beliebt. Der Redingote reicht üblicherweise bis zu den Knien und besitzt eine hohe Taille, die eng am Körper anliegt. Er läuft in einem glockigen Saum aus und fällt vergleichsweise wie ein schwingender Rock. Mit Kragen und eingesetzten Ärmeln versehen, ist der Redingote je nach Material als Blazermantel ebenso beliebt wie als Outdoor-Mantel.

Das Blouson

Diese sportliche Jacke fällt besonders durch ihre Kürze und die elastischen Bündchenabschlüsse an den Ärmeln auf, die ihr die typische blusige Form verleihen. Gefertigt wird sie aus Stoff oder Leder. Die Bezeichnung Blouson kommt aus dem Französischen. College-, Flieger- oder Bomberjacken sind die bekanntesten Blouson-Modelle, aber auch gerade Schnitte sind in der Casual-Mode vertreten. Blousons, die vorne nicht komplett zu öffnen sind, werden Schlupfblousons oder Windbreakers genannt.

© www.stylebop.com / Parajumpers

Daunenjacke & -mantel

Bezeichnend für diese Modelle ist ihr außergewöhnliches Material. Der Amerikaner Eddie Bauer erfand 1936 den sogenannten Daunenstepp, aus dem er alsbald Jacken fertigte. Die darin enthaltene Fülle aus Gänse- oder Entendaunen und -federn ist besonders atmungsaktiv, hält sehr warm und ist extrem leicht. Allerdings bestehen große Qualitätsunterschiede. Mindere Ware, zumeist aus Fernost, stammt von tot gerupften Tieren, bei denen die Daunen beschädigt wurden, wodurch sie nicht mehr gut wärmen. Auch wenn der Anteil an Federn groß ist, kann weniger Wärme gespeichert werden. Die internationale Wärmespeicher-Maßeinheit hierfür wird in Cuin gemessen. Für extreme Bedingungen ist ein Cuin-Wert von 700 empfehlenswert.

© www.mytheresa.com / Moncler

Style Check-up

Beim Kauf eines Mantels oder einer Jacke sollte auf eine gut gearbeitete, feste Schulterpartie und die richtige Ärmellänge geachtet werden. Die Ärmel sollten zwar länger als die des darunter getragenen Kleidungsstückes sein, aber auch nicht allzu lang ausfallen, da sie sonst einen „unkorrekten" Eindruck vermitteln. Ebenfalls hilfreich ist, bei der Anprobe etwaige dickere oder sperrige Kleidungsstücke wie dicke Westen oder Blazer zu tragen, falls da diese auch im Alltag unter die Jacke oder den Mantel passen sollen. Nur so ist gewährleistet, dass Jacken und Mäntel von der Länge her passen und auch genügend Bewegungsfreiheit erlauben. Die richtige Mantellänge hängt von der gewählten Schnittform und der Körpergröße ab: Lange Mäntel sind eher für hochgewachsene Frauen geeignet, kurze Mäntel können etwas korpulentere Körperformen unvorteilhaft betonen. Kleine Frauen sollten zu weichen Materialien greifen, da sperrige Stoffe ihre zierliche Silhouette erdrücken. Auch Zweireiher aus dicken Winterstoffen sind nur für große Frauen geeignet.

Tipps & Tricks

- Ein absolutes No-go ist es, eine sportliche Jacke zu einem Business-Outfit zu kombinieren.

- Abgetragene Mäntel sollten rechtzeitig durch neue ersetzt werden, da der erste Eindruck bereits beim Betreten eines Büros entsteht.

- Für den Business-Auftritt ist vor allem ein klassischer, taillierter Mantel in einer gedeckten Farbe empfehlenswert. Etwas legerer, aber durchaus ebenfalls businesstauglich sind ein Trenchcoat oder ein eleganter Daunenmantel.

- Mäntel aus langhaarigen Streichgarn-Wollstoffen wie der Lodenmantel sollten zur Reinigung am besten im trockenen Zustand mit einer Kleiderbürste ausgebürstet werden.

- Bei der Wahl von Mantel und Jacke sollte auf Naturfasern geachtet werden. In den Übergangssaisonen sind Baumwollgabardine oder Popeline ideal, im Winter Schurwolle, Kaschmir oder hochwertige Daunen. Kunstfasern wärmen weniger und verursachen durch mangelnde klimaaktive Eigenschaften oft einen Wärme- oder Feuchtigkeitsstau im Inneren.

- Schurwollmäntel sollten niemals auf einem Haken aufhängt werden, da sie leicht – besonders in feuchtem Zustand – ihre Form verlieren.

Ans Leder wollen

Jacke: Guess

Leder wirkt je nach Design und Bearbeitung natürlich, erotisch, rockig oder luxuriös, immer aber garantiert es eine markante Erscheinung. Es ist schon seit Anbeginn der Menschheit Basismaterial der Bekleidung und spielt je nach Modezyklus und Zeitgeschmack eine dominante oder unbedeutendere Rolle. Obwohl gutes Leder relativ teuer ist, sollte unbedingt in qualitativ hochwertige Kleidungsstücke investiert werden, da „billiges" Leder auch genauso wirkt.

Material & Verarbeitung

Im Idealfall ist die gegerbte Tierhaut angenehm leicht zu tragen, ohne dabei ihre wärmenden Eigenschaften zu verlieren. Imitate sind zwar preisgünstig, wärmen allerdings nicht und sind schnell abgetragen. Die Vielfalt der Verarbeitung manifestiert sich in den unterschiedlichsten Lederarten: Die Palette reicht von Kalbs-, Ziegen- oder Rindsleder bis hin zu Krokodil- und Schlangenleder, die je nach Faserdichte, Dehnbarkeit sowie Wasser- und Luftdurchlässigkeit verarbeitet werden. Das feine, geschmeidige Nappaleder ist ein Glattleder, das ideal für die Handschuhherstellung und hochwertige Bekleidung ist, während dickere Qualitäten für Schuhe, Taschen und funktionelle Lederjacken verwendet werden. Velboursleder – ein Sammelbegriff für Lederarten mit rauer Oberfläche – eignet sich besonders für Bekleidung im Casual-Stil sowie für Schuhe. Aus ethischen Gründen sollte unbedingt auf Python- und genau genommen auch auf Alligator- sowie Krokodilleder verzichtet werden, da trotz strenger Vorschriften immer noch Wildtierfang betrieben und die gesetzlichen Vorschriften umgangen werden.

Stile & Dresscode

Ein Lederoutfit ist immer auch eine Gratwanderung des guten Geschmacks. Durch seine dominante Optik genügen oft nur marginale Unterschiede von Schnitt und Material, um ein Dekolleté vulgär anstatt sexy oder ein Kleid „tussig" anstatt trendig wirken zu lassen. Die Grenzen hierbei sind fließend und sehr von Typ, Körperform und Stil der Trägerin abhängig. Grundsätzlich kann Leder – von casual bis elegant – in allen Stilen verwendet werden. Wobei beim Business-Look besondere Vorsicht geboten ist, da Lederbekleidung nicht unbedingt mit Seriosität in Verbindung gebracht wird. Dank technischer Entwicklungen ist es möglich, Leder mit einem Stretch-Effekt zu versehen und es so besonders komfortabel oder „hauteng" zu schneidern – was allerdings nur bei sehr schlanken Damen vorteilhaft wirkt.

Die Lederjacke

Ursprünglich Teil des Männerstylings ist die Lederjacke auch noch heute bei Frauen ein beliebtes Symbol, um die Zugehörigkeit zu einer Gruppe oder eine bestimmte Lebensphilosophie zu verkörpern. Extrem wandelbar in Schnitt und Materialoptik ist sie als kultige schwarze Rockerkluft, stylishes Trendoutfit oder Western-Must-have ebenso beliebt wie als Sportjacke, Casual-Wear oder als eleganter Klassiker. Oft mit Lammfellbesätzen an Kragen oder mit wärmendem Innenfutter versehen, gibt es sie als Übergangs- oder Winterjacken.

© Madeleine

Ledermantel & Lederkleid

© www.stylebop.com / Versace

Ganz gleich ob aus Glatt- oder Veloursleder, als Kurzvariante oder im klassischen Trenchcoat-Stil: Ledermäntel und -kleider erregen Aufsehen und sind ein beliebtes Element internationaler Designershows. Das besondere Material ist ein Eyecatcher und wird durch zusätzliche Details wie aufwendige Verschlüsse, Pelze oder Gürtel „aufgepeppt". Bei Mänteln erhöht ein Innenfutter den Tragekomfort und macht diese auch im Winter tragbar, dann allerdings mit wärmeren Fütterungen aus Pelzen. Knappe und eng anliegende Kleider aus Leder liegen sprichwörtlich wie eine zweite Haut am Körper an. Das Material wird hierbei so dünn verarbeitet, dass kein Hitzestau unter der Kleidung entstehen kann.

Der Lederrock

© Madeleine

Besonders beliebt sind kurze Röcke aus der begehrten Tierhaut. Bleistifteng oder in der Taille getragen, gibt es sie in allen nur erdenklichen Längen. Da der Lederrock an sich schon sehr dominant ist, wählt man am besten ein schlichtes Oberteil. Weite Ausschnitte sollten wegen ihrer Offenherzigkeit vermieden werden. Eine auf den Rock abgestimmte Lederjacke ergibt ein nettes Ensemble. Materialmixe sind ebenso passend. Der Lederrock ist perfekt für schlanke Figuren geeignet und wird idealerweise mit High Heels getragen.

Die Lederhose

© Otto

Ursprünglich im funktionalen sowie traditionellen „Trachten"-Bereich angesiedelt, ist die schwarze Lederhose ebenso wie die schwarze Lederjacke ein Kultobjekt, das von Punks ebenso geliebt wird wie von Rockern und extrem stylishen Trendsettern wie Kate Moss. Je nach Schnitt, Material und Qualität dient sie als Freizeithose, Funktionshose – etwa im Motorradsport, um vor Wind, Regen und bei Stürzen zu schützen – oder als Fashion-Statement. Die Modellauswahl ist schier unendlich: Schnürlederhosen, die sich dank der seitlichen Schnürung perfekt an die Körperformen anpassen, stylishe Röhrenlederhosen, meist aus weichem Lammleder, Breeches im Reithosen-Stil, konservativ mit Bundfalten oder rustikal aus Rauleder. Auch die Lederleggings erfreuen sich immer wieder großer Beliebtheit.

Tipps & Tricks

- Lederkleider in Etui-Form sind eine gemäßigte Alternative zu gewagten Modellen.

- Nieten, Applikationen, Schmuck und Accessoires sollten nur dezent zum Einsatz kommen, da Leder an sich schon eine starke optische Wirkung hat.

- „Hauteng" ist zumeist zu eng. Besonders bei Lederkleidung sehen zu enge oder kleine Modelle peinlich und oft auch vulgär aus.

- Um eine speckige Optik zu vermeiden, sollten Raulederkragen nicht direkt auf der Haut anliegen.

Die richtige *Masche* herauszuhaben, ist **nicht nur im Business** wichtig, sondern auch bei allen anderen Belangen *hilfreich.*

Weste: M Missoni

Wolllust

Strickmode sorgt für ein kuscheliges Gefühl, sehr hohen Tragekomfort und präsentiert sich unglaublich facettenreich. Abseits ihres wärmespeichenden, funktionalen Anspruchs wird sie auch jedem Fashiontrend gerecht und ist von rustikaler Casual-Wear über zeitlose Klassik bis hin zu exzentrischen Avantgarde-modellen – von Wäsche über Oberbekleidung bis hin zu Outdoor-Modellen – vielseitig einsetzbar.

Material & Verarbeitung

Die Qualitäten der Strickbekleidung sind höchst unterschiedlich und reichen von feinster Kaschmirwolle über hochwertigen Feinstrick aus Merinowolle, mittel-schwerer Wolle sowie dickem, rustikalem Grobstrick bis hin zu sommerlichen Baumwoll- und Seidenvarianten. Ebenfalls beliebt sind diverse Mischungen aus Natur- und Kunstfasern, wobei bei einem hohen Kunstfaseranteil die negati-ven Eigenschaften zumeist überwiegen. Eigen- und Fremdgerüche werden stär-ker gespeichert, Wärme hingegen kaum. Wolle ist im Gegensatz dazu extrem klimaaktiv – das bedeutet, dass sie Wärme speichert, aber luftdurchlässig ist und etwaige Feuchtigkeit über die Oberfläche abgibt. Es wird auch zwischen Fein-strick, der aus dünnen Garnen sowie kleineren Maschen besteht und auch für den Sommer oder die Übergangzeit geeignet ist, und Grobstrick unterschieden. Letzterer ist für Herbst und Winter die passende Wahl. Neben klassischem Strick zählen auch Walk- und Jerseystoffe zur Strickware. Bei der Verarbeitung wird zwischen Handarbeit und maschineller Herstellung unterschieden, wobei Erstere teurer und außer bei Grobstrick mittlerweile kaum mehr erhältlich ist.

Stile & Dresscode

Nahezu mühelos lässt sich mit Strickwaren jeder erdenkliche Kleidungsstil zu-sammenstellen. Interessante Details wie Fransen, Kragen oder Bommel setzen ein Bekleidungsstück spielerisch in Szene. Breite oder eher dezente Zopfmus-ter, Lochstrickmuster sowie Rippenstrick sind willkommene Abwechslungen zum herkömmlichen Strick. Highlights setzen auch ausfallende Wasserfallkragen oder Ärmelvariationen. Flauschige, voluminöse Modelle werden mit schmalen Unterteilen wie Röhrenhosen, anliegenden Röcken oder Leggings kombiniert. Die Möglichkeit, Strick unterschiedlich einzusetzen, erlaubt das Entstehen des Lagenlooks. Beim sogenannten Layering hüllt man sich in mehrere Schichten von Kleidungsstücken. Das geht besonders gut mit den verschiedensten Strickwaren vom dünnen Kleid bis zur Grobstrickjacke mit Kuschelschal. Der Lagenlook ist für absolut jeden Typ, auch bei Figurproblemen, geeignet und leicht umsetzbar. In farbenfrohen Designs und ausgefallenen Garnen ist Strickbekleidung dank des italienischen Traditionslabels Missoni modischer Evergreen. Als etwas legerere Variante eignen sich Strickwaren perfekt als Business-Kleidung wie beispielswei-se ein elegantes Twinset mit einem klassischen Rock, ein Pullover zu Hosen oder als edles Kleid.

Das Twinset

© Trendvision

Diese zweiteilige Kombination eines Tops und einer darüber getragenen Weste ist ein weiteres Ergebnis von Coco Chanels Bemühungen, die Modewelt zu revolutionieren. Zeitlos und schick besteht das Twinset aus dem gleichen Material und ist meist einfarbig gehalten. Oft ist das Top kurzarm oder ärmellos geschnitten. Mit einem Twinset ist man zu jeder Gelegenheit und Raumtemperatur passend angezogen. Die Perlenkette ist keine Pflicht, aber ein typisches Accessoire. Mit niedrigen Stretch-Anteilen im Stoff liegt das Twinset angenehm auf der Haut. Champagner oder Creme sind altbewährte Farben.

Pullover & Kleid

Von anschmiegsam bis leger um den Körper fallend, sind Pullover und Strickkleider ein Must-have für jede Garderobe. Der Übergang zwischen Strickpullover und Kleid ist fließend, da Strickpullover oft überlang getragen werden und sich mit modischen Abwandlungen aller Art präsentieren. Besonders extravagant sind Pullover mit V-Ausschnitt oder übergroßen Rollkrägen. Fledermausärmel sind eine beliebte Alternative zu schlichten Ärmeln. Durch breite, luftige Maschen oder dünne Baumwollqualitäten sind sie auch im Sommer tragbar. Wenn sie bis über das Gesäß reichen, passen sie perfekt zu Leggings und Strumpfhosen.

© Madeleine

Gilet & Pullunder

Unter einem Gilet versteht man die ärmellose Version einer Weste. Sie endet üblicherweise unterhalb der Brust (Bolero), in der Taille oder im Schritt und ist ebenso wie der Pullunder eine wärmende stylische Ergänzung zu Blusen und Tops. Verschieden warme Materialzusammensetzungen dieser beiden Strickteile erlauben ein vielfältiges Kombinieren mit anderen Kleidungsstücken. „Pullunder" bedeutet so viel wie Unterzieher, da er früher unter dem Jacket getragen wurde. Der Pullunder ist ein ärmelloser Pullover, der meistens als Ergänzung zu Bluse oder Shirt getragen wird. Das unkomplizierte, schlichte Kleidungsstück ist typischer Bestandteil der Golfsportbekleidung und ist ganzjährig einsetzbar. Der Pullunder mit dem berühmten Rautenmuster gilt als Klassiker.

© La Redoute

Weste & Jacke

Perfekte Allrounder sind Strickweste und -jacke, wobei sich Letztere von der Weste durch ein fester gestricktes, zumeist dickeres Garn und einen jackenartigen Schnitt auszeichnet. Ab den 90er Jahren des letzten Jahrhunderts kamen die Westen in Jersey auf und sind seither trendige Begleiter. Der „Cardigan" – die Strickjacke – ist oftmals mit einem Schalkragen sowie Seitentaschen versehen und wird vorne geknöpft. Hergestellt aus verschiedenen Wollen oder Kunstfasermischungen, wärmen die Jacken und Westen je nach Dicke des Materials. In Überlänge wird die Jacke auch als Strickmantel bezeichnet.

© Monsoon

Der Strickrock

© Pringle

Die hervorragende Passform ist ein Vorteil des beliebten Strickmaterials. Ob schmale oder schwingende Silhouetten, der leichte Dehneffekt sorgt für ein angenehmes Tragegefühl. Ein zumeist dehnbarer Bund erleichtert das Anziehen. Röcke in Bleistiftform legen sich angenehm um den Körper und wirken besonders feminin. Je nach Figur kann man aus Modellen mit den verschiedensten Längen wählen. Modische Modelle aus hochwertigen Wollarten oder Materialmischungen können mit dekorativen Stickereien versehen sein. Vorzugsweise wird Feinstrick zur Fertigung eingesetzt. Angeboten werden auch zweiteilige Sets mit Jacke, die ein einheitliches Outfit bilden.

Passform

Strickbekleidung passt sich durch ihre weiche, anschmiegsame Struktur perfekt der Körpersilhouette an und verleiht allen Silhouetten einen femininen Touch. Allerdings ist die jeweilige Struktur ausschlaggebend für ein perfektes Aussehen. Sehr dünne Garne ohne Stretch-Anteil oder qualitativ minderer Strick geben vor allem in sehr hellen Farben jede Unregelmäßigkeit der Silhouette wie einschneidende Strings, kleine Fettpölsterchen oder Applikationen auf BHs gnadenlos preis. Es gibt jedoch eine Vielzahl an Materialien, die auch einen gegenteiligen Effekt haben und insbesondere Frauen mit sehr weiblichen Rundungen sehr schmeicheln sowie kleine Unzulänglichkeiten perfekt kaschieren. Vorsicht ist ebenfalls bei dickem Strick geboten, da er optisch aufträgt, was zumeist bei Hosen und Röcken ein unerwünschter Effekt ist.

Tipps & Tricks

- Wolle hat eine große Selbstreinigungskraft; meistens genügt ausreichendes Lüften nach jedem Tragen, um häufiges Waschen zu vermindern.

- Lästigem Haaren bei Angorapullovern kann entgegengewirkt werden, wenn die Kleidung einen Tag in die Tiefkühltruhe gelegt wird.

- Achtung: Gröbere Wollqualitäten kratzen manchmal, wenn sie direkt auf der Haut aufliegen. Eine entsprechende Unterkleidung ist hier unabdingbar.

- Fussel auf der Oberfläche lassen sich mit speziellen Fusselrasierern effektiv entfernen.

„Hinter jeder Frau im *Nerz*
steht eine andere, die darüber *witzelt*,
wo sie ihn her hat.“
Inge Meysel

© Popp & Kretschmer

Eine haarige Angelegenheit

Wertvolle Pelze gehören seit den Anfängen der Menschheitsgeschichte zu jenen Merkmalen, an denen sich „Privilegierte" gegenseitig erkennen und einstufen können: Die schönsten Felle gebührten schon immer den Anführern. Doch Bekleidung aus echtem Pelz hat nicht nur als Statussymbol bis heute Bestand – traditionell Königshäusern und den Vertretern des Adels vorbehalten, wobei sich Letztere seit dem Wandel von monarchistischen zu demokratischen Regierungsformen auch auf den sogenannten „Geldadel" erstrecken –, sondern die Haptik und der praktische Wert flauschiger Pelzbekleidung sorgen auch für Begehrlichkeit. Der aktuelle Trend geht daher, auch bedingt durch die jahrelange Aufklärungsarbeit verschiedenster Institutionen, in Richtung Nutztierfelle, die besonders hochwertig und trendorientiert verarbeitet werden. Parallel dazu gewinnt die sorgfältige Revitalisierung von Vintage-Pelzmode immer mehr an Bedeutung. Ziel ist es, das wertvolle Material zu erhalten, aber dessen Gewicht zu reduzieren, um eine modische Silhouette zu ermöglichen und gleichzeitig ein angenehmeres Tragegefühl zu gewährleisten. Somit bleibt die Attraktivität von Pelzbekleidung und -accessoires ungebrochen: kaum eine Designerkollektion, die ohne Pelz auskommt, kaum ein gesellschaftliches Ereignis, wo keine Pelzmode zu sehen ist – eine „never ending story", die sich nur durch das „Wie" der Gewinnung und der Verarbeitung immer wieder verändert.

Qualität & Verarbeitung

In den 70er Jahren des letzten Jahrhunderts wurde erkannt, dass in vielen Ländern – durch die bis dahin uneingeschränkt erlaubte Jagd – bereits einige Wildtierrassen bedenklich dezimiert worden waren. Man einigte sich auf die Einhaltung von Verboten und Beschränkungen beim Handel mit Tieren gefährdeter Arten, die im Washingtoner Artenschutzübereinkommen festgehalten wurden. Um trotzdem zu den begehrten Fellen zu gelangen, wurde begonnen, Tiere zur Fellgewinnung zu züchten. Im Gegenzug formierten sich Tierschutzinitiativen zu Protestbewegungen. Dies führte zu einem Zwist mit der Pelzindustrie, der bis heute immer wieder aufflackert. Nicht zuletzt deshalb verpflichten sich viele Kürschner freiwillig zu speziellen strengen Kontrollen, bieten Gütesiegel und verwenden heute nur noch Nutztiere, zu denen gesetzlich auch der Nerz zählt.

Das beliebteste Rohmaterial ist jedoch immer noch das Lammfell. Ebenfalls günstig, aber nicht sehr wärmend ist das Kaninchenfell. Bei teuren Materialien sind Nerz, Fuchs, Chinchilla und Orylag – eine Mischung aus Chinchilla und Kaninchen – gefragt. Die Veredelung der Pelzsorten durch raffinierte Färbungen, Gerbungen und Laserbehandlungen erschließt dem Kürschner trotz eingeschränkter Produktpalette vielfältigste Möglichkeiten der kreativen Gestaltung seiner Modelle. So gelingt es – für den Laien „fast" nicht ersichtlich –, aus einem Kaninchen einen Ozelot zu machen, extravagante Optiken durch spektakuläre Färbungen zu erzielen oder einem geschorenen Nerz Geschmeidigkeit und Gewicht einer Strickjacke zu verleihen.

Doch auch die in den 80er Jahren aufgekommene Alternative „Kunstpelz" schreitet in der Entwicklung permanent voran: Zwar handelt es sich nach wie vor um ein Produkt aus Kunstfaser, das wie jedes andere Kleidungsstück mit der Bezeichnung „Poly" am Anfang aus Erdöl, also einem nicht erneuerbaren und schwer entsorgbaren Rohstoff, hergestellt wird. Aber zumindest die Optik und die Trageeigenschaften kommen schon sehr nahe an den Naturpelz heran, was die Wahl mitunter erschwert, zumal Kunstpelz auch wesentlich preisgünstiger ist. Doch egal, wie man sich entscheidet: Pelzmode ist nicht nur schön, sondern zudem immer ein Ausdruck von Stil und ein wichtiger Bestandteil der Garderobe jeder weltgewandten Dame.

Stile & Dresscode

Grundsätzlich kann jede Frau Pelz tragen. Allerdings sollten Formen und Farbe dem Anlass entsprechend gewählt werden. Für den Alltag eignen sich besonders Modelle aus Lammfell, je nach praktischer Anwendung als Jacke – vor allem für Frauen, die viel mit dem Auto unterwegs sind – oder als Mantel – für alle, die viel zu Fuß gehen oder sehr erfroren sind. Für den Abend empfiehlt sich hingegen edlerer Pelz. Große, schlanke Personen können auch wadenlange Modelle wählen, kleinere Frauen tragen am besten einen schwingenden Kurzmantel, um die Beine länger erscheinen zu lassen. Vorsicht geboten ist bei Langhaarfellen wie dem Fuchspelz: Er kann als Kragen bei zierlichen Damen zu voluminös wirken sowie bei kurzem Hals oder korpulenter Statur eine unvorteilhafte Silhouette hervorrufen. Grundsätzlich sollten Pelze immer die oberste Schicht eines Outfits darstellen. Jedes weitere Kleidungsstück darüber lässt auch sehr schlanke Figuren konturlos und wenig attraktiv erscheinen. Unangebracht ist Pelz nur bei Charity-Veranstaltungen: Wenn andere Not leiden, sollte man schon aus ethischen Gründen auf das Privileg, sich einen Pelzmantel leisten zu können, zumindest an diesem Abend verzichten.

Pelzbekleidung

© www.mytheresa.com

Pelzbekleidung, zumeist in Form von Jacken und Mänteln, hat heute vielfältige Funktionen: Sie ist Statussymbol, Wertanlage – nur bei entsprechender Pflege kann der Wert des Pelzkleidungsstückes erhalten bleiben – und Gebrauchsgegenstand, da sie im Winter Wärme spendet. Modelle mit Innenpelz wärmen besonders effektiv, allerdings nur, wenn sie nicht zu knapp sitzen. Die Wärmespeicherung funktioniert nämlich in erster Linie über den warmen Luftpolster, der sich zwischen den Fellhaaren bildet. Dementsprechend ist auch ein Innenpelz wärmer als ein Modell, dessen Fellhaare nach außen gedreht sind – eine der vielen Erklärungen dafür, weshalb Lammfell so beliebt ist.

Pelzaccessoires & -applikationen

© Marlene Birger

Speziell im Rahmen der Designer-Prêt-à-porter-Schauen stehen immer wieder Accessoires aus Pelz im Rampenlicht: „Big-Bags", Stiefel, einzelne Ärmel, Hauben, lose Kragen und Schals aus Fell sowie Pelzapplikationen sind Themen, die immer wiederkehren und auch in der Modeindustrie ihr Echo finden. Sie sind optische Highlights, mit denen relativ einfach die Wertigkeit jedes Kleidungsstückes gehoben und auch der simpelste Pullover modisch „aufgepeppt" werden kann. Am besten, man legt sich einige dieser Accessoires als Einzelstücke zu und stylt sie nach Anlass und Belieben zu verschiedensten Kleidungsstücken. Dadurch lassen sich mit wenigen Teilen viele unterschiedliche Looks erzielen.

Tipps & Tricks

- Da Pelze Trockenheit und Hitze sehr schlecht vertragen, sollten sie den Sommer über entsprechend kühl und schattig gelagert werden. Das optimale Klima findet ein Pelz beim Kürschner. Der große Vorteil dabei ist, dass der Pelz zudem auch versichert ist, in dieser Zeit gereinigt und bei Bedarf ausgebessert werden kann.

- Pelze sollten vor dem Kauf unbedingt anprobiert werden, da die gängigen Größentabellen bei Pelzmode große Unterschiede aufweisen und die Qualität nur durch eine persönliche Griffprobe und fachliche Beratung beurteilt werden kann.

- Kunstpelz kann sich leicht statisch aufladen, weshalb man das Kämmen langer Haare bei einem Mantel aus Kunstpelz ebenso unterlassen sollte wie die Kombination mit einem anderen Kleidungsstück aus Kunstfaser – beispielsweise mit einem Pullover mit hohem Polyesteranteil oder mit Schuhen ohne Ledersohle.

- Alte Pelzmäntel können heutzutage zu sehr schicken, optisch völlig veränderten Modellen umgearbeitet werden. Eine geschmackvolle Variante ist auch die Kombination mit Stoff oder wattierten Materialien, deren Wertigkeit auf diese Art perfekt zur Geltung gebracht oder gehoben werden kann.

- Mindere Qualität erkennt man an mangelndem Glanz des Felles, steifem Leder und schlechter Verarbeitung. Hochwertige Pelze halten bis zu 50 Jahre, sofern sie optimal gewartet werden.

Der blaue Kultstoff

Die Bluejeans zählt zu den meistverkauften, beliebtesten und zeitlosesten Textilien. Der Ursprung des Namens „Jeans" ist nach wie vor umstritten: Einige Experten beziehen sich auf den Stoff „Serge de Nîmes", der aus dem französischen Städtchen Nîmes stammt und woraus später „Denim" wurde. Andere glauben, den Ursprung bei einem Stoffhändler in Genua zu erkennen, der den blauen Stoff nach Amerika exportierte, wo das „Bleu de Gênes" alsbald amerikanisiert als „Jeans" Einzug in den amerikanischen Sprachschatz hielt und seinen unaufhaltsamen Siegeszug über den Globus begann. 1853 gründete der aus Bayern stammende Löb Strauß in Amerika das Label Levi Strauss & Co. Dieses war auf Denim-Overalls spezialisiert, die Farmer, Cowboys und Goldgräber als Arbeitsgewand trugen. 1870 entstanden die ersten Hosenmodelle, die bereits die typischen orangenen Nähte und Nieten aufwiesen. In der Freizeitmode etablierten sich Jeans in den 30er Jahren des letzten Jahrhunderts, nachdem 1935 die New York Times ihren Lesern riet, diese Hosen zum Segeln zu tragen. Nach dem Zweiten Weltkrieg brachten amerikanische GI's die Jeans nach Europa, wo sie als Symbol gegen das Establishment dank der Filmstars James Dean und Marlon Brando endgültig weltweiten Kultcharakter erlangten.

Material & Verarbeitung

Originale Jeans sind immer aus einem besonders strapazierfähigem Baumwoll-Twill, der jedoch in Stärke, Haltbarkeit, Optik und Farbe extrem unterschiedlich sein kann. Es gibt kein einziges anderes Kleidungsstück, bei dem der Kultcharakter oft proportional mit dem Grad der Abnützungserscheinungen steigt. Diese werden heutzutage allerdings zumeist durch komplizierte Verfahren wie Bleichen, Sandstrahlung, Stonewashing oder Verätzungen künstlich herbeigeführt. Löchrige und zerrissene Modelle sind unter dem Begriff „Destroyed Jeans" bekannt. Darüber hinaus denken sich die Designer immer wieder neue Techniken aus, um den guten alten Jeans neue Optiken zu verleihen.

Stile & Dresscode

Als Jeans werden einerseits Hosen aus Jeansstoff, andererseits der Stoff selbst und als weiter Begriff auch Kleidungsstücke mit der Materialoptik bezeichnet – und es gibt nahezu kein Kleidungsstück, das nicht auch aus „Jeans" erhältlich wäre. Neben Jacken, Gilets, Blusen, Kleidern, der klassischen Latzhose, Overalls und Mänteln gibt es auch Bademode, Dessous und Accessoires in Jeansoptik. Der neueste Gag sind Leggings mit Jeansoptik, die sogenannten Jeggings. Jeanshosen sind durch ihre verschiedenen Verarbeitungen und Waschungen in fast allen Stilen erhältlich und präsentieren sich von extrem casual über fashionable bis hin zu opulenten Varianten mit Kristallbesatz und edlen Applikationen. Oft mit einem Stretch-Anteil versehen, sorgen sie für eine perfekte Passform, hohen Tragekomfort und einen sexy Look. Traditionell sind sie naturgemäß bei formalen oder eleganten Anlässen auch in ihren luxuriösesten Looks tabu, dennoch wird dies von vielen Damen hartnäckig ignoriert und stößt dabei je nach Publikum auf mehr oder weniger Akzeptanz.

Die Jeans

© www.stylebop.com

Jeans sind die weltweit beliebteste Freizeithose. Der strapazierfähige Allrounder erlebt – nach einer großen Flaute in den 80er und 90er Jahren des letzten Jahrhunderts – als hochmodisches Must-have wieder ein fulminantes Comeback und präsentiert sich in den ausgefallensten Modellen. Extravagante Waschungen und Veredlungen geben den letzten Schliff und heben sich wirkungsvoll von der konservativen Modewelt ab. Die Jeans ist aktuell wie nie und der stylishe Kultcharakter wird weiterhin von der Jugend erhalten. Wenn der Denim-Trend zwischen hauteng und weit ausgestellt schwankt, ist man mit der zeitlosen Variante bestens bedient.

Die Jeansjacke & das Jeansgilet

© www.stylebop.com

Die Jeansjacke teilt ihre Vergangenheit inklusive aller Höhen und Tiefen mit der Hose. Sie präsentiert sich, der jeweiligen Epoche, Stil und Mode entsprechend, einmal mit Nieten, dann wieder stylish und straight in dunklem Denim, klassisch traditionell oder gar ärmellos als Gilet. Spezielle Waschungen machen die Jeansjacke zu einem abwechslungsreichen Kleidungsstück, das gut kombinierbar ist und auch in Zukunft in der Modewelt präsent bleiben wird. Auch das ebenso beliebte Gilet ist modisch und zeigt sich zumeist taillenlang, durchgeknöpft und wird üblicherweise offen getragen.

Der Jeansrock

© www.mytheresa.com

Ein Dauerbrenner schlechthin ist der Jeansrock in leichter A-Linien-Form. Dieser Schnitt kaschiert stärkere Oberschenkel und breite Hüften ideal. Der für sportlichen Chic sorgende Rock in Mini- oder Midi-Länge ist ausschließlich im Casual-Bereich tragbar und gilt als nicht businesstauglich. Ein leichter Stretch-Anteil im Stoff garantiert einen guten Sitz und bequemen Tragekomfort. Der Trend, Rock mit Leggings zu kombinieren, hat sich zumindest bei der jüngeren Generation etabliert. So wird das It-Piece auch im Winter tragbar.

Passform

Obwohl Geschmäcker verschieden sind, ist man sich im Bereich der Damenmode einig: Enge Jeans, die eine schöne Figur betonen, sind eindeutig am beliebtesten. Jeans schmeicheln jedoch jeder Figur. Aber nicht jede Jeansform ist für jede Figur geeignet. Bei den verschiedensten Passformen und Stilvarianten ist es leicht, den Überblick zu verlieren. Die perfekt sitzende Jeans zu finden, ist entweder Glückssache oder aber entsprechendes Know-how betreffend Schnitte und Körperformen. Besonderes Augenmerk gilt dabei dem Gesäß, das nur dann perfekt zur Geltung kommt, wenn die Jeans bis zum Taillenende perfekt sitzt. Schnitte, wie „Slight Curve", „Demi Curve" oder „Bold Curve" berücksichtigen die verschiedenen unterschiedlichen Taillen-Hüften-Proportionen und punkten so mit einer besonders guten Passform.

Boot-Cut & Glockenhose

Die klassische Jeans in der Form des Boot-Cut, auch Stiefelhose genannt, kann fast von jedem Figurtyp getragen werden. Der Saum ist leicht ausgestellt und hat oft etwas Überlänge. Für den typischen Sanduhreffekt sollten die Oberteile schmal geschnitten sein und in die Hose gesteckt werden. Wie der Name schon sagt, kann zu ihr praktisch jedes Stiefelmodell getragen werden. Dieser Schnitt, der die Beine optisch verlängert und die Figur zierlicher aussehen lässt, passt kurvigen Frauen besonders gut. Dies trifft auch auf den Schlag- oder Glocken- hosenschnitt zu, der eine noch größere Beinweite aufweist, jedoch als modische Variante größeren Trendschwankungen unterliegt und daher zumeist nur saiso- nal tragbar ist.

Baggy-Schnitt

Baggy-Jeans sind im Bund überweit geschnitten, wodurch die Hüfte herunter- rutscht und sich der Schritt vertieft. Auch die Beine sind weit geschnitten. Oft weisen sie Elemente der Cargo-Hose, wie aufgesetzte Taschen auf. Sie haben einen „Misfit"-Look, was übersetzt „schlecht passen" bedeutet. Genau genom- men für keine Figur vorteilhaft und ein reiner Modegag, wirken sie bestenfalls an großen, schlanken Silhouetten durch ihre Extravaganz reizvoll.

Comfort Fit

Kennzeichnend ist der bequeme und weite Beinverlauf. Eng am Gesäß verläuft der Schnitt zum Bein hin weiter. Auch Marlene-Hosen zählen zu diesen komfor- tablen Modellen. Sie sind in extremer Ausführung nur für große, schlanke Frauen geeignet, wirken sonst aber bei allen gemäßigten Staturen schön.

Slim / Tight Fit

Der Oberbegriff Slim Fit kann noch weiter unterteilt werden. So zählen die Skinny Jeans (Röhrenjeans) ebenfalls zu den Slim-Fit-Modellen. Im Allgemeinen sind da- mit Hosen gemeint, die besonders eng geschnitten sind und körpernah getragen werden. Androgyn gebaute Frauen mit schmaler Hüfte können problemlos auf diese Form zurückgreifen. Kurvige und kleinere, kräftige Figuren sehen in diesen Modellen eingeengt und gestaucht aus.

Straight / Regular Fit

Diese Form wird auch als Zigarettenhose bezeichnet und ist geradlinig geschnit- ten. Sie verlängert die Beine optisch und besitzt eine klassisch hohe Taille. Der Straight Cut ist die klassische Jeansform und ist auch bei Männern beliebt. Die Weite der Hosenbeine kann variieren. Dieser Schnitt erweist sich für viele Figuren als vorteilhaft, sehr kleine Frauen sollten jedoch eher dünne Stoffe wählen.

Wide-Leg-Cut

Diese Form ist im Bund relativ eng und zum Saum hin gerade, aber dennoch weit ausgestellt. Eng anliegende Oberteile werden in die Hose gesteckt. Locker sitzende Cardigans können lässig darüber hängen. Diese Form steht nahezu allen Körpersilhouetten.

Low-Waist-Cut

Die sogenannten Hüfthosen oder Hipster bestechen durch ihren generell eher sexy wirkenden Touch. Der tief sitzende Bund befindet sich auf der Hüfte. Vermeiden sollte man Hosen, die den Po halb unbedeckt lassen. Dieser Schnitt steht nur Frauen mit einem schmalen, geraden Becken – alle anderen sollten den Bund mit einem Top überdecken und darauf achten, dass sich die etwaige eingeengte Hüfte nicht durch das Top abzeichnet oder dieses zu kurz ist.

High-Waist-Cut

Die taillenhohe Jeans betont besonders feminine, weibliche Figuren und ist ideal bei einer schmalen Körpermitte. Manche Modelle enden erst knapp unter der Brust. Um optimal zur Geltung zu kommen, unbedingt enge Oberteile wählen und in die Hose stecken.

Tipps & Tricks

- Generell gilt: Jeder Schnitt soll gut sitzen, jedoch nicht einengen oder einschneiden.

- Gut passende Schnitte, qualitativ hochwertige Stoffe und besondere Veredlungen kosten zwar mehr, sind aber sehr strapazierfähig und haben eine wesentlich bessere Optik.

- Dunkle Waschungen machen schlanker, sehr helle Modelle tragen auf.

- Aufgesetzte Taschen mit zusätzlicher Blende lassen ein flaches Gesäß runder erscheinen.

- Taschen, die eng zur Mittelnaht aufgenäht werden, verkleinern einen breiteren Po.

Accessoire-Styling

Fast jeder hat einen kleinen Spleen. Bei Frauen sind dies eindeutig Accessoires. Eigentlich kommt jede Frau mit 6–8 Paar Schuhen locker aus. Nun gut, die Fashionvictims haben einen etwas höheren Bedarf, da auch ihre Garderobe umfangreicher ist. Sagen wir also, mit 10 Paar Schuhen findet jede Frau ein kommodes Auslangen. Das ist Theorie. Die Wirklichkeit sieht ganz anders aus. Kaum eine Frau besitzt weniger als 12 Paar Schuhe, von echten Fashionistas ganz zu schweigen. Einkaufsbummel in Sachen Stilettos & Co. gehören laut verschiedenster Lifestylestatistiken zu den liebsten femininen Freizeitbeschäftigungen. Fetischcharakter nimmt das Sammeln – und auch Tragen – von Schuhen laut Psychologen erst ab einer Zahl weit über 60 Paaren an. Doch auch das ist keine Seltenheit. Indes unterschätzen die meisten Frauen ihren eigenen Fundus gewaltig. Sie glauben, nur halb so viele Schuhe zu besitzen, wie sie tatsächlich im Schrank haben.

Diejenigen, deren Schuhausstattung sich tatsächlich in Grenzen hält, frönen mit hoher Wahrscheinlichkeit einer anderen Accessoire-Leidenschaft. Denn auch Taschen, Sonnenbrillen, Modeschmuck und alle anderen Accessoires sind dankbare Kaufobjekte für modeaffine Damen. Fernab jeglicher Notwendigkeit werden Kästen mit den modischen Schätzen gefüllt und manchmal wird ein beträchtlicher Teil des Einkommens in die „schönsten" Nebensächlichkeiten der Welt investiert. Argumente wie der rapide Wertverlust der erstandenen Objekte der Begierde mindern keineswegs den Zwang, immer neue Modelle zu erstehen. Der endgültige Freibrief zum Kaufrausch kommt aber wieder von Psychologen. Sie haben festgestellt, dass perfektes Styling, insbesondere aber Stil und Marke von Accessoires, nachweislich wichtige Faktoren für hohes Sozialprestige sind. Accessoires sind darüber hinaus ein geniales Stylingmodul, um die Basisgarderobe „aufzupeppen" und zu verändern. So kann ein schlichtes schwarzes Etuikleid mit Perlen, Clutch und Stilettos elegant und abendlich wirken, mit extravagantem Modeschmuck, Trend-Bag und -Schuhen fashionable und mit Stiefeln und Jeansjacke durchaus casual. Accessoires fungieren zudem auch als farbliche oder modische Eyecatcher und verleihen jedem Outfit den letzten Schliff.

Die Kunst des perfekten Auftritts

„Kein vernünftiger *Mann* sollte sich zwischen eine *Frau* und ihre *Leidenschaft für Schuhe* stellen ..."

Mr. Big in „Sex and the City"

Schuhe: 6th floor, Steffl

Schuhe gehören zu einem vollkommenen Look wie die Frisur, das Make-up oder die passende Tasche: Sie sind das Um und Auf jedes femininen Outfits. Egal ob High Heels, Peep-Toes, Ballerinas, Pumps, Wedges oder Loafers, je edler der Schuh, desto unvergesslicher das Gesamtbild.

Woran es tatsächlich liegt, dass viele Frauen für kaum etwas mehr Enthusiasmus entwickeln können als für Schuhe – außer vielleicht für Taschen und Schmuck –, ist bis dato nicht wissenschaftlich erforscht. Außer Zweifel steht aber, dass das Thema Schuhe kaum eine Frau kalt lässt. Manche Damen entwickeln gar eine nahezu sinnliche Beziehung zu jenen Accessoires, die zwischen ihnen und dem harten Boden der Realität stehen.

Schließlich tragen die Schuhe ihre Besitzerinnen durch die Welt, halten ihre Füße im besten Fall warm und trocken, sind bequem und sollen auch noch toll aussehen. Ohne Schuhe kommt niemand weit. Und weil sie jede Form tagtäglich an den Füßen trägt, sind die modischen Ansprüche an Farbe, Form, Material und Qualität individuell und höchst unterschiedlich. Die Palette reicht vom rein modischen Massenprodukt aus künstlichen Materialien, das höchstens eine Saison schafft, bis zum handgefertigten Maßschuh aus feinstem Kalbs- oder sogar Känguruleder, der viele Jahre hält.

Material & Verarbeitung

Grundsätzlich bestehen Schuhe aus einer Sohle mit oder ohne Absatz, einem Außen- und Innenschuh sowie einer Einlage. Ein hochwertiges Paar besteht meistens zur Gänze aus Leder, und die einzelnen Teile werden sorgfältig vernäht. Der Fuß kann atmen, und der Schuh passt sich der Fußform an. Häufig haben Lederschuhe allerdings eine Gummisohle, speziell Winterschuhe, da diese bei nassem Wetter vor Wasser schützt und mehr Haftung auf dem feuchten Boden bietet. Auch Sohlen aus Holz, Kork oder Bast und Schuhe aus Stoff bietet der Markt den trendbewussten Käuferinnen. Um Schuhe günstiger anbieten zu können, greifen vor allem Discounter auf die Fertigung von Kunststoffmodellen zurück. Sie halten weniger lang als Lederschuhe, bieten kaum Komfort und entsprechen lediglich modischen Ansprüchen. Ihre Verarbeitung beschränkt sich im Gegensatz zu Qualitätsschuhen auf das Verkleben der Einzelteile. Neben der Wahl des Materials kommt es bei Schuhen aber vor allem auf die richtige Passform an. Im Optimalfall haben die Füße genügend Platz nach vorne sowie zu den Seiten, können beim Gehen abrollen und die Schritte werden durch eine federnde Sohle oder ein Fußbett leicht abgedämpft.

Stile & Dresscode

Schuhe sind in den unterschiedlichsten Designs erhältlich: Vom leichten Slipper mit flacher Sohle über klassische Pumps mit mittlerer Absatzhöhe bis zu High Heels mit Plateausohle kann frau entscheiden, was ihr gefällt. Offen, geschlossen, mit Peep-Toe-Ausschnitt oder zehenfrei – alles ist möglich. Etliche kreative, aber unpraktische Modelle wie beispielsweise zehenfreie Stiefel, schwindelhohe Plateausohlen oder verspielte Details machen Schuhkreationen manchmal zu wahren Kunstwerken, die jedoch zumeist nicht den entsprechenden Tragekomfort bieten. Auch Absätze lassen sich in unzähligen Variationen finden. Ob dünne Pfennigabsätze, die ein wenig Übung beim Gehen verlangen, bequeme Keilabsätze, bei denen die Vorderfußsohle und der Absatz verbunden sind, oder stabile, mehrere Zentimeter dicke Blockabsätze, für jeden Geschmack ist etwas dabei. Bezogen auf den Grundriss haben Schuhe meistens eine an den Zehen abgerundete oder zugespitzte Form, wobei es auch hier sowohl extreme Designs als auch sehr tragbare Formen gibt.

Ballerinas

Inspiriert von den Ballettschuhen der Ballerinas ist dieses geschlossene Modell sehr flach, schlicht, vorne rund und weit ausgeschnitten. Es hat häufig eine kleine Schleife, die so geschnürt wird, dass sich der Ausschnitt dem Fuß anpassen lässt, und weist keinen oder nur einen maximal 1 cm hohen Absatz auf.

Pumps & Peep-Toes

Echte Pumps haben einen schmalen bis mittelbreiten, etwas höheren Absatz, sind rundherum geschlossen, weit ausgeschnitten und haben klassischerweise keinerlei Verzierungen wie Spangen oder Maschen. Unter Peep-Toes versteht man Pumps mit einer kleinen zehenfreien Spitze.

Slingpumps

Von der Grundform her handelt es sich um Pumps mit offener Ferse und einem Riemchen über der Achillessehne. Diese Modelle, auch Slingbacks genannt, können wahlweise auch ein Riemchen um den Knöchel haben.

High Heels & Stilettos

Sie können offen oder geschlossen sein und eine beliebige Absatzform haben. Wirklich „high" sind sie aber nur, wenn die Absatzhöhe mindestens zehn Zentimeter beträgt. Unter Stilettos versteht man High Heels mir einem Bleistiftabsatz.

Trotteur

Dieser auch als Slipper, Loafer oder Schlüpfer bezeichnete Schuh ist ein Schlüpfschuh mit einem niedrigen Absatz. In Form eines Pumps nennt man ihn zumeist Trotteur. Slipper und Loafer können auch festere Mokassins oder Bootsschuhe sein.

Mokassins

© Louis Vuitton

Mokassins sind weiche Schlupfschuhe ohne Absatz, die zu den ältesten Schuhmodellen der Welt gehören und von den Indianern getragen wurden. Der Schaft wird unter dem Fuß herumgeführt, und die Nähte sind deutlich sichtbar und häufig heller als das Leder.

Loafer

© Geox

Diese Klassiker, auch Collegeschuhe genannt, sind flache, ungeschnürte, geschlossene Schuhe mit einer sehr dünnen Sohle, einem kleinen Absatz und zumeist einer Applikation über dem Rist. Mit Lederbommel heißen sie Tasselloafer, Pennyloafer sind die klassischen Collegeschuhe mit einer Lederlasche. Loafer sind schicker als sportliche Slipper und aus festerem Leder als Mokassins.

Bootsschuhe

© Humanic

Sie werden auch Segelschuhe genannt, sind sportlich elegante Schnürhalbschuhe und haben ein charakteristisches Lederbändchen, das durch Ösen entlang des Ausschnitts verläuft. Sie haben eine dicke rutschfeste Gummisohle mit Rillenprofil, damit man an Bord nicht ausrutscht. Durch ihren lässigen Look werden sie aber auch gerne als Straßenschuhe getragen.

Sandalen

© www.mytheresa.com

Sandalen sind die älteste Schuhform und zeichnen sich durch an der Sohle befestigte Riemchen aus, die Form und Funktion bestimmen. Sie können sowohl ohne Absatz als auch High-Heels-Modelle, elegant, sportlich oder sexy sein. Eine besondere Variante sind Modelle mit einem Zehensteg, die im Umgangsjargon auch „Jesusschlapfen" heißen.

Sneaker

© Geox

Modische Varianten von Sportschuhen, die nicht zum Sport, sondern im Alltag getragen werden, nennt man Sneakers, zu Deutsch: Schleicher. Sie ähneln Laufschuhen, sind daher sehr bequem, haben eine griffige Gummisohle und federn den Gang ab. Es gibt sie aus Leder sowie aus Stoff und natürlich in den verschiedensten Stylings.

Mary Janes

Ursprünglich als Kinderschuhe erfunden, ist dieses Modell seit den 60er Jahren auch bei Damen beliebt. Mary Janes sehen ähnlich wie Pumps aus, haben aber eine Ristspange, die seitlich mit einem Knopf geschlossen wird.

© Humanic

Stiefeletten & Stiefel

Stiefeletten, mit kurzem Schaft auch Ankle Boots genannt, sind knöchelhohe Stiefel mit hohen oder flachen Absätzen. Auch Stiefel gibt es in allen nur erdenklichen Varianten – elegant, klassisch, sportlich, winterfest, im Westernlook oder sexy als Overknees. Die Materialien variieren ebenfalls entsprechend der jeweiligen Stile.

© www.mytheresa.com

Pantolette

Diese Pantoffelart, auch Sabot genannt, ist eine Outdoor-Variante. Sie hat klassischerweise einen Schaft durch ein geschlossenes Vorderteil, ist fersenfrei und hat einen Absatz. Doch auch zehenfreie Varianten werden als Pantoletten bezeichnet.

© Humanic

Tipps & Tricks

- Wer den ganzen Tag über stehen oder gehen muss, sollte Modelle wählen, die nicht kaputtgehen, wenn sich der Fuß weitet, oder mehrmals am Tag Schuhe wechseln, die verschieden hohe Absätze haben sollten.

- Wer in High Heels nicht gehen kann, sollte entweder üben oder darauf verzichten. Es ist kein sehr ästhetischer Anblick, wenn jemand darin herumstakst.

- Ballerinas sehen nur an langen und schlanken Beinen gut aus. Für alle anderen ist ein kleiner Absatz Pflicht.

Handtasche: Liska

Objekte der Begierde

Schon die berühmte französische Schriftstellerin Simone de Beauvoir sagte: „Frauen sind nicht nur das andere, sondern auch das schleppende Geschlecht". Sie schleppen ständig alles mit sich herum – und dazu bedarf es natürlich eines geeigneten Behältnisses: der Handtasche. Sie ist gleichzeitig Schminkraum, Kinderstube, Picknickkorb, Büro, und nicht selten verwandelt sich unser bestes Stück auch in ein „schwarzes Loch", in dem Dinge auf unbestimmte Zeit verschwinden. Irgendwann spuckt die Tasche die verlorenen Utensilien wieder aus: Kopfschmerztabletten, U-Bahn-Tickets, Feuerzeug, den Lieblingseyeliner oder den letzthin im Supermarkt verzweifelt gesuchten Einkaufszettel. Die Handtasche ist viel mehr als ein modisches Accessoire. Ihr Inhalt spiegelt stets die Persönlichkeit seiner Besitzerin wider und sie ist Statussymbol sowie Ausdruck des individuellen Stils. Es gibt kaum eine Frau, die „ohne" aus dem Haus geht – und es verhält sich hier ähnlich wie mit Schuhen: eine für jeden Anlass, mit unterschiedlichen Verschlüssen, in verschiedenen Formen, Farben und Größen.

Die Handtasche ist heutzutage – nach Schuhen – das beliebteste Modeaccessoire überhaupt. Die Schattenseite solch einer Erfolgsstory ist natürlich die Produktpiraterie, gegen die selbst Luxuskonzerne wie Louis Vuitton, Tod´s und Gucci machtlos sind. Machtlos sind auch Männer, wenn sie lange Beine oder eine Wespentaille sehen. Was bringt aber jeder Frau dazu, anderen Damen schamlos mit Neid erfüllte Blicke zuzuwerfen? Die It-Bag der Saison, leger im Ellbogengelenk baumelnd.

Der Kult um die Handtasche liegt irgendwo zwischen Mythos und Mode, ob Madame de Pompadour, Grace Kelly, Jackie O. Kennedy, Jane Birkin, sie alle setzten im Laufe der Geschichte Taschentrends. Im 18. Jahrhundert trugen Frauen der Oberschicht erstmals Handtaschen, die maximal ein Taschentuch und eine Puderdose fassten. Es handelte sich meist um verschließbare Beutel aus edlem Stoff. Man nannte sie auch „Pompadour" – nach der gleichnamigen Mätresse des französischen Königs Ludwig XV. – und sie sind heute noch teilweise in der Brautmode zu finden. In den „Goldenen Zwanzigern" mutierten Handtaschen zu kleinen „Geldbeuteln", gerade groß genug für Lippenstift, Spiegelchen und ein paar Kreuzer. Erst von der französischen Modeschöpferin Coco Chanel und dem Lederspezialisten Hermès wurden Handtaschen als trendiges Accessoire entdeckt. In den „Goldenen Zwanzigern" mutierten Handtaschen wieder zu kleinen „Geldbeuteln", gerade groß genug für Lippenstift, Spiegelchen und ein paar Kreuzer.

Die Geschichte lehrt uns, dass die Entwicklung der Handtasche parallel zur Wandlung des Lebensstils und der Persönlichkeit ihrer Trägerinnen lief. So wurde in den 30er Jahren, einer Zeit des androgynen Schicks von Greta Garbo und Marlene Dietrich, die Umhängetasche entwickelt, um dem weiblichen Geschlecht wortwörtlich „freie Hand" zu lassen. Nach dem Ersten Weltkrieg waren sie aus tierischen Materialien wie Reptilien und Pelzen bei der gehobenen Klientel sehr beliebt. 1955 kreierte Coco Chanel die berühmte Tasche 2.55: eine Stepptasche mit Silberkette, rechteckiger Metallschließe und dem charakteristischen Chanel-Logo. Ein Jahr später wurde die berühmte Kelly Bag kreiert, bald darauf die Birkin Bag von Hermès. Ende der 60er Jahre entwickelte sich Gucci zum weltweiten anerkannten Modelabel und wurde zur Lieblingsmarke von Jackie Kennedy – die Jackie O. Bag war geboren. Auch Louis Vuitton erregte Mitte der 70er Jahre mit einer Handtaschenform Aufmerksamkeit. Die Designer tauften den halbmondförmigen Entwurf „Croissant", der noch heute zu den klassischen „Abendtäschchen" zählt. Dann wichen die festen, strukturierten Taschen zugunsten modischer Rucksäcke aus hochwertigen Materialien, wie Pradas Vela Rucksack, dem „Shooting Star" im Jahr 1988. In den 90er Jahren präsentierten sich die Taschen ebenso wie die Mode dezent und minimalistisch. Ihr fulminantes Revival kam mit der Jahrtausendwende. Von nun an waren sie absolute Must-haves der Mode. Seither präsentieren sie sich als glamouröse Kunstwerke mit viel Liebe zum Detail und aus edlen Materialien.

Stile & Dresscode

Nachdem es die Handtasche nun in allen Formen, Mustern, Materialien, Preiskategorien und mit den verschiedensten Henkellängen gibt, ist es schwierig geworden, die modebewusste Trendsetterin zu begeistern. Jede Saison, den Modezirkus begleitend, werden die neuesten Kreationen auf den exklusiven Catwalks in Paris, Mailand und New York vorgestellt. Oft wird das heiß begehrte It-Piece gnadenlos zu jedem Styling zur Schau gestellt und auf die körperlichen Proportionen und Statur wird keine Rücksicht genommen. Doch schon der berühmte italienische Stardesigner Valentino Garavani wusste: „Was den guten Geschmack angeht, so ist das Accessoire stets ein Balanceakt. Eine Handtasche kann einem Outfit den letzten Schliff verleihen – oder es kaputt machen." Daher ist es empfehlenswert – außer zu sehr extravaganten Looks – zu Typ, Styling und Figur passende Modelle zu wählen.

Die Proportionen der Taschen sollten auf die Größe der Trägerin abgestimmt sein. Große Taschen bei kleinen zierlichen Frauen wirken zu casual, kleine Abendtäschchen bei stattlichen Frauen sehen eher komisch aus. Auch auf den Typ sollte geachtet werden. Während die Taschen androgyner Frauen eher schlicht gehalten sein sollten – sehr schön geometrische Formen sind vorteilhaft – dürfen sie bei Frauen mit weiblichen Silhouetten durchaus verspielter sein. Zu ihnen passen auch sehr gut weiche Materialien, wie sie etwa beim Beutel Verwendung finden. Kleine, zierliche Frauen sollten darauf achten, dass die Muster bei den Taschen eher Ton in Ton sowie klein und zierlich gehalten sind. Generell wirken konisch geformte Taschen etwas kleiner und graziler. Große und / oder stattliche Damen können zu großen Modellen und extremen Kontrasten greifen. Das Gleiche gilt für das Material. Auch hier sollten verspielte Rüschen, Volants und Fransen bei groß gewachsenen Frauen breiter und größer und nicht klein und zierlich sein. Der Business-Look verlangt nach eher strengen Formen, einem konservativeren Design und ganz besonders nach hochwertiger Verarbeitung der Taschen. Farbliche Akzente sind aber durchaus erlaubt. Soll ein Laptop in die Tasche passen, muss sie naturgemäß groß sein, ansonsten sind kleinere elegantere Taschen passender. Auch hier gilt: Zierliche Frauen sollten grelle Farben nur spärlich oder bei kleinen Modellen einsetzen, große Frauen haben durch ihre Proportionen einen etwas größeren Spielraum.

Tote (Shopper)

© Hermès

„Tote" bedeutet schlicht Tragetasche und meinte ursprüng-lich Jute- oder Leineneinkaufstaschen, durch die Umwelt-bewusste die Plastiksackerln aus dem Supermarkt ersetzen. Mit Tote ist heutzutage vor allem eine große Handtasche gemeint, die sich durch ihr Volumen als Shoppingtasche eig-net. Totes gibt es in zahlreichen Designs, meistens sind sie jedoch eckig und haben zwei relativ kurze Tragegriffe.

Beutel

© Aigner

Beuteltaschen wirken eher leger und zeichnen sich durch ei-nen längeren Schultertrageriemen aus. Sie lassen sich durch das Festziehen eines Bandes rund um die Öffnung der Ta-sche verschließen, wodurch sie ihre Beuteloptik bekommen. Es gibt sie auch in vielen kleinen, eleganten Versionen, die zum Abendkleid passen. Die bekanntesten sind der runde Pompadourbeutel und die eckige Dorothy Tasche, nach der Hauptfigur im gleichnamigen Stück von A. J. Munby um 1880 benannt.

Kelly Bag

© Hermès

Seit Grace Kelly 1956 als frisch verheiratete Fürstin von Mo-naco ihren Babybauch mit ihrer Hermèstasche vor den Ka-meras schützte, ist dieses Modell weltberühmt. Mit Erlaubnis der Fürstin trägt sie seitdem ihren Namen, zählt zu den teu-ersten Taschen der Welt und ist bis heute begehrtes Prestige- und Statusobjekt. Sie wird in verschiedenen hochwertigen Lederarten und unzähligen Farben gefertigt. Hermès erfüllt dabei auch individuelle Wünsche.

Birkin Bag

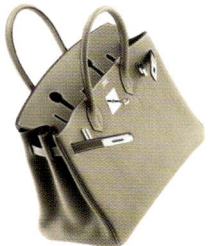

© Hermès

Die britische Schauspielerin Jane Birkin, ebenfalls ein Fan der französischen Luxusmarke Hermès, bat 1984 das Mode-haus, eine neue Handtasche zu kreieren. Als vielbeschäftigte „working mum" fand sie die Kelly Bag zu klein und unprak-tisch. Gemeinsam wurde die nach ihr benannte Birkin Bag entworfen.

Softbag

© Etro

In Größe und Ausführung vielseitigstes Modell ist die Soft-tasche. Sie kombiniert Platz mit dem Vorzug der Leichtig-keit. Die Anpassung dieser Tasche an das Packerfordernis ist perfekt. Die berühmtesten Varianten sind die – nomen est omen – Kissen- und die Hobotasche, mit ihrer sichelartigen Form.

Spangenverschlusstasche

© www.mytheresa.com

Dieses eher kleine Schultertaschenmodell, das sich durch das Ineinandergreifen von zwei Spangen verschließen lässt, erinnert ein wenig an eine übergroße Geldbörse und ist vor allem als Abendtasche beliebt.

Etui & Clutch

© Versace

Ein Etui ist eine Hülle, die von ihrer Form her perfekt zum enthaltenen Gegenstand passt, zum Beispiel zu einer Son-nenbrille. Die Etuitasche ist daher eine kleine, eher enge Ta-sche, die mit einem Magnetknopf an der Innenseite einer kleinen Flappe zu verschließen ist. „To clutch" bedeutet sich etwas zu krallen oder sich an etwas zu klammern. Der Name verweist auf die fehlenden Trageriemen der Tasche. Eine Clutch passt aufgrund ihrer geringen Größe perfekt zum Abendkleid und hat Ähnlichkeit mit der Etuitasche.

Baguettetasche

© Cartier

Wie das französische Weißbrot ist dieses Modell lang und schmal und wird mit zwei Riemen über der Schulter getra-gen.

Rucksack

© Camel

Nach einem unglaublichen Hype in den 80er Jahren sind Rucksäcke wieder etwas in Vergessenheit geraten. Ursprünglich eher bei Sportlern und dem Bundesheer beliebt, gibt es Rucksäcke heutzutage auch für Trendbewusste von Luxusmarken. Sie werden mit zwei Riemen, von der Schulter bis zur Hüfte verlaufend, auf dem Rücken getragen und bieten viel Tragekomfort. Seit einigen Jahren gibt es sie auch mit einem Riemen, der diagonal über dem Oberkörper getragen wird.

Boxtasche

© Louis Vuitton

Dieses Modell ist durch seine festen Wände besonders stabil und hält seine Form auch, wenn es leer ist. Es ist meistens eckig oder mit abgerundeten Kanten versehen und hat einen Schultertrageriemen.

Korbtasche

© Humanic

Beliebt für den Strand, aber auch als Shopper im Sommer sind Korbtaschen. Sie bestehen statt aus Stoff oder aus Leder aus geflochtenem Bast und sind mit einem Innenfutter ausgekleidet. Zahlreiche Größen und bunte Details wie Schleifen und Rüschen machen sie zum beliebten Begleiter von Sommerkleidern oder schlichten, legeren Outfits.

Business- & Laptop-Tasche

© Hermès

Laptop und sperrige Business-Unterlagen sind ständige Begleiter von Geschäftsfrauen. Zur Unterbringung dieser Arbeitsutensilien stehen neben der klassischen, maskulinen Aktentasche verschiedenste Business- und Laptop-Taschen zur Verfügung. Sie sind mit einem entsprechenden Innenleben ausgerüstet, entsprechen den Business-Anforderungen und besitzen trotzdem eine feminine Handtaschenoptik.

Die Umhängetasche

Diese sportliche Alternative für den Alltag, auch Kuriertasche oder engl. „Messenger Bag" genannt, bietet genügend Platz und eignet sich besonders für Reisen und Freizeit.

© New Yorker

Tipps & Tricks

- Bei klassischen Handtaschen lohnt es sich, auf hochwertiges Leder und gute Verarbeitung zu achten und ein wenig mehr Geld auszugeben. Sie kommen nicht aus der Mode und bereiten bei guter Pflege viele Jahre Freude. Modische Taschen oder knallige Farben und extreme Muster dürfen hingegen ruhig etwas weniger kosten, denn sie werden eine viel kürze Zeit getragen.

- Auch wenn manche Taschen sehr viel Stauraum bieten, sollten sie nicht zu schwer beladen werden. Das ist auf Dauer ermüdend für Leder und Riemen und verkürzt die Lebensdauer der Tasche. Oft sind Fehlstellungen wie eine tiefer liegende Schulter die Ursache von einseitigem Tragen diverser Taschen.

- Wer sich bei Kleidung nicht traut, mit Farben und Mustern zu experimentieren, kann dies bei den Taschen versuchen. Über eine leuchtende Farbe für die Tasche, einen gemusterten Schal oder auffällige Schuhe fällt das Herantasten an Neues leichter und macht mutiger.

- Extravagant gemusterte Taschen werden am besten zu schlichten Teilen getragen, dominante Kleidung verlangt nach schlichtem Beiwerk.

- Ungewöhnliche Taschen aus dekorativem Material in den zum Outfit passenden Farben ziehen Blicke auf sich, wie zum Beispiel eine Felltasche.

- Taschen aus Kunstleder sind zum Business-Look tabu. Hier zählen qualitativ hochwertige Produkte in Form einer Handtasche, Aktentasche oder Tote.

- Bei der Wahl der passenden Business-Tasche gilt folgende Faustregel: Je gehobener die berufliche Stellung ist, desto eher sollte man zu einer hochwertigen und edlen Ausführung greifen. Auf keinen Fall tragen Managerinnen Modelle mit großen Markenaufdrucken oder auffälligen, bunten Mustern.

Der richtige Durchblick

„Das *Leben* ist *bezaubernd,*
man muss es nur durch die richtige
Brille sehen.“

Alexandre Dumas
(Schriftsteller)

© Roland Strasser

Einst als „Nasenfahrräder" im Krankenkassendesign verschrien und später oft durch Kontaktlinsen umgangen, avancieren Brillen mittlerweile zu kultigen Trendaccessoires. Nichts verändert das Gesicht stärker als eine Brille. Schließlich gilt einer der ersten Blicke beim Kennenlernen den Augen und damit auch der Sehhilfe. Individuelle Gesichtszüge erfordern deshalb verschiedene Brillenformen, um die Persönlichkeit der jeweiligen Trägerin bestmöglich hervorzuheben. Zudem sind Brillen optimale Stylingkomplizen, die jeglichen Gesichtsproportionen schmeicheln und Vorzüge gekonnt betonen. Die Wahl des Brillenmodells basiert, vorausgesetzt sie gelingt, auf der richtigen Symbiose aus persönlichem Geschmack, Rahmen und Material.

Die Wahl der richtigen Brille ist individuell, dennoch gibt es einige allgemeine Richtlinien, welche die Kaufentscheidung erleichtern. Für optische Brillen und Sonnenbrillen gelten die gleichen Parameter – bis auf ihre Wirkung auf die Augen aufgrund ihrer abgedunkelten Gläser. Rahmen- und Glasfarbe der Brille müssen sowohl mit den Augen, dem Teint als auch mit der Haarfarbe harmonieren. Stil sowie Farbgebung sollten der Persönlichkeit der Trägerin entsprechen und ein optimales Styling garantieren. Eine Brille steht grundsätzlich immer zwischen Trägerin und Betrachter, sie schafft eine gewisse Distanz. In vielen Branchen wird versucht, diesen Eindruck der Abgehobenheit absichtlich zu verstärken.

So tragen Künstlerinnen und Ärztinnen oft bewusst Brillen mit stark sichtbaren, dunklen und auffälligen Rahmen. Schüchterne Menschen oder solche, die dem Gegenüber Nähe vermitteln wollen, sollten daher zu möglichst unauffälligen, dünnen Metallrahmen oder gar rahmenlosen Brillenmodellen greifen.

Auch heute werden Brillen noch als Zeichen von Intelligenz und Intellektualität angesehen. Diese Interpretation rührt wohl aus einer Zeit, als höhere Bildung nur wirtschaftlich besser gestellten Bevölkerungsgruppen zugänglich war.

Stile & Dresscode

Der Wahl für das richtige Material der Fassung sind kaum Grenzen gesetzt: Neben klassischem Horn sind je nach Mode und Anforderung an die Brille auch verschiedenste Kunststoffe und Metalllegierungen (Federbronze, Edelstahl, Gold, Neusilber oder Titan) gefragt. Bei den Gläsern kann zwischen Glas- und Kunststofflinsen unterschiedlichster Qualitäten gewählt werden. Spezielle Hightech-Features wie etwa besondere Beschichtungen minimieren zusätzlich störende Lichtreflexe oder Spiegelbilder, filtern schädliches Blaulicht und optimieren die Sehfähigkeit in unterschiedlichen Lichtverhältnissen. Ein wesentlicher Faktor ist die Harmonie von Glasstärke und Fassung, die nur von einem Fachoptiker beurteilt werden kann. Ebenso wichtig sind ein hoher Tragekomfort, die optimalen Gläser für die jeweiligen Bedürfnisse der Augen sowie die richtige Sehstärke. Im Arbeitsalltag sollten Kontaktlinsen vermieden werden und es sollte, wenn möglich, auf Brillen zurückgegriffen werden, da nur diese „bildschirmtauglich" sind. Sie entlasten die Augen, erlauben längere Konzentration und ein angenehmes Arbeiten ohne Ermüdungserscheinungen.

Dresscode Make-up

Um den perfekten Brillen-Make-up-Look zu kreieren, steht frau gleich vor zwei Problemen. Optische Gläser verlangen spezielle Schminktechniken und die Fehlsichtigkeit erschwert das exakte Auftragen des Augen-Make-ups. Minusgläser, wie sie Kurzsichtige tragen, lassen die Augen kleiner erscheinen. Das Make-up darf deshalb ruhig etwas kräftiger aufgetragen werden. Lidschatten in hellen / neutralen Farbtönen sind dunklen vorzuziehen – klare Weiß- und Hellgrautöne vergrößern optisch das Auge. Lediglich die Lidfalte sollte mit einem dunkleren Ton betont werden. Ein Eyeliner am oberen Lidrand sowie Mascara runden dieses Make-up ab. Plusgläser lassen die Augen größer erscheinen, weshalb meist eine verkleinernde Wirkung angestrebt wird. Da die Brillengläser auch jeden Schminkfehler verdeutlichen, ist auf ein exaktes Auftragen von Lidschatten und Mascara besonders zu achten. Helle, glänzende sowie auffällige, bunte Farbtöne sollten vermieden werden. Auch dunkle Lid- und Kajalstriche wirken zumeist unvorteilhaft.

Die Sonnenbrille

© Dolce&Gabbana

Schon seit einigen Jahren wird die Sonnenbrille von manchen Damen nicht mehr nur zum Schutz vor UV-Strahlen eingesetzt, sondern sie ist zum Haarreifenersatz umfunktioniert worden. Bei dieser Brille können die Gläser unterschiedlich stark getönt sein. Erhältlich sind stylishe Sonnenbrillen in unzähligen Farben und Designs. Von Zeit zu Zeit sollte man jedoch auch bei den luxuriösesten Modellen überlegen, ob sie noch der aktuellen Mode entsprechen.

Brille mit Hornrahmen

© Tom Ford

Ursprünglich wurde der Rahmen dieser Sehhilfe aus Hirsch- oder Rinderhorn gefertigt. Seit einiger Zeit erlebt die Hornbrille als modisches Accessoire einen Retrotrend. Zum klassischen Business-Outfit ist diese Brille für so manche Frau sicherlich die perfekte Ergänzung.

Brille mit Metallrahmen

© Tom Ford

Farbe, Form und verschiedenste Größen weisen Brillengestelle aus Metall auf. Eine der bekanntesten Formen ist die Pilotenbrille, ein immer wiederkehrendes Design in der Modewelt.

Brille mit Kunststoffrahmen

© Dolce&Gabbana

In der Farb- und Formgestaltung des Brillenrahmens aus Kunststoff findet man unendlich viele Ausführungen. Für den Business-Bereich ist es empfehlenswert, eine dezente Farbe zu wählen. Mut zur Extravaganz sollte man eher nur im Freizeit-Bereich ausleben.

Rahmenlose Brille

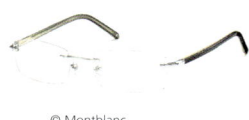

© Montblanc

Rahmenlose Brillen sind die dezenteste Brillenvariante. Sie passen jedem, allerdings sollten auch hier Gläser, Steg und Bügel mit dem Gesicht harmonieren. Zudem ist der Tragekomfort sehr hoch. Farbliche Akzente werden, wenn gewollt, mit den Brillenbügeln gesetzt.

Gesichtsformen

© Roberto Cavalli

Mit einem ovalen Gesicht hat man eine große Auswahl an passenden Brillenformen. Es können sowohl rechteckige als auch ovale und extravagante Formen getragen werden, allerdings ist zu beachten, dass diese mit den Gesichtsproportionen harmonieren müssen.

© Montblanc

Ein kurzes und / oder rundes Gesicht muss optisch gestreckt werden, weshalb entweder ein hoch angesetzter Bügel oder eine Glasfassung, die sich in Richtung Kinn neigt, vorteilhaft sind. Bei diesen Gesichtsformen sollten eckige Fassungen und tropfenförmige Gläser (Pilotenbrille) favorisiert werden, da markante, kontrastreiche Fassungen positive Akzente setzen. Runde Brillen sollten vermieden werden.

© Silhouette

Ein herzförmiges / dreieckiges Gesicht mit spitzer Kinnpartie und breiten Wangenknochen verlangt eine zarte Fassung sowie runde oder ovale Scheibenformen. Auch Modelle, deren Außenlinien sich nach unten hin verjüngen, sind empfehlenswert. Eindeutig abzuraten ist hingegen von hochgezogenen Fassungen wie Katzenaugenformen.

© DSquard²

Zu einem länglichen Gesicht passen Brillen, die das Gesicht optisch verkürzen. Dafür eignen sich Modelle mit einer horizontalen Linienführung oder einem tief angesetzten Bügel. Des Weiteren sollte die Tiefe der Glasfassung proportional zur Länge des Gesichts sein; günstig sind ovale oder breit gezogene Gläser. Nicht empfehlenswert ist eine Tropfenform, da diese das Gesicht in die Länge zieht und noch länger erscheinen lässt.

© DSquard²

Ein trapezförmiges Gesicht verlangt nach einer Brillenfassung mit breiten Bügeln und nach oben gezogenen Scheibenformen, da diese den oberen Teil der Gesichtspartie betont. Ovale, nach unten betonte Scheibenformen sollten vermieden werden.

© Roberto Cavalli

Ein rechteckiges Gesicht mit markanter Wangen- und Kinnpartie benötigt eine Brille mit weicher, seitlich abgeschrägter Linienführung. Besonders ovale Fassungen eignen sich hervorragend, im Gegensatz zu kantigen Brillenformen.

Die perfekte Brille für jedes Gesicht

Form und Farbe des Rahmens sowie der Gläser sind von den Augen, der Gesichtsform, der Haut- und der Haarfarbe abhängig und sollten aufeinander abgestimmt sein.

Bei **geraden Augenbrauen** sollte der obere Rand der Fassung gerade verlaufen und mit den Augenbrauen harmonieren, damit diese gut zur Geltung kommen.

Für **nach oben geschwungene Augenbrauen** eignen sich Brillen, deren Fassungen in etwa der Augenform entsprechen.

Schrägstellungen der Augen sollten mit der Scheibenform abgestimmt werden.

Bei nach außen **abfallenden Augen** sind seitlich hochgezogene Fassungen zu bevorzugen.

Für **runde Augen** sind horizontal betonte Fassungen wie ovale oder rechteckige Brillenmodelle von Vorteil.

Bei einem **engen Augenabstand** sollten zart nach innen auslaufende Glasfassungen mit engem Nasensteg getragen werden.

Bei einem **weiten Augenabstand** eignen sich Glasfassungen, die zart nach außen verlaufen und im Nasenbereich zusätzlich betont sind, beispielsweise durch eine dominantere Farbgebung.

Bei einer **kurzen Nase** ist es günstig, eine Brille mit hoch angesetzter Brücke oder einem Schlüssellochsteg zu tragen.

Bei einer **langen Nase** ist ein tief liegender Steg vorteilhaft.

Eine **breite Nase** kann durch eine Brille mit hoch angesetzter, nach oben gewölbter Brücke kaschiert werden.

Eine **schmale Nase** verlangt eine Brille mit einer tiefen, geraden oder nach unten geneigten Brücke.

Feine Gesichtszüge kommen mit schlichten Rahmen oder rahmenlosen Gläsern am besten zur Geltung.

Markante Gesichtszüge erfordern Brillen mit breiten Rahmen.

Perfekter Halt

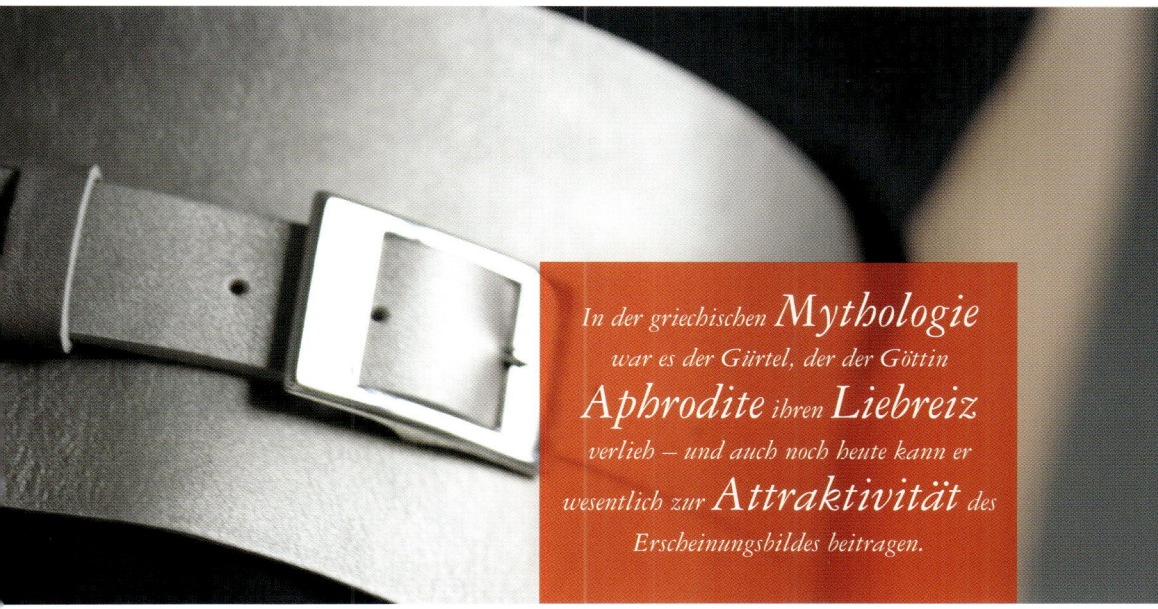

In der griechischen Mythologie war es der Gürtel, der der Göttin Aphrodite ihren Liebreiz verlieh – und auch noch heute kann er wesentlich zur Attraktivität des Erscheinungsbildes beitragen.

Männer finden Frauen mit schmaler Taille und runden Hüften besonders attraktiv. Dies signalisiert ihrem Unterbewusstsein Fruchtbarkeit und körperliche Vitalität. Das bestätigt auch Attraktivitätsforscher Devendra Singh, der in seiner Studie die ideale „Waist-to-Hip-Ratio" errechnete. Egal ob gerade, dünne oder üppige Silhouetten gefragt sind, das weibliche Figurideal ist, völlig unabhängig von verschiedenen Moden, seit Jahrhunderten konstant und beträgt den WHR-Wert 0,7 (= Taillenumfang dividiert durch Hüftumfang). Schönheitsikonen wie Marilyn Monroe, Sophia Loren, Twiggy und Kate Moss weisen trotz ihrer höchst unterschiedlichen Staturen dieses Idealmaß auf.

Kein Wunder also, dass Frauen bestrebt sind, sich durch verschiedene Mittel der erwünschten „Wespentaille" anzunähern. Wichtigstes Stilmittel hierfür sind Gürtel. Schmal, breit, konkav, dezent, auffällig, geschnürt, gewickelt oder durch Schnallen verschlossen und oft ihrer haltenden Funktion völlig enthoben, dienen sie zumeist dazu, die Taille in ein bestmögliches Licht zu rücken und die Kurven der Körpermitte zu betonen. Auch wenn Gürtel wie die Mode gewissen Veränderungen unterliegen, sind sie dennoch seit über einem Jahrhundert fixer Bestandteil der weiblichen Bekleidung.

Material & Verarbeitung

Neben traditionellem Leder dienen auch Stoffe, Metallglieder und Kunststoffe als Ausgangsmaterialien. Klassische Ledergürtel sind meist aus Rinds- oder Büffelleder in Glatt- oder Raulederoptik gefertigt. Ein Gürtel sollte niemals billig aussehen, jedoch gibt es mittlerweile – insbesondere im Fashionbereich – auch sehr günstige Modelle, die durchaus tragbar sind, sich jedoch durch eine ziemlich kurze Lebensdauer auszeichnen. Neben hochwertigem Leder ist auch die Schnalle für einen entsprechend edlen Look verantwortlich. Es gibt zwar eine große Auswahl – von Dorn- über Klemm- und Doppelsteg- bis hin zu Steckschnallen –, welches Modell jedoch gewählt wird, hängt vom jeweiligen Anlass ab.

Stile & Dresscode

Ebenso mannigfaltig wie die Mode präsentieren sich auch Gürtel in unterschiedlichsten Stilen, Farben und Formen. Sie geben einem Outfit Charakter und unterstreichen die Silhouette positiv. Zu formellen Anlässen sollten nur sehr dezente Schnallen getragen werden. Auffällige und von den Farben sehr knallige Modelle sind in diesem Fall ein No-go. Eine weitere wichtige Dresscodevorschrift besteht darin, dass Gürtel farblich immer auf Schuhe und / oder Tasche abgestimmt sein sollten. Ausnahmen bestätigen natürlich auch hier die Regel.

Der Ledergürtel

Diesen Gürtel gibt es in unendlich vielen Variationen. Als klassischen Business-Gürtel trägt ihn eine Lady immer in einfacher Ausführung und mit dezenter Schließe.

© www.mytheresa.com

Der Flechtgürtel

Dieser aus dickem Leder oder aus Stoff gefertigte Gürtel ist ebenfalls businesstauglich, sollte aber nicht zu gehobenen, formellen Anlässen getragen werden. Aufgrund seiner rustikalen Optik passt er allerdings nicht zu feinen Kostümen oder Hosenanzügen, sondern vor allem zu Casual-Looks und Jeans.

© Marc Cain

Der Stoffgürtel

© Marlene Birger

Der Stoffgürtel ist entweder aus edlem Satin oder Seide – für förmliche Anlässe – oder aus Baumwolle gefertigt. Letzterer wird zu Cord- oder Baumwollstoffen getragen. Da der Stoffgürtel im Vergleich zum Ledergürtel meist dünner ist, schmeichelt er der Taille ganz besonders.

Der Miedergürtel

© Gianfranco Ferre

Der Miedergürtel entstand in Anlehnung an das Korsett. Der Gürtel formt den Körper, ohne dabei die Bewegungsfreiheit extrem einzuschränken. Dieses Modell wird immer wieder von Designern als Stilelement aufgegriffen und findet besonders bei festlichen und fashionablen Looks Verwendung. Besonders edel wirkt dieser Gürtel aus Satinstoffen.

Der Wickelgürtel

© www.mytheresa.com

Der Wickelgürtel kann verschiedenste Breiten haben. Je nach aktueller modischer Interpretation ist er sehr schmal bis handbreit und kann aus Leder oder Stoff hergestellt sein. Wie der Name schon verrät, wird er um die Körpermitte der Trägerin gewickelt. Die Betonung der Figur und des Outfits gelingt mit diesem Gürtel besonders gut. Im Idealfall schmiegt er sich um die Taille der Trägerin. Bei Figurproblemen sollte auf diese Gürtelart, besonders in eng anliegender Form, aber verzichtet werden.

Der Hüftgürtel

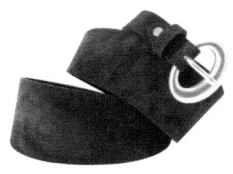

© Nannini

Der Hüftgürtel ist unabdingbares Accessoire für Hüfthosen, die zumeist auch deshalb danach verlangen, da sie sonst rutschen. Breitere Modelle haben üblicherweise eine leicht gebogene Form, die sich den Körperrundungen ganz besonders gut anpasst. Auch locker über Kleidern und Tuniken getragen, kann er die weibliche Silhouette positiv betonen.

Passform

Gürtel bilden eine vertikale Linie in der Silhouette, da sie die Statur optisch immer etwas breiter wirken lassen – außer beim Empire-Schnitt. Dieser Effekt wird durch Modelle in Kontrastfarben noch verstärkt. Andererseits betonen Gürtel dadurch auch die weiblichen Kurven. Eine schmale Taille wirkt so noch schmäler. Bei breiter Taille sollte besser auf (auffällige) Gürtel verzichtet werden. Zu androgynen Silhouetten und Frauen mit kurzem Oberkörper passen schmale Gürtel, eventuell in der Hüfte platziert. Sehr kurvigen Frauen stehen locker platzierte Hüftgürtel, die vorne mittig etwas tiefer fallen – vorzugsweise in Kombination mit lockeren Oberteilen. Bei körpernaher Kleidung sollte der Gürtel bei Sanduhrkörperformen jedoch unbedingt in der Taille sitzen – oder noch besser, einen Tick höher, da dies die Silhouette streckt. Sehr breite Gürtel verlangen zierliche und / oder große Staturen. Gürtel sollten niemals zu eng gezurrt werden, sonst entsteht der Eindruck der sprichwörtlich „abgebundenen Knackwurst".

Tipps & Tricks

- Ein Gürtel ist nicht nur Mittel zum Zweck, sondern auch ein wesentliches Stilmittel und Accessoire, das unbedingt verwendet werden sollte.

- Die Wahl des richtigen Gürtels hängt vom Anlass ab: Je formeller dieser ist, desto dezenter sollte der Gürtel ausfallen.

- Stoff- und sehr breite Gürtel sind für formelle Anlässe gänzlich ungeeignet, können aber in der Freizeitmode ohne Weiteres getragen werden.

- Ein Ledergürtel mit Westernschnalle ist ein absolutes No-go für die formelle Business-Garderobe.

- Die richtige Gürtellänge ist ganz einfach festzustellen: Der Gürtel muss im mittleren Loch geschlossen werden.

- Gänzlich unpassend ist es, eine zu weite Hose oder einen zu großen Rock mit einem Gürtel zusammenzuschnüren. Dies vermittelt einen unordentlichen und unsicheren Eindruck. In diesem Fall empfiehlt es sich, die Hose oder den Rock ändern zu lassen.

Eine perfekte Verbindung

Gut betucht ist in jedem Fall, wer sich in edle Schals aus Seide, Kaschmir oder Wolle hüllt.

© H&M

Schon seit jeher tragen Menschen Schals oder Tücher, die vor Wettereinflüssen schützen und als dezentes Accessoire wahre Wunder wirken. Unterschiedliche Designs erzielen unterschiedliche Effekte. Bei der Wahl des richtigen Schals sollte neben der Außentemperatur auch auf den Kleidungsstil sowie den Anlass geachtet werden. So kennzeichnen Schals und Tücher Uniformen, zieren Trachten und werden auch aus religiösen oder politischen Gründen getragen. Ob mit Fransen, Bommeln oder lässigen Nietenverzierungen, für jeden Stil gibt es den passenden Schal. Die schützende und wärmende Funktion wird das ganze Jahr über genutzt. Edle Seidenstoffe oder kuschelig, warme Wolle sind zeitlos und können je nach Saison zum Einsatz kommen. Zu einem klassischen Business-Ensemble passt ein feiner Seiden- oder Kaschmirschal. Dicke Wollschals sehen in Kombination mit wärmenden Oberbekleidungen vorteilhaft aus und erfüllen ihren praktischen Nutzen. Für den Abend oder festliche Anlässe ist ein Griff zu reiner Seide empfehlenswert. Wilde Mustermixe sollten nur mit Bedacht gewählt werden. In Verbindung mit Schmuck kann ein besonderer Hingucker-Effekt erzielt werden. Neben traditionellen Tuchspangen können schmückende Broschen zu einer Jacke oder einem Blazer getragen werden.

Verarbeitung & Material

Bei kaum einem anderen Accessoire gibt es derart große Qualitäts- und auch Preisunterschiede. Billige Kunstfasertücher wandern schon um einige Euro über den Ladentisch, für einen hochwertigen Pashminaschal einer Luxusmarke wird oft über 1000 Euro gezahlt. Dementsprechend sind auch die Qualitätsunterschiede. Kunstfaser – auch wenn sie optisch von Laien nicht gleich erkannt wird – ist zumeist elektrostatisch geladen, was fliegendes Haar verursacht, und wärmt nicht, obwohl man aufgrund mangelnder Luftdurchlässigkeit leicht ins Schwitzen gerät. Seide ist klimaaktiv, also je nach Bedarf wärmend oder kühlend. Auch Wolle und Kaschmir punkten mit wärmenden, atmungsaktiven Eigenschaften. Baumwolle hingegen ist perfekt gegen ein kühles Lüftchen.

Stile & Dresscode

Universell einsetzbar werden Tücher nicht nur um den Kopf, beispielsweise als Kopftuch oder Turban, sondern auch um den Hals gebunden, über die Schultern gelegt, kommen sie gefaltet als stylishe Gürtel zum Einsatz oder werden als Pareos um den Körper drapiert. Und auch Schals dienen nicht nur als Wärmeschutz, sondern können gezielt den Look beeinflussen. So sind sie aus dünner Seide beispielsweise Blusenersatz, um das Revers eines Blazers oder einer Kostümjacke zu umrahmen. Offen getragen verleihen sie einem strengen Business-Look einen femininen, modischen Touch, der durch lebhafte Farben und Muster zusätzlich betont werden kann. Überdies strecken sie die Silhouette. Auch als Damenkrawatte, Schalkrawatte oder Plastron setzen sie je nach aktuellem Trend modische Statements und kaschieren darüber hinaus einen langen, faltigen oder dünnen Hals perfekt. Ist der Hals jedoch eher dick und kurz, sollten dünne Materialien und Bindungen, die nicht zu nah am Gesicht sind, bevorzugt werden. Auch offen getragenes, längeres Haar kann sich optisch mit Schal oder Tuch Konkurrenz machen. Ein um den Hals gewickeltes Tuch schafft immer etwas Distanz zum Gegenüber, wirkt seriös und reserviert – Attribute, die die gehobene Gesellschaft, die sich gerne in edle Carrés diverser Luxusmarken in Kombination mit weißen Blusen hüllt, heutzutage gerne zugeschrieben bekommt. Lange galt dieser Look als eher altbacken und sehr konservativ. Mit dem Aufkommen des modischen „Preppy Chicks", der sich genau dieser Stylingzutaten in Symbiose mit modischen Eyecatchern bedient, haben auch Tücher und Schals wieder einen gewissen modischen Kultcharakter.

Seidentuch & -schal

© Hermès

Auch wenn es sie in allen nur erdenklichen Farben, Web-arten, Formen und Dimensionen gibt, klassische Seidentü-cher sind aus Seidentwill, quadratisch und bedruckt. Die berühmtesten Carrés stammen vom französischen Kultlabel Hermès, das auch für seine feinen Plisseevarianten bekannt ist. Ebenfalls beliebt sind Seidentücher und -schals aus hauchdünnem Mousselinestoff. Sie eignen sich besonders in Kombination mit Blazern und Jacken und werden oft nur locker in den Kragen gesteckt. Soweit diese Oberteile auch eine Brusttasche aufweisen, wirken sie in Kombination mit einem Stecktuch besonders schick.

Woll- & Pashminaschal

© Louis Vuitton

Pashmina bezeichnet edle Schals aus reiner Kaschmirwolle oder einer Kaschmir-Seidenmischung, die sich durch ihre Leichtigkeit, ihr dünnes Garn und ihre hohe Wärmekraft auszeichnet. In allen erdenklichen Farben erhältlich, gibt es Pashminas auch mit eingewebten oder aufgedruckten Mus-tern. Ein erhöhter Seidenanteil verleiht leichten Glanz und wirkt besonders elegant. Der Wollschal ist aus einem dicke-ren, gewebten oder gestrickten Garn und dient als effektiver Kälteschutz sowie als modisches Statement. Neben groben und feinen Maschen sind bei Strickschals auch luftig ge-strickte Designs beliebt. Für den Sommer sind Häkelschals ideal.

Tipps & Tricks

- Befinden sich Schal und Tuch in Gesichtsnähe, ist besonders auf die zum jeweiligen Farbtyp passenden Farbnuancen zu achten.

- Wird ein Tuch mit einem Stecktuch kombiniert, gilt es gemäß der hohen Kunst des Stylings, ein perfekt abgestimmtes Muster zu wählen. Tuch und Stecktuch sollten in Design und Farbe nicht identisch sein.

- Ein schönes, farbiges beziehungsweise gemustertes Tuch erhöht nachweislich den Wiedererkennungswert einer Person und kann den jeweiligen Typ und Stil positiv unterstreichen.

Gut behütet

„Zwei **Dinge** wird ein Mann *niemals verstehen:* das Geheimnis der Schöpfung und den *Hut einer Frau.*"
Coco Chanel

© Michael Danler

Fast jedes Modeaccessoire dient einem praktischen Zweck, so auch der Hut. Er schützt vor Nässe, Sonne, Wind und Kälte. In Europa trug man im frühen Mittelalter Kopfbedeckungen, um die Zugehörigkeit zu einer bestimmten Gesellschaftsschicht erkennbar zu machen. Die Damenmode wurde zu dieser Zeit mit Hauben und Kopftüchern komplettiert, die Teil der Kleiderordnung waren. Bis in die 50er Jahre des letzten Jahrhunderts waren Hüte äußerst populär und unentbehrliches Accessoire für einen stilvollen Auftritt. Mit der Zeit wurden die strengen Kleiderordnungen gelockert und die klassischen Varianten durch Kappen und Mützen ersetzt, die im Freizeit-Bereich getragen wurden. Wer heute im Alltag Hut trägt, tut dies in der Regel, um als ungewöhnlich und exzentrisch zu gelten und sich von der Masse abzuheben. Heutzutage werden Kopfbedeckungen jedoch von vielen Modedesignern wieder gerne als Stilmittel eingesetzt und gewinnen immer mehr an Beliebtheit.

Verarbeitung & Material

Die wichtigsten Standardmaterialien für Hüte sind Schafwoll-, Haar- oder Kaninchenfilz sowie Stroh und andere Pflanzenfasern, die auch gerne für Sommer- beziehungsweise Sonnenhüte verwendet werden. Seide findet lediglich im eleganten Bereich ihren Einsatz, Tweed nur bei sportlichen Hüten und Mützen.

Stile & Dresscode

Hutstile reichen von historisch inspirierten Modellen über an klassische Herrenhüte angelehnte Formen bis hin zu extravaganten Kreationen, futuristischen Looks und außergewöhnlichen Materialien. Wichtig ist, dass der Hut die Persönlichkeit seiner Trägerin positiv unterstreicht und stilistisch zur Kleidung passt. Wer einen Hut trägt, sollte dabei sein Outfit etwas schlichter halten. Für den Alltag eignen sich schlichte Modelle, kleine Formen oder Haarschmuck, der eine Symbiose aus Schmuck und Hutdetails aufweist Im Freizeit-Bereich haben sich Kappen und Mützen etabliert. Bei noblen Hochzeiten sollte zumindest in der Kirche ein Hut getragen werden. Eine weitere elegante Okkasion, bei der klassischerweise Hüte getragen werden, sind Pferderennen wie beispielsweise Ascot, das für seine extravaganten Hutträgerinnen bekannt ist. Hüte eignen sich auch hervorragend, um „Bad Hair Days" charmant zu kaschieren.

Der Pillbox-Hut

© Mühlbauer

Der Pillbox-Hut, englisch Pillendose, wurde insbesondere durch Jackie Kennedy in den 60er Jahren populär. Die deckelartige, runde Kopfbedeckung ist eine Interpretation des Gebendes, einer Kopfbedeckung, die aus dem Mittelalter stammt. Gebende wurden meist mit Haarnetzen, verschiedenen Schleiern und Tüchern kombiniert, die von Nadeln gehalten wurden. Der weiche und dennoch feste Deckel wird wunderschön mit diversen Materialien wie Netzschleier und edlen Stoffen verziert.

Der Borsalino

© Mühlbauer

Popularität erfuhr die italienische Marke Borsalino durch Hollywoodstars wie Humphrey Bogart, der ihn zu seinem Markenzeichen machte. Der klassische Borsalino ist ein Filzhut, der traditionell nur von Herren getragen wurde, mittlerweile aber auch in Damenkollektionen vertreten ist. Kaninchen- oder Nutriahaar verleihen wasserabweisende Eigenschaften und sind für das geringe Gewicht des Borsalino verantwortlich. Typisch sind zudem die breite Krempe und ein Hutband mit Schleife.

Der Porkpie

© Mühlbauer

Der Name des Mitte des 19. Jahrhunderts erstmals in Erscheinung getretenen Herrenhuts entstammt einer auf den Kopf gestellten Schweinspastete, weshalb er auch die für ihn charakteristische kleine schmale, nach oben geschlagene Krempe besitzt. Mit heruntergeschlagener Krempe ist er auch als Trilby tragbar. Mittlerweile ist der Porkpie auch bei Damen beliebt und erlebt – von der englischen Musikszene ausgehend – ein Revival.

Sonnen- & Strohhut

© Accessorize

Mehr als modisches Beiwerk schützt diese Kopfbedeckung vor Sonnenstrahlung an heißen Tagen und ist bei Aktivitäten im Freien stylisher Schattenspender. Sonnenhüte sind aus verschiedenen Materialien gefertigt und können auch in Form und Farbe variieren. Eine klassische Variante sind Bast- und Strohhüte, die durch ihr geringes Gewicht und ihr Material besonders luftdurchlässig sind. Der weltweit bekannteste Strohhut ist der aus den Trieben der Kolbenpalme Panamas (Ecuador) geflochtene Panama. Auch er erfreut sich als Damenversion großer Beliebtheit. Hüte aus feinen Panama-Qualitäten lassen sich sogar zusammenrollen, kosten allerdings oft weitaus mehr als 1000 Euro.

Mützen & Hauben

© www.mytheresa.com

Die gängigsten Kopfbedeckungen sind Mützen aus Baumwolle, Tweed oder Strick. Sie passen je nach Modell zu nahezu allen Stilen. Besonders beliebt und schick ist die mit dem Barett verwandte Baskenmütze, auch Alpenmütze oder Alpino genannt. Sie ist Teil vieler militärischer Uniformen und weist in der Mitte oft einen kurzen Stummel auf, ein Rest früherer langer Bommel.

Der Bowler

© Mühlbauer

Umgangssprachlich als Melone bekannt, ist der Bowler eine typisch englische Kopfbedeckung, die 1850 von Thomas William Bowler entworfen wurde. Der abgerundete Hut ist original aus schwarzem Filz gefertigt und hat eine steife Krempe. Im Gegensatz zu Herrenmodellen, die weitgehend aus dem Straßenbild verschwunden sind, ist er ein gängiger Damenhut, den auch immer wieder Nobeldesigner in ihren Kollektionen präsentieren.

Schirmmütze & Baseballkappe

© Capo

Die Schildkappe hat einen Schatten spendenden Schirm, der im Gegensatz zu der aus Irland stammenden Schirmmütze unter dem Kappenrand platziert ist. Ursprünglich wurde sie zum Reiten, Fischen und zur Jagd getragen, hat sich jedoch inzwischen als Alternative zur Baseballkappe etabliert. Sie variiert stark in ihrer Form und auch ihren Materialien sind kaum Grenzen gesetzt. Traditionell wird sie nach wie vor aus Tweed gefertigt. Die ursprünglich von Baseballspielern getragene Schirmmütze mit großer Sonnenblende ist heutzutage weltweit fixer Bestandteil der Freizeitkleidung. Auch viele bekannte Designer präsentieren dieses Unisex-Accessoire in ihren Kollektionen. Hochwertige Kappen werden aus Wolle, Leinen oder Baumwolle hergestellt; die billige Variante aus Synthetik hat vor allem in Amerika große Fangemeinden.

Der perfekte Hut zu jedem Gesicht

Das **ovale Gesicht** ist das perfekte Hutgesicht, dem so gut wie alle Kopfbedeckungen gut stehen.

Zu einem **runden Gesicht** passen eher höhere Kopfbedeckungen, größere Krempen oder alternative Modelle, die durch entsprechende Dekorationen Höhe geben. Flache Hüte sind zu vermeiden. Kleine Hüte sollten eher ins Gesicht geschoben oder seitlich platziert werden.

Für ein **eckiges Gesicht** sind asymmetrische Hüte, flache Hutköpfe, breite Krempen und runde Formen ideal, ganz im Gegensatz zu kantigen Modellen. Kleine Hüte sollten eher ins Gesicht geschoben oder seitlich platziert werden.

Ein **langes Gesicht** verlangt flache Modelle und breite Krempen, die das Gesicht umrahmen. Kleine Hüte sind idealerweise am Hinterkopf platziert oder werden tief ins Gesicht geschoben.

Großen Frauen stehen kleine Hüte gut; **kleine Frauen** können hingegen große, ausladende Hutmodelle tragen.

Der Hut sollte nicht nur **farblich auf das Outfit** abgestimmt sein, sondern auch zum **Farbtyp** des Gesichts passen.

Handlich

„Eine *Katze* in Handschuhen *fängt* keine Mäuse."
Benjamin Franklin

Mantel: Radelina / Kleid: Allude / Handschuhe: Derby

Sinnlich umschmeicheln sie die Hände und dienen zudem als Schutz gegen Umwelteinflüsse aller Art. Die stilvolle Kleidung für die Hand ist ein unentbehrliches
Modeaccessoire. Bereits 800 n. Chr. wurden Handschuhe erstmals erwähnt. Zu
Beginn dienten sie vorwiegend zum Schutz vor Kälte. Als Statussymbol signali-
sierten sie Zugehörigkeit zu einer bestimmten Gesellschaftsschicht. Damen trugen Handschuhe seit dem 13. Jahrhundert als schmückendes Accessoire. Damals
reichten sie bis zum Ellenbogen und standen für Luxus. Feine Damen verließen
ihr Haus Ende der 60er Jahre nie ohne Handbekleidung, danach geriet sie allerdings außer Mode. Eine kontinuierliche Rückkehr der Handschuhe lässt sich
jedoch in den letzten Jahren feststellen. Heutzutage sind sie nicht nur mehr wär-
mendes Kleidungsstück, sondern auch schickes Fashion-Accessoire oder dienen
dem Aufputz bei formellen Anlässen.

Verarbeitung & Material

Generell können Handschuhe aus Wolle, Filz, Seide, Leder oder Synthetik hergestellt werden. Je eleganter der Anlass, umso edler das Material. Man unterscheidet zwischen Fäustlingen, die nur den Daumen umschließen, und Fingerhand-
schuhen, bei denen jeder einzelne Finger ausgebildet ist. Grundsätzlich sollten
Handschuhe, Mütze und Schal eine Einheit bilden, in eine Stilrichtung gehen
und zudem farblich harmonieren. Eine wilde Mischung an Materialien und Farben sollte man nur Kombinationskünstlerinnen überlassen. Einzelne Eyecatcher
reichen in der Regel aus und runden ein Outfit ab. Auch der Schmuck oder die
Handtasche können passend ausgewählt werden. Das dient dem positiven Gesamtbild und vermittelt den Eindruck von modischem Gespür.

Stile & Dresscode

Wie alle Bekleidungselemente unterliegt auch der Handschuh dem Wandel der Mode. Entweder minimalistisch schlicht oder mit vielen modischen Details und Applikationen wie Stickereien, Verzierungen, Lochmuster sowie Ledereinfassungen versehen, macht er jeden Modetrend mit. Satinbänder und Strasssteine verwandeln Handschuhe in wahre Schmuckstücke, die insbesondere armlang auch zum Abendkleid kombinierbar sind. Auffällige Trendfarben wirken selbstbewusst und setzen bunte, trendige Farbakzente.

Lederhandschuhe

© Hermès

Das je nach Stil rustikal oder elegant wirkende Leder ist sehr begehrt. Fröstelnde Hände werden in der sprichwörtlich zweiten Haut optimal geschützt. Weiches und trotzdem strapazierfähiges Leder deutet auf eine hohe Qualität hin, die neben der Optik ein wichtiges Kriterium darstellt. Neben den gefütterten Winterhandschuhen sind die sogenannten Cabriohandschuhe mit Lochmuster Dauerbrenner.

Wollhandschuhe

© www.mytheresa.com

Auch diese meist aus Schurwolle gefertigten Handschuhe können elegant und sexy wirken. Strick-Variationen mit schönen Mustern sind feminine Begleiter für den Alltag. Wasserdicht gefertigt, erweisen sich Wollhandschuhe auch im Winter als perfekte Accessoires, die ausschließlich im Casual-Bereich getragen werden.

Glacé- & Abendhandschuhe

© Louis Vuitton

Glacé bezeichnet ein weiß gegerbtes Handschuhleder und ist Namensgeber dieses Modells. In der Damenmode ist der Glacéhandschuh – auch in anderen Farben – zu eleganten Schneiderkostümen oder Tanzveranstaltungen passend. Abendhandschuhe, auch als Opernhandschuhe bekannt, sorgen bei abendlichen Events für eine elegante Note. Zu Abend-, Ball- sowie Brautkleidern macht das modische Element einen guten Eindruck. Diese Damenhandschuhe gibt es in verschiedenen Längen, die höchstens bis zur Schulter reichen sollten. Die Stoffqualität sollte immer hochwertig, aus Spitze, Samt oder Satin sein.

Mit Schirm & Charme

„Wo es *Liebe* regnet, *wünscht* sich keiner einen Schirm."
Unbekannt

Die leicht gewölbten, großflächigen Schirme halten trocken, schützen vor Sonne und sind leicht zu transportieren. Die ältesten Funde stammen bereits aus der Antike. Die sogenannten Fächerschirme dienten vorrangig dazu, dem Herrscher Schatten zu spenden. Im Laufe der Jahre übernahm der Schirm neben der Schutzfunktion auch das Anzeigen der Zugehörigkeit zu verschiedenen Gesellschaftsklassen. Form und Farbe der Schirme wechselten je nach Rang und Beruf des Trägers beziehungsweise der Trägerin. Ende des 16. Jahrhunderts nutzten adelige Damen der Oberschicht den Schirm als Schutz gegen die Sonne, da blasse Haut als Schönheitsideal galt. Im Laufe der Zeit wurden die Konstruktionen immer raffinierter, bis schließlich im 18. Jahrhundert der Engländer Jonas Hanway den Regenschirm, so wie wir ihn heute kennen, entwarf. Zu dieser Zeit hielt der Schirm auch Einzug ins Bürgertum und wurde erstmals hauptsächlich als Regenschirm genutzt. Er gilt heute als modisches Statement und ist weitaus mehr als ein alltäglicher Gebrauchsgegenstand. Trendorientiert und in wunderschönen Designs gehalten, sind Regenschirme unsere ständigen Begleiter bei Schlechtwetter.

Verarbeitung & Material

In modischer Aufmachung und strahlenden Farben verschönern Schirme die triste Regenzeit und stellen ein ergänzendes Stylingelement dar. Neben den großen Stockschirmen hat sich der zusammenfaltbare Taschenschirm durchgesetzt. Die Mehrzahl aller Schirme gibt es als praktische Automatik-Modelle, die sich auf Knopfdruck öffnen lassen. Der Griff wird aus Kunststoff oder aus hochwertigem Holz gefertigt, das Schirmdach entweder aus Kunstfasern, Baumwolle oder edlen Stoffen wie Seide.

Stile & Dresscode

Idealerweise sollte der Schirm neben seiner regenabhaltenden Funktion auch stylish und zu Kleidung und Persönlichkeit passend sein. Schöne, hochwertige Stockschirme haben immer mehr „Klasse" als Taschenschirme, sind jedoch sperriger. Die Schirmgröße sollte größer als die Schulterbreite sein, Paarschirme und XXL-Varianten sind eine optimale Wahl, wenn frau in Begleitung ist. Auch wenn schöne Schirme an öffentlichen Plätzen gerne „Beine bekommen", billig wirkende Modelle und Werbeprints sind laut Dresscode ein absolutes No-go.

Der Knirps

© Knirps

Seit mehr als 75 Jahren erzeugt die Firma Knirps Regenschirme, die für ihr praktisches, taschenfreundliches Format bekannt sind. Diese Erfindung hat sich im Laufe der Jahre zu einer weltbekannten Marke entwickelt und ist Synonym für einen teleskopartig auseinanderziehbaren, zusammenlegbaren Regenschirm, der sich bei Bedarf in seiner vollen Größe entfaltet. Er revolutionierte die Schirmbranche und ist in den unterschiedlichsten Qualitäten erhältlich. Zwar ist er zumeist nicht so stabil wie Stockschirme, jedoch dafür unendlich praktischer.

Sonnen- & Regenschirm

© Aigner

Der Sonnenschirm schützt – nomen est omen – vor Sonnenstrahlung. Heutzutage, außer in Asien, nur noch als großer Standschirm oder Sonnenschutz an Kinderwagen für kleine Kinder genutzt, war er bis ins frühe 20. Jahrhundert noch von modischer Bedeutung. Als tragbare Variante wurde er damals von edlen Damen geschätzt, die ihre noble Blässe behalten wollten. Der Regenschirm ist die Weiterentwicklung des Sonnenschirms. Er wird heute hauptsächlich aus imprägnierter Baumwolle oder Synthetik gefertigt. Je nach Anlass sollten zu Business-Outfits dezente Schirmfarben getragen werden. Im Gegensatz zum Knirps lässt sich der herkömmliche Schirm nicht verkleinern. Modisch sind dem Schirm keine Grenzen gesetzt. Diverse Farben und Musterungen lassen keinen Wunsch unerfüllt.

Be jeweled

„*Man umgebe mich mit* Luxus. *Auf das* Notwendige *kann ich* verzichten.“

Oscar Wilde

© Piaget

Schon Marilyn Monroe meinte, dass Diamanten „the girls best friends" sind, und eine gewisse Affinität von Frauen für schöne Schmuckstücke ist unbestritten: Ganz gleich, ob sie wegen ihres schönen Scheins, ihres hohen Wertes, ihres Markenprestiges oder einfach wegen ihres Designs begehrt werden, in jedem Fall sind sie fixer Bestandteil eines gelungenen Stylings und werten den Look optisch auf.

Die Hochburg traditionsreicher Luxusschmucklabels, auch „Haute Joaillerie" und „High Jewellery" genannt, ist Paris. Neben Cartier und Chanel haben auch Boucheron und Van Cleef & Arpels dort ihren Sitz. Aber auch Italien kann mit Bulgari auf jahrhundertelange noble Juwelierstradition verweisen. Die in Europa berühmtesten amerikanischen Schmucklabels sind Harry Winston und Tiffany & Co. Aus London stammt der Luxusjuwelier Laurence Graff. Zudem gibt es einige, zumeist aus der Schweiz stammende Uhrenmanufakturen wie Chopard, Piaget und Breguet, die feinste High Jewellery Pieces herstellen.

Aktuelle hochwertige und beliebte Schmuckmarken sind Pomellato, Jochen Pohl, Gucci, Damiani, Calgaro, Carrera y Carrera, Stenzhorn, H.Stern, Wellendorff sowie eine Vielzahl lokaler Juweliere und Goldschmiede wie Wempe, die kleine Kollektionen oder Einzelstücke fertigen. Wobei auch viele Luxusschmuckmarken Kollektionen in diesen Preislagen anbieten. Die bekanntesten Perlenmarken im deutschsprachigen Raum sind Schoeffel, Autore, Mikimoto und Gellner. Im Mittelpreissegment und bei den Fashionbrands, die vor allem Modeschmuck anbieten, wechseln die Trendmarken schneller.

Material & Verarbeitung

Die Zeit, in der zwischen Echtschmuck und Modeschmuck in Stil und Optik deutlich unterschieden werden konnte, ist lange vorbei. Heutzutage fällt sogar Experten die Differenzierung oft schwer. Mittlerweile gibt es alle Trends in jeder Preislage. Aufgrund einer gewissen Demokratisierung des Luxus muss, um positiv aufzufallen, auch nicht mehr zwingend Echtschmuck getragen werden. Doch ganz gleich, ob echtes Gold und Edelsteine, Modeschmuck oder Fakes getragen werden, das Wichtigste an einem schönen Schmuckstück sind die hochwertige Verarbeitung und die gute Qualität – so sehen Swarovski-Kristalle besser aus als trübe Diamanten. Es ist sinnvoll, zu schlichten Schmuckstücken und günstigeren Steinen zu greifen, diese aber dafür in entsprechender Qualität zu wählen. Aufgrund immer häufiger auftretender Hautirritationen und Allergien gegen bestimmte Legierungen und Metalle sollte insbesondere bei Modeschmuck und Ohrringen vor dem Kauf, die Hautverträglichkeit getestet werden.

Stile & Dresscode

Neben unzähligen verschiedenen Stilinterpretationen gibt es einige Klassiker, die immer wieder in Mode kommen; allen voran der Symbolschmuck, die vermutlich älteste Schmuckform überhaupt. Je nach Kultur und aktuellen Modetrends wechseln die Sinnbilder und deren gesellschaftliche Zugehörigkeit. Neben religiösen Zeichen wie Kreuze, sind Runen, Zahlen, Wörter, bestimmte Tierarten wie Schlangen, aber auch Herzen und Totenköpfe beliebte Amulette und Talismane. Ebenfalls ein Evergreen sind Motive aus der Natur wie Blumen und Tiere sowie die Farbklassiker Schwarz und Weiß. Auch Schmuck mit Sammelcharakter ist seit Jahrtausenden bekannt und allseits beliebt. Ein weiterer Longseller – wenn auch immer wieder mit Unterbrechungen – ist Vintageschmuck, wobei sich Art-déco-Kreationen besonderer Beliebtheit erfreuen. Allerdings sind es zumeist stilistische Anlehnungen an diese Epoche und keine Originalstücke. Auch avantgardistische Designs und Ethnostile finden sich periodisch unter den Must-haves aktueller Trends.

Hochkarätiger, dekorativer Schmuck passt wunderbar zu einer eleganten Abendrobe, trotzdem passieren im Detail oft Styling-Fauxpas. Harmonieren Proportion, Stil und Farbe von Schmuck und Bekleidung? Ist das Geschmeide ideal für Frisur und Silhouette der Trägerin? Schmeicheln das Edelmetall und die funkelnden Steine dem Teint? Mit dem richtigen Know-how ist perfektes Schmuckstyling eine einfache Sache.

Am Ohre

© Piaget

Der schmucke Dresscode beginnt bei der Frisur und den Gesichtsproportionen. Dezente Ohrstecker passen auf jedes Ohr, sofern frau es in den Blickpunkt rücken möchte. Auffällige Klips oder große Creolen kaschieren große Ohrläppchen, sollten aber bei einem sehr breiten Gesicht oder abstehenden Ohren vermieden werden. Hängeohrringe hingegen strecken die Gesichtsform. Hier gilt es allerdings auf die Frisur zu achten. Die Haare sollten, sofern sie kürzer sind als das Gehänge, hinter dem Ohr getragen werden.

Schmucke Dekolletés

© Piaget

Bei Colliers spielt die Haarpracht eine wichtige Rolle. Hochsteckfrisuren lassen den Hals länger erscheinen und bilden zu Chokern oder kurzen, dekorativen Ketten einen besonders hübschen Rahmen. Bei einem langen Hals sind kurze, kräftige Colliers zu empfehlen. Für einen kurzen Hals oder breite Schultern ist längeres Geschmeide empfehlenswert. Generell gilt: Ist die Trägerin zart gebaut, kann auch ihr Schmuck zierlicher und kleiner ausfallen, lediglich bei kühnen Versionen ist etwas Vorsicht geboten. Damen mit einem schwereren Körperbau und sehr weiblichen Rundungen benötigen größere Schmuckstücke am Dekolleté. Es muss jedoch darauf geachtet werden, dass Halsschmuck und Kleidung – vor allem der Kragen – nicht konkurrieren. Bei einem großen Busen reichen die Colliers am besten nur bis zum Brustansatz. Kleine Broschen sowie zierlicher Schmuck verlieren an großen wuchtigen Frauen nicht nur ihre Wirkung, sondern lassen die Trägerin noch massiver erscheinen. Opulentes ist hier gefragt. Bei abfallenden und / oder schmalen Schultern können Broschen oder Anstecker in Jackenaufschlägen von Vorteil sein, da sie die Schultern optisch heben und verbreitern.

Handliche Schmuckstücke

© Pandora

Hier gilt es, eine ausgewogene Balance zwischen Körperformen und Schmuckstil zu finden. Wer lange und dünne Arme hat, kann mehrere Armreifen gleichzeitig tragen. Bei kurzen Armen sollte der Schmuck hingegen möglichst zierlich sein. Dicke Arme verlangen nach dekorativem, aber nicht zu breitem Armschmuck. Kleinere, zierliche Armreifen wirken an graziösen Handgelenken harmonischer, doch auch überproportional große Armreifen können, vorausgesetzt ihr Look passt zum restlichen Styling, attraktiv wirken. Umgekehrt ist es etwas schwieriger. Wer kräftige Handgelenke hat, sollte unbedingt etwas wuchtigere Armreifen tragen. Auch bei Ringen gilt: Gleiches zu Gleichem. Zarte Finger verlangen zierliche Ringe – dies betrifft vorwiegend das Design und nicht die Steingröße –, kräftige Hände großformatigere Geschmeide. Wer kurze Finger hat, sollte keine zu breiten Ringe und auch nur einen Ring pro Hand tragen.

Steinreich

© Piaget

Edelsteine sind eine sehr individuelle Sache. Je nach Stil, Charakter und Anlass können sie unterschiedlich eingesetzt werden. Besonders hübsch wirken sie, wenn sie mit der Augenfarbe oder dem Outfit der Trägerin farblich korrespondieren. Dass abendliches Prunkgeschmeide im Schwimmbad unpassend ist, liegt auf der Hand. Opulente Kreationen verlangen, sofern sie untertags getragen werden, eine ganz besondere Stylingraffinesse. Bei kleinen, dezenten oder klassischen Schmuckstücken können die Edelsteine auch tagsüber etwas größer ausfallen. Zudem gibt es hier eine Altersregel: Mit fortschreitender Reife der Trägerin dürfen die Ringe und Edelsteine immer dominierender und auch kostbarer werden. Ein Girlie mit einem dreikarätigen Diamanten wirkt zumeist deplatziert, ist der Stein aber aus Onyx, sieht es damit jedoch hinreißend aus.

Gold oder Silber, das ist die Frage?

© Pandora

Die Farbtypenlehre besagt, dass Platin, Silber- oder Weißgoldschmuck Sommer- und Wintertypen besser passt, während Frühlings- und Herbsttypen mit Rot- oder Gelbgold gut beraten sind. Das gilt vor allem für ein dezentes Styling. Sind Make-up und Kleidung dominant, darf diese Regel aber ohne Weiteres gebrochen werden. Der Glaubenssatz, dass Gold und Silber nicht miteinander gemischt werden dürfen, wird ebenfalls nicht mehr sklavisch befolgt. Die einzelnen Schmuckstücke sollten aber in jedem Fall zusammenpassen. Sie müssen nicht derselben Serie angehören, aber eine stilistische Harmonie innerhalb des dekorativen Ensembles ergeben. Auch die Tageszeit spielt beim Dresscode eine Rolle. Während beim Alltagsschmuck primär Edelmetalle im Vordergrund stehen und der Stil des Schmucks eher dezent und gut kombinierbar ist, kommen beim abendlichen Geschmeide edle Steine zur Geltung.

Schätze aus dem Meer

© Gellner

Perlen nehmen eine Sonderstellung ein, da sie zum einen jedem Hauttyp schmeicheln und zum anderen, sofern es sich nicht um ein abendliches Prunkcollier handelt, auch zu jeder Tageszeit und zu fast jedem Styling passen. Die Stilikone Coco Chanel war ob ihres Faibles für Perlen berühmt. Mademoiselle trug sie zu jeder Tageszeit und zu jeder Gelegenheit, am liebsten jedoch üppig und lässig in mehreren langen Reihen. Sogar beim Sport verzichtete sie niemals auf dieses edle Geschmeide. Coco liebte Perlen, weil sie den Teint ihres Gesichts durch ihren hellen Lüster ganz besonders zauberhaft erstrahlen ließen. Unnötig zu bemerken, das dies zwar stimmt, allerdings eine gewisse Anzahl und Größe der Perlenketten Voraussetzung dafür ist. Neben klassischen japanischen Akoyaperlen, die sich in den verschiedensten Elfenbein-, Rosé- und sanften Goldtönen bewegen, bestechen Südseeperlen durch ihre intensive Farbgebung in Grün, Grau und leuchtendem Gold. Die günstigsten Perlen sind Süßwasserperlen, die es in verschiedensten Farbschattierungen gibt.

Es ist nicht alles Gold, das glänzt

© Pandora

Die Geschichte des Modeschmucks ist ebenso alt wie die des Echtschmucks. Doch als sich im Laufe der Zeit die Schmuckherstellung weiterentwickelte und die Verarbeitung von Edelmetallen und Juwelen erlaubte, verloren die aus günstigen Materialien gefertigten Bijoux an Bedeutung. Ein fulminantes Revival erlebten sie erst im frühen 18. Jahrhundert, in dem Opulenz und Luxus aller Art zelebriert wurden. Durch das damals beginnende industrielle Zeitalter entstand erstmals eine breite Mittelklasse, die großen Bedarf an funkelnden Kleinoden für die Repräsentation auf prunkvollen Festen hatte. In dieser Zeit eroberte Georges Frèdèric Strass mit seinen gleichnamigen Strass-Diamanten 1730 Paris und eröffnete damit die große Epoche des Modeschmucks. Diese Simili (Steinersatz) glichen in Glanz und Farbstreuung Diamanten und für den Laien war der Unterschied kaum zu erkennen. Bald darauf war es auch möglich, teures Gold und Silber durch verschiedenste Legierungen zum Beispiel aus Kupfer oder weichem Stahl zu ersetzen. Mit der Erfindung einer automatischen Schleifmaschine von Daniel Swarovski war der endgültige Siegeszug von Modeschmuck besiegelt, der damals jedoch immer ein Imitat von echtem Schmuck war.

Erst Coco Chanel machte in den 30er Jahren des letzten Jahrhunderts Modeschmuck endgültig salonfähig. Offen gab sie zu, „Gefallen an allem, was glänzt, zu finden", und war der Ansicht, dass Schmuck vor allem „eine Zierde und ein Amüsement" sein sollte. In den 60er Jahren war Modeschmuck mittlerweile bei allen Anlässen akzeptiert und ein eigenständiger Look, der sich von echtem Geschmeide bewusst unterschied. Neu war die Verwendung von ungewöhnlichen und auch oft sichtbar billigen Materialien wie Glas, Holz, Spiegel, Harz, Kunststoff, Leder und Schlangenhaut. Unechte Schmuckstücke sind mittlerweile schon lange salonfähig und auch bei großen abendlichen Auftritten erlaubt. Echter Schmuck darf mit Modeschmuck kombiniert werden, wenn dies dem perfekten Styling dient. Hier gilt die Faustregel: „Fakes" sollten entweder offensichtlich Nachbildungen sein oder so gut gefälscht, dass sie im Normalfall nicht als solche enttarnt werden können. Die Angebotspalette reicht von witzigen Billigkreationen aus Plastik über Trend Jewellery aus innovativen Materialien und Designs bis hin zu hochwertigen Schmuckschöpfungen und von Künstlern gestalteter, anspruchsvoller Designschmuck. Schäbige Fälschungen oder billig wirkender Modeschmuck sind immer fehl am Platz.

Die Halskette

© Chopard

Halsketten gibt es in unendlich vielen Variationen. Eng am Hals anliegend und breit, heißen sie Kropfbänder oder englisch Choker. Sind sie opulent und aufwendig gearbeitet, spricht man von einem Collier. Die Kette selbst kann aus den verschiedensten Materialien wie Leder, Seide, Perlen, Kunststoff oder Metall gearbeitet sein. Metallketten bestehen üblicherweise aus einzelnen Gliedern, die ihrerseits je nach Form verschiedene Bezeichnungen haben. Am bekanntesten sind die Panzerkette, deren Kettenglieder flach liegen, die Y-Kette in Form eines Ypsilons und die Kugelkette, deren Glieder kleine Kugeln sind. Zudem sind Ketten oft mit dekorativen oder Symbolanhängern versehen.

Das Armband

© Autore

Diesen Armschmuck gibt es als Band, Kette oder Reifen und er variiert in Material und Form ebenso wie die Halskette. Oft werden mehrere Armreifen zugleich oder mit Edelsteinen besetzte Modelle getragen. Armketten sind häufig aufwendig verziert. Am bekanntesten ist das Bettelarmband, das mit verschiedensten Symbolanhängern geschmückt ist. Aber auch Sammelarmbänder, aus einzelnen, austausch- und ergänzbaren Schmuckelementen zusammengestellt – englisch Beads genannt –, sind sehr beliebt.

Die Brosche

© Chanel

Die Bezeichnung Brosche stammt aus dem Französischen und bedeutet Nadel oder Spieß. Die Brosche ist bereits seit dem 16. Jahrhundert ein beliebtes Brustschmuckstück, das jedoch immer wieder etwas in Vergessenheit gerät. Neben ihrer dekorativen Funktion vermitteln Ansteckadeln, Abzeichen und Orden oft die Zugehörigkeit zu diversen Vereinen oder sind offizielle Auszeichnungen.

Die Ohrringe

© Pomellato

Grundsätzlich gilt es zwischen Clips, die das Ohrläppchen zusammendrücken und Ohrringen, die mittels eines Stiftes in einem eigens dafür gestochenen Loch im Ohrläppchen befestigt werden, zu unterscheiden. Klassische Formen sind Ohrstecker, Creolen – die eine Ringform haben. Ohrgehänge die opulent und in Etagen arrangiert sind, werden Chandeliers genannt, was so viel wie „Kronleuchter" bedeutet.

Der Ring

© Piaget

Mehr als jedes andere Schmuckstück besitzt der Ring am Finger einen großen Symbolcharakter, den Verlobungs-, Ehe- und Freundschaftsringe unter Beweis stellen. Ist er nur mit einem großen Stein verziert, spricht man von einem Solitärring. Präsentiert er sich opulent mit XXL Size Juwelen, handelt es sich um den Cocktailring. Die häufigsten Fassungen sind die Krabbenfassung, Spannringe, bei denen der Stein von einem Metallring eingeklemmt ist, und die verwischte Fassung. Neben Fingerringen gibt es auch noch Zehenringe und ringförmige Körperpiercings.

Schmucklexikon

Unter Statement Jewellery versteht man besonders teure, auffällige Modelle mit XXL-Edelsteinen.

Die häufigsten Edelsteinfassungen sind Krabbenfassungen, bei denen der Stein von mehreren Krappen – Metallstegen – gehalten wird und die verwischte Fassung, bei der der Stein rundum eingefasst ist.

Die gängigsten Edelsteinschliffe sind der rund facettierte Brillantschliff, der üblicherweise 57 Facetten aufweist, der eckige Carrée, auch Princess Cut oder Baguette-Schliff genannt, der Navette- oder Schiffchenschliff in Form beidseitig zugespitzter Ovale und der halbkugelförmige Cabochon-Schliff, der vor allem bei undurchsichtigen Steinen verwendet wird.

Plaque Gold ist ein unedles Metall oder Silber, das mit einer Hartglanzgoldauflage oder einer speziellen Legierung beschichtet ist und so den Eindruck von Massivgold erweckt.

Watch me

© Calvin Klein Watches / Fotograf Marcel Gonzalez-Ortiz / weinper.at /
Model: Anna M. / Stella Models

Uhren sind allgegenwärtig. Das Mobiltelefon ist ebenso wie der Computer mit Zeitanzeigen ausgestattet; im Auto, in der U-Bahn, der Kantine oder auch auf den zahlreichen Kirchtürmen der Städte: Überall ist die aktuelle Zeit abzulesen. Die Armbanduhr als ständiger Begleiter ist schon lange keine Notwendigkeit mehr und doch entspricht sie dem aktuellen Zeitgeist mehr denn je. Nicht nur das, sie avancierte vom simplen und manchmal prestigeträchtigen Gebrauchsgegenstand zum trendigen Kultobjekt. Armbanduhren dienen nicht nur zum Ablesen der Zeit, sie sind durch raffinierte, elegante Details perfekte Accessoires zur aktuellen Mode und bestechen durch eine Vielzahl funktioneller Features.

Darüber hinaus gibt die Armbanduhr Auskunft über den sozialen Status, den Geschmack und die Persönlichkeit ihrer Trägerin. Besonders im Business-Bereich dienen bestimmte Uhrenmarken oder -linien als Indikator für Charakter und Finanzkraft. Wer am Puls der Zeit liegen will, besitzt jedoch nicht nur eine Uhr, sondern trägt – abgestimmt auf Styling, Stimmung oder Umfeld – ein jeweils passendes Modell.

Zeig mir deine Uhr und ich sage dir, wer du bist

Um dem Gegenüber ein gewisses Image zu vermitteln, steht eine Vielzahl an Marken im Mode- und Accessoire-Bereich zur Verfügung. Der Weg über eine besondere Uhr ist subtiler und hat zweifelsohne mehr Stil. Zwar haben die meisten Frauen noch nicht im selben Maß ein Augenmerk auf luxuriöse Zeitmesser geworfen wie Männer, doch ihre Aufmerksamkeit wächst stetig.

Als „Rolls-Royce" der hohen Uhrmacherkunst gelten die Prestigemarken A. Lange & Söhne und Patek Philippe sowie die luxuriösen Traditionsmanufakturen Jaeger-LeCoultre, Zenith, Breguet, Blancpain und Vacheron Constantin, da sie für lange Tradition und meisterhaftes Kunsthandwerk stehen. Ebenfalls unter der Uhrenelite rangieren die Juwelierlabels Bulgari, Cartier, Piaget, Tiffany & Co., Chanel, die deutsche Manufaktur Glashütte Original, Omega sowie die Schweizer Marke Rolex. Letztere gilt insbesondere in gewissen Kreisen, die Wert auf bekannte Luxusmarken legen, als Prestigeobjekt. Ein Newcomer – im Vergleich zu den vielen alteingesessenen Manufakturen – ist das französische Luxuslabel Louis Vuitton, das außergewöhnliche, hochwertige Zeitmesser herstellt. Omega und die etwas preiswerteren Marken Longines und Tissot gelten als moderne, dynamische Klassiker. Ein besonders sportliches Image verkörpern Uhren von Breitling und TAG Heuer, die jedoch nur wenige Damenmodelle im Sortiment haben. Die Keramikuhren von Rado stehen ebenso wie hochwertige Fashionbrand-Zeitmesser von Gucci oder Hermès und die stylishen Calvin Klein-Uhren für besonders außergewöhnliches Design. Einen klassischen, hochwertigen Look, eine feine Mechanik und vergleichsweise erschwingliche Preise bieten die Marken Frédérique Constant, Raymond Weil, Baume & Mercier, Hublot und Maurice Lacroix.

Zusätzlich gibt es eine Vielzahl von Modeuhren verschiedenster Stile und Preisklassen, da kaum ein Fashion-Label existiert, das nicht auch Uhren als Modeaccessoires anbietet. Ganz gleich, ob sportlicher Chronograph, High Fashion Piece oder elegante Abenduhr: Die Zeitmesser der Fashionbrands ticken immer im Gleichtakt mit den jeweiligen Modekollektionen. Die Palette reicht von edlen Modellen von Marken wie Burberry, Armani, Pandora oder Michael Kors über trendige Modelle von D&G, Guess oder Thomas Sabo bis hin zu sportlichen Zeitmessern von Diesel oder Puma. Sie sind jedoch ebenso wie die 1983 erstmals auf den Markt gekommene Schweizer Uhrenmarke Swatch reine Fashion-Accessoires und können das berufliche Image ihrer Trägerinnen nicht heben.

Neben der Marke sagt auch das gewählte Modell sehr viel über die Persönlichkeit der Trägerin aus. So stehen Zwei- und Dreizeigeruhren nobler Marken oder Zeitmesser mit teuren, jedoch unauffällig in das Design integrierten Komplikationen für elegantes Understatement. Sportuhren weisen nicht zwingend auf eine besondere Sportlichkeit der Trägerin hin, verleihen ihr aber ein dynamisches, aktives und verwegenes Image. Zeitmesser mit Kristallen oder Diamantbesatz weisen auf die Luxusaffinität ihrer Besitzerin hin. Kleine Modelle unterstreichen die Weiblichkeit, große, maskuline Unisexuhren verleihen einen maskulinen Touch.

Zeit kann man nicht kaufen – Uhren schon!

Breguet

© Breguet

Die Luxusuhren- und Schmuckmanufaktur Breguet, 1775 von Abraham Louis Breguet gegründet und heute Teil der Swatch Group, besitzt unzählige Uhrenpatente und kreierte 1810 die erste Armbanduhr im Auftrag von Caroline Murat, der damaligen Königin von Neapel. Neben dieser auch noch heute erhältlichen „Reine de Naples"-Linie ist Breguet auch für die Heritage-Serie und „High Jewellery"-Uhren für Damen bekannt.

Preisspanne: ab € 7.000,-

Breitling

© Breitling

Die 1884 gegründete Marke war und ist noch immer auf Fliegeruhren spezialisiert. Die einzige Damenlinie ist zurzeit die Galactic, die in den verschiedensten Variationen erhältlich ist. Eine weitere Besonderheit: Jedes einzelne Uhrwerk wird von einer unabhängigen Schweizer Prüfstelle chronometerzertifiziert, was eine besondere Ganggenauigkeit der Uhren verspricht.

Preisspanne: € 2.460,- bis € 6.380,-

Bulgari

© Bulgari

Das 1884 in Rom gegründete Haus Bulgari hat durch hochwertigen Schmuck Berühmtheit erlangt, lanciert jedoch seit etlichen Jahrzehnten auch formidable Uhren, die sich nicht nur stilistisch, sondern auch in puncto Feinmechanik mit den Größen der Branche messen können und ebenso wie der Schmuck bei vielen Stars beliebt sind. Für Damen stehen derzeit die Linien Assioma, Astrale, B.zero und Serpenti zur Wahl. Letztere zeichnet sich durch das berühmte Bulgari-Schlangenmotiv aus.

Preis: auf Anfrage

Cartier

Die Uhrenmanufaktur Cartier ist seit ihrer Gründung im Jahre 1847 in Paris der Inbegriff für luxuriösen Schmuck, teure Uhren, edelste Accessoires und Parfüms. Legendär ist das Art-déco-Modell „Tank", das sich als dezenter Klassiker auch noch heute großer Beliebtheit erfreut, ebenso wie die nach dem Flugpionier Alberto Santos-Dumont benannte Santos-Linie und insbesondere die Damenlinien Baignoire, Miss Pasha sowie die XXL Size Watch Captive.

© Cartier

Preisspanne: € 1.700,- bis € 2.300.000,-

Chopard

Chopard blickt auf eine über 150-jährige Geschichte als Uhrenmanufaktur zurück, steht aber heute vor allem für extrem hochwertiges Juwelierhandwerk und diamantbesetzte Damenuhren. In den letzten Jahrzehnten wurde im Schmucksegment die einzigartige Kollektion Happy Diamonds weltberühmt. Bei den Damenuhren führen die Modelle Happy Sport, Happy Diamonds, Imperiale, La Strada und Ice Cube unangefochten das Feld der erfolgreichen Uhrenmodelle an.

© Chopard

Preisspanne: € 2.030,- bis € 1.000.000,-

Jaeger-LeCoultre

Die 1903 gegründete Schweizer Nobelmanufaktur gilt mit ihrer Vielzahl an Zeitmessern mit luxuriösen Komplikationen bis heute als eine der innovativsten und luxuriösesten Uhrenmarken der Welt. Das wohl berühmteste Modell ist die 1931 lancierte Wendeuhr Reverso, die immer noch für Eleganz und nobles Understatement steht und um die „Squadra Lady"-Linie ergänzt wurde. Mittlerweile wird die Schweizer Manufaktur aber auch für ihre sportlichen Modelle wie die Master-Control-Linie geschätzt.

© Jaeger-LeCoultre

Preisspanne: ab € 3.050,-

Longines

© Longines

Die im mittleren Preissegment angesiedelte Marke wurde 1832 in Saint-Imier (Schweiz) gegründet und hat aufgrund ihrer starken Präsenz im Bereich der Sportzeitmessung weltweites Renommee erworben. Doch Longines ist auch für seine femininen Uhrenmodelle wie die DolceVita, die PrimaLuna sowie die Art-déco-Uhrenkollektion Les Elégantes bekannt.

Preisspanne: € 800,- bis € 2.500,-

Omega

© Omega

Die 1848 gegründete Schweizer Uhrenmarke steht für Hightech gepaart mit klassischer Eleganz und Sportlichkeit, die auch die Damenkollektionen auszeichnen. Besonders beliebt sind die Constellation, die durch ihre Krappen einen großen Wiedererkennungseffekt hat, sowie die sportlichen, eleganten „De Ville"-Chronografen.

Preisspanne: ab € 1.700,-

Patek Philippe

© Patek Philippe

Uhren dieser Manufaktur zählen zur absoluten Elite und stehen gleichzeitig durch ihre optische Zurückhaltung für Understatement pur. Für grandiose Feinmechanik bekannt bietet die Uhrenmanufaktur für Damen sowohl Quarzmodelle als auch mechanische Werke. Die bekanntesten Damenmodelle sind der Aquanaut, die Calatrava, die Nautilus und der Klassiker: die Twenty-4®.

Preisspanne: € 8.120,- bis € 897.130,-

Piaget

© Piaget

Seit der Gründung im Jahr 1874 überzeugt Piaget in der Uhrmacher- und Juwelierkunst mit luxuriösen Kreationen. Anfangs war die Manufaktur auf die Konzeption und die Produktion von Uhrwerken spezialisiert und erweiterte erst in den 60er Jahren ihr Angebot um edle Schmuckuhren, gefolgt von innovativen Schmuckkollektionen. Die bekanntesten Damenuhrenlinien sind Polo, Magic Hour, Altipiano und Limelight.

Preisspanne: € 10.000,- bis € 1.000.000,-

Rado

© Rado

Rado-Uhren polarisieren: Entweder man findet sie extrem schön oder extrem hässlich. Ihr innovatives, eigenwilliges Design sowie ihre kratzfesten Hightech-Materialien wie Keramik und Hightech-Diamanten bilden die unverwechselbare Marken-CI und verleihen den Zeitmessern ihren ebenso starken wie einzigartigen Charakter. Die stylishen Modelle sind vor allem bei Frauen in kreativen Branchen beliebt.

Preisspanne: € 500,- bis € 13.000,-

Rolex

© Rolex

Rolex nimmt eine Sonderstellung im Ranking der Markenhierarchien ein: Denn wie keine andere Marke wird sie entweder heiß geliebt oder leidenschaftlich geächtet – und wirklich jeder kennt und erkennt sie. Auf dem Damensektor ist sie vor allem für Datejust-Modelle sowie die Cellini, Daydate und Daytona-Damenvarianten bekannt und beliebt.

Preisspanne: ab € 3.200,-

Zenith

Die Schweizer Traditionsuhrenmarke steht für technische Höchstleistung, wie sie beispielsweise das „El Primero"-Chronografenwerk verkörpert. Sie bietet sogar als eine von wenigen Manufakturen ein Lady Tourbillon sowie viele mechanische Kaliber für Frauen an, wie beispielsweise die „Star Open"-Linie, die über das Ziffernblatt Einblick auf das Werk gewährt.

Preisspanne: € 3.300,- bis € 210.000,-

© Zenith

Abhängig vom aktuellen Goldpreis, dem Jahr und den verschiedenen Umsatzsteuern in Österreich, Deutschland und der Schweiz können die Preise variieren.

Tipps & Tricks

- Eine hochwertige Uhr ist eine gute berufliche Investition, da insbesondere im gehobenen Management Geschäftspartner auch anhand des Uhrenmodells und der Uhrenmarke beurteilt werden.

- Beim Kauf einer neuen Uhr sollte besonders auf Fälschungen geachtet werden. Denn nichts ist peinlicher, als beim Tragen eines Plagiats enttarnt zu werden.

- Stahl, Platin und Weißgold wirken kühl und dezent, Gelb- und Roségold sehr nobel und auffälliger, massive Modelle im Business-Bereich manchmal protzig und aufdringlich.

- Auch wenn eine Quarzuhr wesentlich praktischer ist – mehr Stil hat ein Zeitmesser mit mechanischem Werk.

- Die passenden Proportionen unterliegen bis zu einem gewissen Grad der Mode, hängen aber auch vom Körperbau, von der Hand und dem Handgelenk der Trägerin ab.

- Von protzigen, massiven Goldmodellen und Modellen, bei denen das Label bereits von Weitem zu erkennen ist, ist abzuraten, da man sich dadurch auf eine sehr unraffinierte Art und Weise mit dem Image der Marke schmückt.

- Uhren verschiedener Fashionbrands lassen zwar auf einen hohen Modegrad, aber auch auf eine geringe Wertschätzung für mechanische Meisterleistungen und Markenprestige sowie etwaige fehlende finanzielle Mittel schließen. Dies sollte ab einer gewissen beruflichen Position bedacht werden.

Uhrenlexikon – Die wichtigsten Begriffe aus dem Fachjargon

Automatikwerk – Werk, dessen Zugfeder durch die natürlichen Armbewegungen des Menschen aufgezogen wird

Chronograf – Armbanduhr mit Zusatzfunktion zum Messen von Zeitspannen

Chronometer – besonders exakt gehende Uhren, deren hohe Ganggenauigkeit durch das Zertifikat eines Chronometer-Prüfungsinstituts bescheinigt worden ist

Gangreserve – maximale Laufzeit einer mechanischen Uhr, nachdem diese voll aufgezogen wurde; beträgt meist einige Tage

Guillochiertes Ziffernblatt – das „Perlmuster", das durch das Gravieren von Metall mit einer Guillochiermaschine optisch ansprechende, geometrische Linienmuster erzeugt

Handaufzugswerk – Die Zugfeder des Werks wird durch Aufziehen per Hand mit der Aufzugskrone gespannt und so aufgeladen.

Kaliber – die Typbezeichnung eines bestimmten Uhrwerks; früher oft die Bezeichnung für die Abmessungen eines Uhrwerkes

Komplikationen – Uhrwerk mit einem oder mehreren zusätzlichen Mechanismen, beispielsweise Datum, Kalender, Chronograf, Wecker

Manufaktur – Hersteller, die für eine oder mehrere Uhren in ihrem Sortiment ein eigenes Werk entwickeln und in der Manufaktur fertigstellen

Mechanische Uhr – klassischer Uhrentyp mit einem mechanischen Schwingungssystem (Handaufzug, Automatik) im Gegensatz zu einem Quarzwerk

Quarzwerk – Uhrwerk meist ohne mechanische Bauteile und in dem ein Quarz-Kristall mit elektrischer Energie durch eine Batterie oder einen Akku das Werk in Schwingung versetzt. Das bewirkt eine hohe Ganggenauigkeit und geringeren Platzbedarf im Vergleich zu mechanischen Uhren.

Tourbillon – Uhr mit Drehgestell, das sich, wenn es vom Sekundenrad angetrieben wird, mit der Unruh, dem Takt gebenden Schwungrad, das das gleichmäßige Vorrücken der Zeiger über das Räderwerk ermöglicht, und Hemmungsteilen einmal in der Minute dreht und so eine Unwucht des Unruhsystems und damit Lagefehler ausgleicht. Diese Konstruktion neutralisiert die Auswirkungen der Erdanziehungskraft und steigert dadurch die Präzision des Uhrwerks.

Styling-
Knigge

In früheren Zeiten war die strenge Einhaltung von Kleidungsvorschriften ein gesellschaftliches Muss. Gewisse Materialien, Stoffe, Schnitte und sogar Farben waren bestimmten Gesellschaftsschichten vorbehalten, und ein Missbrauch wurde schwer bestraft. Heutzutage ist die Handhabe freilich nicht mehr so streng, sofern es sich nicht um staatliche Uniformen handelt. Dennoch gibt es Dresscodes, deren Ignorieren unweigerlich zu Befremdung, Minderschätzung und manchmal sogar zu einem Ausschluss aus der Gesellschaft führt. So kann beispielsweise einer Besucherin einer Ballveranstaltung durchaus der Einlass verwehrt werden, wenn sie in einem Cocktailkleid anstatt in der vorgeschriebenen Ballrobe erscheint.

Kleidervorschriften geben aber auch Sicherheit, sind „Anziehhilfen" und stehen auf jeder guten Einladung – man muss sie nur zu dechiffrieren wissen. Zudem schafft die Einhaltung insbesondere von Anlass-Dresscodes auch eine gewisse Atmosphäre, die der Veranstaltung erst das noble Flair verleiht.

Kleiderordnungen unterliegen bestimmten kulturellen und gesellschaftlichen Normen, die sich regional und national unterscheiden können. Daher gilt es, zwischen traditionellen und „gelebten" Bekleidungsvorschriften zu unterscheiden und sich über die lokalen Feinheiten zu informieren.

Das Wissen über Dresscodes ist von großer Bedeutung, auch wenn Kleidungsvorschriften bewusst negiert werden. Denn manchmal kann es zielführend sein, absichtlich mit gewissen Konventionen zu brechen und vom korrekten Dresscode abzuweichen – beispielsweise wenn bekannt ist, dass die anderen Gäste der Gesellschaft den vorgeschriebenen Dresscode anders beziehungsweise liberaler auslegen oder wenn es von Vorteil ist, dadurch Aufmerksamkeit zu erlangen. Wichtig dabei ist allerdings, dies mit Kalkül zu tun und gegebenenfalls auch etwaige Konsequenzen mit Fassung und Würde zu tragen.

Dresscode Casual

„Casual" bedeutet salopp, locker, lässig, zwanglos. Es umschreibt die gehobene Freizeitmode, die Eleganz mit Sportlichkeit verbindet und sowohl im Geschäftsalltag als auch in der Freizeit ein gelungenes Styling ermöglicht. In ihrer klassischsten Form definiert sich Casual-Wear über Freizeithosen wie Chinos in Kombination mit Blusen oder Poloshirts, sportlichen Blazern und flachen Schuhen, beispielsweise Loafern, Collegeschuhen oder Mokassins. Farblich zumeist in natürlichen Farbtönen gehalten, setzen Seidentücher um den Hals bunte, modische Akzente. Stilistisch orientiert sich dieser Look an dem College- oder Golf-Stil, der auch unter dem Modebegriff Preppy Chick (preppy, engl. = adrett) bekannt ist. Jedes Detail wirkt brav, gepflegt und sehr ordentlich. Auch Anlehnungen an den eleganten und zugleich rustikalen Landlook, der auch manchmal von der Trachtenmode inspiriert ist, sind möglich.

Material & Verarbeitung

Üblicherweise werden für Casual-Wear Naturfasern verwendet, allen voran Baumwolle und für den Winter auch Wolle. Neben Strick sind insbesondere klassische Wollstoffe wie Tweed sowie traditionelle Musterungen wie Karos oder Streifen typisch. Je nach Material und Verarbeitung hat der jeweilige Look einen sportlichen, gediegenen oder rustikalen Touch. Wichtig ist auch die Qualität der Kleidung. Einerseits lohnt es sich zu investieren, da diese Kleidungsstücke zumeist über einige Jahre hinweg, den aktuellen Modegrad betreffend tragbar sind, andererseits ist Casual-Wear oft auch für Freizeitbeschäftigungen gedacht, bei denen der Tragekomfort eine entsprechend große Rolle spielt.

Stile & Dresscode

Poloshirt, Freizeitbluse und Jeans werden zwar modisch immer wieder neu interpretiert, die Basisschnitte bleiben jedoch immer gleich und bilden die perfekte Grundlage für einen gepflegten Auftritt.

Die Bluse ist nicht nur ein Kleidungsstück für formelle Termine, sondern auch Teil der elegant sportlichen Alltagsbekleidung und Freizeitmode. Unabhängig von Material und Ausstattung ist man in einer Bluse immer ordentlich und stilvoll angezogen. Das Poloshirt hat seinen Ursprung angeblich im Tennissport. Als Erfinder gilt der französische Tennisspieler René Lacoste, der ihm auch zu seiner breiten Popularität verhalf. Traditionell aus Baumwollpikee sowie mit geripptem Kragen und Bündchen ist es förmlicher als ein T-Shirt, aber legerer und bequemer als eine Bluse. Ein Polokleid ist die üblicherweise körpernah geschnittene, bis in etwas zum Knie reichende Kleidvariante.

Die legerste Variante sind Kombinationen mit Jeans und / oder T-Shirts, die allerdings ebenso wie Polokleider – streng genommen – auf den privaten Freizeit-Bereich beschränkt sind. Allerdings lehrt uns der gelebte Dresscode, dass gepflegte Jeans ohne „Used"-Optik oder verwegenen Waschungen sowie Tops und Fashion-T-Shirts durchaus als Bürokleidung üblich geworden sind – ausgenommen in konservativen Branchen und im gehobenen Management.

Gänzlich auf den Freizeit-Bereich beschränkt und aus der funktionellen Sportmode kommend, sind Sweatshirts vor allem bei aktiven Tätigkeiten sowie als Loungewear / Homewear beliebt. Klassisch sind sie aus dickem, gestricktem Baumwollgarn, das auf der Innenseite aufgeraut ist, um Wärme besser zu speichern. Varianten mit Kapuze oder mit Zipp als Jacke werden besonders gerne getragen. Es gibt Sweatshirts sowohl als einfache Basics als auch aufwendig bedruckt oder bestickt, wobei hierbei oft großes Augenmerk auf Markenlogos oder Symbole gelegt wird.

Das T-Shirt, auch Leibchen, Leiberl oder in Ostdeutschland Nicki genannt, hat seinen Namen vermutlich von der T-förmigen Silhouette. Seine Popularität in der Mode begann nach dem Zweiten Weltkrieg durch James Dean und Marlon Brando, die ihm einen Kultstatus verliehen, den es bis heute beibehalten hat.

Mittlerweile gibt es das Shirt in unendlich vielen Stilen, Farben und oft mit plakativen Aufdrucken versehen. In unkonventionellen Branchen sogar manchmal mit einem Blazer kombiniert, gehört es allerdings laut korrektem Dresscode nur in die Casual- und Sports-Wear.

Klassische Freizeithosen sind Chinos, aber auch alle anderen sportlichen Modelle sind zulässig und passen sich in Funktionalität und Modegrad perfekt an. Da sie ein Mindestmaß an Funktionalität haben sollten, sind sie zumeist knöchel- anstatt bodenlang. Zudem sind bei Casual-Terminen ⅞-, ¾-Längen und Shorts erlaubt – vorausgesetzt, sie sind nicht zu kurz oder knapp geschnitten. Jeans in unendlich vielen Stilen, Farben, Waschungen und Schnitten ergänzen das Hosenrepertoire.

Tipps & Tricks

- Ein negativer Eindruck entsteht, wenn mit ungepflegten Schuhen, verknitterten Bekleidungsstücken und abgetragenen Pullovern der Dresscode „Casual" eindeutig falsch interpretiert wird: Zwanglos ist nicht mit unsorgsam gleichzusetzen!

- Vorsicht ist bei Hüfthosen, insbesondere Jeans, geboten. Die Trägerin sollte zwar für den Anlass entsprechend genügend Bewegungsfreiheit haben, jedoch nicht ungewollte Einblicke auf ihr Gesäß gewähren.

- Casual-Wear ist nicht mit Sports-Wear zu verwechseln: Shorts, T-Shirts, Sweatshirts und Sportschuhe werden in manchen Kreisen nicht einmal im ganz privaten Kreis gerne gesehen.

- Auch wenn Klassiker wie Poloshirts zeitlos sind, unterliegen sie doch gewissen modischen Parametern. Neben den unterschiedlichen Schnitten – von eng bis weit – variieren auch die Farbtöne und Musterungen von sehr bunt und auffallend bis hin zu dezent. Daher sollten von Zeit zu Zeit altmodische Modelle aussortiert werden.

- Bei Einladungen hat sich in den letzten Jahren der Begriff „Casual" etabliert. Dabei muss zwischen „Smart casual" für elegante, modische sowie adrette Kleidung und dem förmlicheren, korrekteren „Business casual" unterschieden werden (siehe Dresscode-Dechiffrierung).

- Ein absolutes No-go im formellen Berufsalltag unter Bankerinnen, Juristinnen oder Politikerinnen ist die Kombination aus Jeans, T-Shirt und Blazer, auch wenn „Business casual" angesagt ist.

„Wenn wir unsere **Tradition** **vergessen, verlieren** *wir ein Stück unserer* **Zukunft.“**

Queen Elizabeth

Dresscode Tracht

Unter „Tracht" ist historisch inspirierte Kleidung gemeint, die üblicherweise in einer bestimmten Region getragen wird. Auch bestimmte Berufsgruppen zeigen ihre Zugehörigkeit gerne über ihre Kleidung. Ein „zünftiges Kleid" kann somit zum nonverbalen Ausdrucksmittel werden. In einer Zeit der Rückbesinnung auf Traditionen, Wertbeständigkeit und Nachhaltigkeit erlebt die Tracht neuerdings wieder einen enormen Boom. Zudem erlaubt sie durch ihren Lokalkolorit – in einer Welt der Globalisierung – eine starke Identität und Individualisierung.

In Deutschland war – mit Ausnahme der südlichen Regionen – die Tracht gänzlich aus der Mode verschwunden und wird erst jetzt langsam wiederentdeckt. Neben trachtig inspirierter Landhausmode, Jagdbekleidung und modischer Fantasietracht sind insbesondere jene Trachten sehr beliebt, die lokale, traditionelle Elemente mit einer modernen, zeitgenössischen Silhouette verbinden. Auch in der Schweiz sind diese Stile im Vormarsch. Die Hochburgen der Tracht sind aber Österreich und Bayern, also jene Länder und Regionen, die den typischen Trachtenlook bis weit über die Grenzen hinaus geprägt haben. Trachten gehören hier nach wie vor zur Alltags- und Festbekleidung.

Qualität & Verarbeitung

Vom Material über die Verarbeitung bis hin zu den unterschiedlichen Stickereien – der Fantasie sind keine Grenzen gesetzt. Grundsätzlich unterscheidet man beim verwendeten Stoff zwischen Alltags- und Festtrachten sowie zwischen Sommer und Winter.

In der warmen Jahreszeit werden Baumwolle und Leinen seit jeher aufgrund ihrer guten Pflege- und Trageeigenschaften vor allem bei „Arbeitstrachten" eingesetzt. Heutzutage werden sie einfarbig oder bedruckt hauptsächlich für Dirndln und Blusen verwendet – Leinen je nach Gewicht in uni und meliert zusätzlich auch für Kleider und Kostüme. Braun oder grün meliert wird es als Jägerleinen bezeichnet und vor allem für das klassische Kostüm mit grünen Verzierungen an Kragen und Taschen gebraucht. Besonders typisch für Dirndln ist der sogenannte Blaudruck.

Was Baumwolle und Leinen im Alltag, ist die Seide im festlichen Bereich. Von Pongé über Doupion bis hin zu Taft werden einfarbige Seiden für Schürzen, Dirndln und Bürgerkleider – Seidendirndln mit Keulenärmeln aus demselben Stoff – verwendet. Das hochwertige Naturmaterial zeichnet sich optisch durch den eleganten „Seidenglanz" und die lebhafte Oberfläche aus und wirkt temperaturausgleichend. Seidenjacquards und -brokate, oftmals auch mit Gold- oder Silberfäden durchwoben, bringen eine große Vielfalt an gewebten Mustern ins Spiel und eignen sich für festliche Trachtenmieder, elegante Hochzeitsdirndln oder Schürzen. Besonders farbenprächtig und hochwertig sind handbedruckte Seiden, wie sie beispielsweise im Steirischen Ausseerland angeboten werden. Der Handdruck hat dort große Tradition und erlebt in den letzten Jahren einen beträchtlichen Aufschwung.

Im Winter liegt der Schwerpunkt bei Wolle. Leichte, gekreppte Qualitäten werden zu warmen Winterdirndln verarbeitet, Kammgarne wie Wollsatin für Kittel von Festtagsdirndln verwendet. Wollloden, der in gewebter oder gestrickter Form wegen seiner wasserabweisenden, atmungsaktiven, wärmespeichernden und auch schmutzabweisenden Eigenschaften besonders beliebt ist, ist ebenso gefragt wie Tuchloden für Röcke, Kleider und Jacken sowie Strichloden – auch Hirtenloden genannt – für Outdoor-Jacken und -Mäntel. Kunstfasern kommen vor allem bei günstigen „Fun"-Dirndln zum Einsatz, können jedoch mit den positiven Eigenschaften der Naturfasern nicht mithalten.

Stile & Dresscode

Was man heute als Tracht bezeichnet, sollte nicht mit den sogenannten „Originaltrachten" verwechselt werden, die ganz klare historische Bezüge aufweisen und mehr oder weniger strengen Regeln unterliegen. So zeigen bei Originaltrachten beispielsweise Farbe, Schnitt und Details deutlich die Zugehörigkeit zu einem bestimmten Land, einer Region oder sogar einer Talschaft – was auch regelrecht zelebriert wird. Besonderer Wert wird dabei auf die sogenannte Auszier gelegt, die nach meist sehr alten Vorlagen gefertigt wird und Ausschnitte, Latz oder Ärmeln von Dirndln, Miedern und Blusen schmückt. Diese aufwendigen Handstickereien, prächtigen Stoffrüschen oder auch wertvollen Goldborten machen aus einem einfachen Seidendirndl ein echtes Schmuckstück. Das Stickmuster sowie die Art der Rüsche geben Auskunft über Herkunft, Stand oder auch persönliche Vorlieben der Trägerin.

Das heute bekannte Dirndl beispielsweise wurde von regionalen Originaltrachten geprägt, hat aber keinen bestimmten regionalen Bezug mehr. Auch Jacken, Joppen und Mantelformen wurden weiterentwickelt, erneuert und abgewandelt – daraus entstand eine breite Vielfalt an Trachtenschnitten, die auch im städtischen Bereich tragbar sind. Inwieweit Trachtenmode oder Landhaus-Look businesstauglich ist, hängt vom Lokalkolorit der jeweiligen Gesellschaft ab. Zwar ist edle Tracht vom Dresscode her absolut passend, sie wird jedoch nicht überall positiv bewertet.

Trachten- & Dirndlblusen

Die Trachtenbluse hat zumeist einen Stehkragen, Hornknöpfe und andere „trachtige" Elemente wie Stickereien oder Falten. Die Dirndlbluse wird unter dem ärmellosen Dirndl getragen und ist meist kurz – bis knapp unter der Brustansatzlinie – geschnitten. Neben Modellen in Weiß aus Baumwolle oder Leinen sowie in Elfenbein aus Seide gibt es auch „modische" Varianten in Schwarz, kariert oder bedruckt. Die Dirndlbluse hat Puffärmel mit oder ohne Spitze oder ¾-Ärmel – auch „Schinkenärmel" genannt. Besondere Aufmerksamkeit wird dem Ausschnitt gewidmet, der in Stehfältchen oder Rüschen gehalten, gesmokt oder mit Spitze besetzt sein kann.

Das Dirndl

© Neckermann

Das Dirndl kommt ursprünglich vom niederdeutschen Wort „Deern", was so viel wie junges Mädchen oder auch Magd hieß. Das klassische „Dirndlgwand" besteht aus einem eng geschnittenen Oberteil genannt „Leib", einem weiten, in Falten gelegten Rock namens „Kittel", einer Schürze mit langen Bändern und einer Dirndlbluse. Der Ausschnitt des Leibs variiert von hochgeschlossen über Rundhals bis hin zu einem tiefen Ausschnitt, oftmals mit zwei eingesetzten Dreiecken versehen. Dieser wird in Deutschland „Münchner Ausschnitt", in Österreich „Herzerlleibel" oder auch „Balconette" genannt. Typisch sind die einfachen oder doppelten Bogennähte im Rückenteil des Leibes und die doppelten Brustabnäher im Vorderteil. Auch Verschnürungen oder Hafteln sind häufig. Der „Leibkittel", die einfachste Dirndlvariante, ist aus Baumwolle oder Leinen, vorne durchgeknöpft und kann auch ohne Bluse und Schürze getragen werden. Als Längenmaßstab gilt knapp unterhalb der Knie oder knöchellang. Das Festtagsdirndl kann auch bis zum Boden reichen und wird aus edlen Materialien wie Samt und Seide angefertigt.

Trachtenjacken & Co.

© Neckermann

Trachtenjacken, -kostüm und -Hosenanzug zeichnen sich durch die trachtige Stoffwahl (im Winter meist grauer, grüner oder schwarzer Loden, im Sommer Leinen in verschiedensten Farben) sowie durch charakteristische Merkmale wie grün eingefasste Taschen, Kanten und Kragen, aufwendige Stickereien und rustikale Hirschhorn- oder elegante Silberknöpfe aus. Die Schnittformen reichen von kurzen Joppen mit Stehkragen, Quetschfalte und Dragoner im Rücken über tailliert geschnittene Jacken mit Fasson bis hin zu eleganten Gehröcken. Auch die Kostümröcke und -hosen weisen oft Verzierungen oder Stickereien in Kontrastfarbe auf.

Wetterfleck & Lodenmantel

© www.stylebop.com

Der Wetterfleck ist – wie der Name schon sagt – der beste Begleiter bei kaltem Wind und Wetter. Dieser einfache, pelerinenartige Umhang mit Kragen oder Kapuze ist häufig in den Alpenländern anzutreffen, in Städten bildet er eher die Ausnahme oder ist zeitbegrenzter modischer Gag. Ausführungen aus exklusivem Merinoloden oder Kaschmir mit Pelzbesätzen finden hier schon eher Akzeptanz – vor allem im eleganten Bereich. Der Lodenmantel schaffte den Weg von der Jagd- beziehungsweise Trachtenmode über den Landhausstil bis hin zum Business-Look und eignet sich durch den wetterbeständigen Loden bestens als Übergangsmantel. Neben der „Originalfarbe" – grün meliert – sind Anthrazit, Braun, Dunkelblau oder auch Schwarz gängig.

Trachtenleder

© Neckermann

Das Leder, reich bestickt und verziert, hat von der Herrentracht den Weg in die Frauentracht geschafft. Hatte Leder früher vor allem im Accessoire-Bereich einen hohen Stellenwert, gibt es heute sogar schon kurze „Hirschlederne" und Kniebundhosen für Damen sowie Kostüme und Jacken aus Rehleder oder Lammnappa. Auch Lederröcke und lange, klassisch geschnittene Lederhosen sind im Vormarsch und stehen ihren männlichen Gegenstücken in keinster Weise nach. Aus Hirsch-, Reh- oder Lammveloursleder –zumeist bestickt – werden sie gerne zu Joppen oder Strickjankern getragen.

Strickjacken & Co.

© Neckermann

Strickjacken, Walkjanker und Strickweste passen bestens zu Dirndln & Co. und werden klassisch in links / links gestrickter Optik oder dem Zopfstrickmuster gefertigt. Der Vielfalt an Farben und Formen sind keine Grenzen gesetzt – traditionell sind sie jedoch meistens in Grün, Grau, Schwarz oder Natur gehalten. Auch Wollstrickjacken in zahlreichen Strickmustern werden gerne zu Dirndln kombiniert. Ebenfalls ein Teil der Trachtenmode sind Gilets sowie Pullover mit traditionellen Motiven. Sowohl Kaschmir als auch reine Wolle oder gemischt mit Alpaka oder Mohair sind die häufigsten Materialkombinationen.

Trachtenaccessoires

Tücher sind bei vielen Originaltrachten fixer Bestandteil und haben sich zu einem vielseitig einsetzbaren Accessoire entwickelt. Aus bedruckter Baumwolle, Seidenjacquard, Wolle oder Kaschmir mit oder ohne Fransen passen sie zu Dirndln, Kostümen, großformatig auch über Trachtenmäntel. Darüber hinaus sind sie Teil der Landhausmode und verleihen klassischen Outfits einen trachtigen Touch. Traditionell werden zur Tracht weiße Kniestrumpfe in Häkeloptik getragen, es dürfen jedoch auch schwarze Fein- oder im Winter Wollstrumpfhosen sein.

Trachtenschuhe

Zu Hosen sind rustikale Loafer perfekt. Zu Dirndln passen in jedem Fall schwarze, schlichte Pumps mit 3–5 cm Absatz. Modelle aus Veloursleder in Schwarz, Braun oder Dunkelgrün mit Silberspangen oder Satinmaschen wirken trachtiger. Schwarze Lackpumps werden zu langen Seidendirndln kombiniert, zu Originaltrachten passen sie nicht. In der kalten Jahreszeit dürfen auch Stiefel zu Kostümen getragen werden – je schlichter, desto besser. Exotische Leder wie Reptil- oder Straußenleder wirken fremd und eignen sich nicht.

Der Trachtenhut

Aus den traditionellen Hutformen aus Stroh oder Wollfilz sowie Hasenhaar hat sich eine Vielzahl an Hutformen entwickelt. Besonders beliebt ist der sogenannte Ausseerhut aus schwarzem Filz beziehungsweise Hasenhaar und mit breitem, grünem Ripsband. Er passt aufgrund seiner traditionellen Farbkombination sowohl zu Trachtenkostümen als auch zu Dirndln und Joppen.

Der Trachtenschmuck

© Golden Times

Der typische Trachtenschmuck ist so vielfältig wie die dazugehörigen Trachten: Kropfkette oder Kropfband (meist aus Samt), Ohrringe, Ringe, Armbänder, Haarnadeln – all dies meist aus Silber oder geschwärztem Silber in kunstvollen Mustern mit Halbedelsteinen bis hin zu Edelsteinen verziert. Auch Mieder- oder Gürtelschließen sowie Miederhaken können wahre Schmuckstücke sein. Einzigartig sind der sogenannte Grandelschmuck, aus den Eckzähnen des Rotwildes hergestellt, und das Charivari, eine Art Bettelarmband oder Collier, das mit christlichen und heidnischen Symbolen geschmückt ist.

Style Check-up

Das Dirndl ist eines der wenigen Kleidungsstücke, das jeder Figur schmeichelt. Es gleicht kleinen Busen aus, präsentiert eine große Oberweite optimal und kaschiert je nach Bedarf ein zu üppiges oder zu androgynes Becken. Wer über genügend Oberweite verfügt, kann sich auch einen Balconetteausschnitt erlauben. Ist dies nicht der Fall, helfen Push-up- oder Dirndl-BHs, Fehlendes glaubwürdig zu ergänzen. Empfehlenswert ist auch ein schlichter Rundhalsausschnitt. Bei den neuen, kürzeren Längen wird wieder mehr Bein gezeigt, jedoch sind knöchellange Varianten ebenso passend. Schmale Schultern können durch Dirndlblusen mit Puffärmeln optisch verbreitert werden.

Tipps & Tricks

- Die Art und Weise, wie die Schürzenbänder gebunden werden, gibt Auskunft über den Familienstand der Trägerin: Die Schürzenbänder links vorne zur Masche gebunden, bedeutet „noch zu haben", rechts zeigt an „Ich bin schon vergeben".

- Ein dezentes Baumwolldirndl kann mit einer schönen Seidenschürze „aufgepeppt" werden – für den Fall, dass man auf eine Trachtenhochzeit eingeladen ist und kein Festtagsdirndl kaufen möchte.

- Kirtage, Oktoberfeste und schicke Events verleiten oft zu besonders „kunstvollen" Dirndln mit Reißverschluss, Glitzer oder Pailletten sowie zu kurzen Rocksäumen. Es lohnt sich, beim Gastgeber nachzufragen, wie genau der Dresscode zu verstehen ist, um nicht negativ aufzufallen.

Dresscode Business

„Die *Mode* ist vielleicht *keine* *Waffe* der Frau, aber sie *liefert* *ihr* wenigstens die *Munition.*"

Brigitte Bardot

Kostüm: Madeleine / Bluse: Gloriette

Es gibt wohl kaum ein Frauenbild, das im Laufe der letzten Jahrzehnte einem so großen Wandel unterworfen war wie jenes der arbeitenden Frau. Bis Mitte des 20. Jahrhunderts war sie vor allem für die internen Belange der Familie wie Ernährung, den reibungslosen Ablauf des Haushaltes und die Kindererziehung verantwortlich – der Job war, wenn überhaupt, deklarierte Nebensache. In der heutigen Gesellschaft ist die Frau dem Mann offiziell gleichrangig. Sie sorgt genauso wie er sowohl für die finanzielle Sicherheit als auch für das leibliche Wohl der Familie. Die Hausarbeit wird meist zusätzlich und nebenbei erledigt.

Doch Frauen, die beruflich ihren „Mann stehen", müssen sich nicht unbedingt auch maskulin kleiden. „Die selbstsichere Frau verwischt nicht den Unterschied zwischen Mann und Frau – sie betont ihn", sprach schon Coco Chanel. Doch leider ist es noch immer ein weitverbreiteter Irrglaube, dass sich beruflicher Erfolg nur dann einstellt, wenn sich die Frau den Regeln der Männerwelt anpasst und sich charakterlich wie auch äußerlich maskulin präsentiert. Dabei passiert das genaue Gegenteil. Sie wirft ihre weiblichen Waffen über Bord und wird sich trotzdem die männlichen Stärken nie gänzlich aneignen können. Es gilt also, einen klugen Mittelweg zu finden. Die moderne Geschäftsfrau zeigt sich klassisch gekleidet, aber feminin und je nach Position und Anlass mehr oder weniger sexy. Es ist kein Geheimnis, dass Männer eine hübsch angezogene Dame zur Geschäftspartnerin bevorzugen, als eine maskulin gekleidete Frau. Kritik an einem betont femininen Erscheinungsbild im Berufsalltag wird vermutlich eher aus den eigenen Reihen zu erwarten sein.

Material & Verarbeitung

Wer im Business-Alltag eine gute Figur machen will, setzt auf Qualität. Es gibt eine Fülle von Materialien, die sich ideal für den Business-Look eignen: Von Baumwoll-Stretch für Blusen und Kleider, die nicht verknittern und sehr bequem sind, über atmungsaktive oder klimaausgleichende Hightech-Stoffe für Kostüme, Hosenanzüge und Jacken bis hin zu bequemen Strick- und Jerseyteilen, die auch jede Geschäftsreise problemlos überstehen, bleiben keine Wünsche offen. Es zählen die Hochwertigkeit der Materialien und die Passform. Ob Konfektionsware oder Maßarbeit gewählt wird, hängt letztlich vom jeweiligen Budget beziehungsweise der Figur ab. Eine gute Änderungsschneiderin kann zumeist auch Konfektionskostüme und Hosenanzüge so adaptieren, dass sie gut passen. Perfekt sitzende Kleidung ist in jedem Fall ein absolutes Must. Am falschen Platz gespart, bedeutet, sich einen klaren Nachteil zu „erwirtschaften".

Schnitte & Dresscode

Kleidung ist ein Mittel zur Kommunikation – wer sich dieser Tatsache bewusst ist und sich danach richtet, kann dieses Potenzial im Job positiv nützen. Das oberste Gebot muss immer die Gepflegtheit von Kopf bis Fuß sein – sie beginnt bei einem korrekten Haarschnitt und endet bei geputzten, hochwertigen Schuhen. Eigenschaften wie Überzeugungskraft, fachliche Kompetenz und Professionalität sowie Strategien und Verhandlungstaktiken können durch ein wirkungsvolles Business-Outfit maßgeblich unterstützt werden. Die Kleidung ist sozusagen die „optische Visitenkarte" einer erfolgreichen Geschäftsfrau.

Es ist unmöglich, den Business-Look zu generalisieren, denn je nach Position und Art der Arbeit eröffnen sich unterschiedliche Anforderungen und Möglichkeiten. So kann sich eine Frau, die einen kreativen Beruf, beispielsweise in der Mode- oder Werbebranche, ausübt, sicher extravaganter kleiden als eine Frau, die in einer Bank angestellt ist oder für einen Hightech-Konzern arbeitet. Doch abgesehen von diversen Jobvorschriften ist ein klassischer Modestil, der je nach Typ, Position und Anlass mehr oder weniger trendy ist, für fast alle täglichen Anforderungen bestens geeignet. Trendy bedeutet jedoch nicht, den Look täglich neu zu erfinden, sondern vielmehr am Puls der Zeit zu sein und dabei dem eigenen Stil treu zu bleiben. Dies kann insbesondere beim Business-Outfit über Accessoires und Details kommuniziert werden.

Dresscodes im Detail

Neben dem allgemein gewählten Stil gibt es eine Reihe verschiedener Details, die den korrekten Business-Dresscode bestimmen, beispielsweise das Dekolleté. Die Tiefe des Ausschnittes darf im Büro niemals gewagt sein, und für das Gegenüber sollte immer sichtbar sein, dass unter der Jacke ein Oberteil getragen wird. Berücksichtigt man diese wichtigen Stilregeln, sind, vom jeweiligen Business-Anlass abhängig, zahlreiche Ausschnittvariationen möglich.

Der Rock darf niemals mehr als eine Handbreite oberhalb des Knies enden. Allerdings sind graduelle Abweichungen bei entsprechender Figur und Position sowie entsprechendem Alter möglich, sofern aktuelle Modetrends auf Minilängen setzen. Midi als Bleistiftrock ist perfekt, extravagante oder ausgestellte Modelle in dieser Länge sind nur bedingt businesstauglich, Knöchel- und Maxi-Längen gehören nicht in den alltäglichen Business-Look.

Bei den Schuhen bleibt es jeder Frau selbst überlassen, welche Absatzhöhe sie sich zumuten will. Die Schuhe sollten aber im Stil auf das Gewand abgestimmt sein. So passen zu Kostümen eher zierliche Modelle, die zumeist auch einen kleinen Absatz haben, zum Hosenanzug lassen sich sowohl feminine als auch maskuline Modelle kombinieren. Manchmal ist es angenehmer und durchaus möglich, für den Weg zur Arbeit einen bequemeren Schuh zu wählen und diesen dann vor Ort zu wechseln – sofern kein offensichtlicher Stilbruch begangen wird, weil beispielsweise ein Mantel das elegante Kostüm überdeckt. Ein zum Teil auch durch Mantel verdecktes Kostüm, zu dem Sneakers getragen werden, lässt auf mangelnde Klasse schließen.

Die klassischen Business-Accessoires, Akten- beziehungsweise Laptoptasche, Agenda, Uhr, Mobiltelefon und ein hochwertiger Kugelschreiber – oder noch besser eine Füllfeder – sind ein schöner Blickfang. Statt einer Aktentasche sind mittlerweile auch sehr große Handtaschen zulässig, sofern sie hochwertiger Qualität sind. Diese Taschenmodelle weisen oft praktische Features mit speziellen gepolsterten Fächern für Notebooks, Visitenkarten und Schreibgeräte auf. Viele internationale Designerlabels bieten auch Tagesplaner an, die im Idealfall zur Handtasche passen. Wahlweise können alle Utensilien in einer Tasche untergebracht oder zusätzlich auch noch eine Handtasche, die mit der Business-Bag optisch harmonieren sollte, getragen werden. Manche kleine Kuverttaschen lassen sich auch in der Business-Bag verstauen und können bei Bedarf herausgeholt werden, um beispielsweise Visitenkarten, Notizblock und Mobiltelefon adäquat zu benutzen. Eine gute Qualität ist bei allen Accessoires die Voraussetzung für einen professionell wirkenden Business-Look.

Business- / Geschäftskleidung

Kostüm, Jackenkleid und der Hosenanzug sind das klassische Business-Outfit des gehobenen Managements. Einfarbig oder mit einem dezenten Muster werden sie zu klassischen weißen oder hellpastellfarbenen Blusen getragen, wahlweise auch mit dezenten Streifen. Je höher die Position ist, umso gedeckter sollten die Farben des Outfits ausfallen. Außer zu sehr förmlichen Anlässen sind auch Lang- oder Kurzarm-Tops erlaubt, ein absolutes No-go sind Trägertops. Für einen gelungenen Auftritt im Berufsleben kann frau neben Kostümen auch einen klassischen Hosenanzug tragen. Die Hose ist meist gerade geschnitten und kann zudem mit einer Bügelfalte versehen sein. Bei Hosen muss unbedingt auf die Saumlänge geachtet werden, da diese sich je nach Absatzhöhe ändert. Ebenso dezent wie der Gesamtauftritt sollte sich auch der Schmuck präsentieren. Ob Echt- oder hochwertiger Modeschmuck gewählt wird, bleibt jeder Frau selbst überlassen. Ab einer gewissen Position sind jedoch hochwertige Uhren von Vorteil – Männer haben einen Blick dafür.

Business casual / Bürokleidung / Casual Friday

Diese etwas gemäßigtere Form der Geschäftskleidung ist für den Büroalltag gedacht, wenn keine wichtigen Meetings oder Kundentermine anfallen – und sie kann auf verschiedenste Art und Weise interpretiert werden. Die Trägerin kann die Jacke des Kostüms oder Hosenanzuges problemlos durch ein Twinset, eine Weste oder im Sommer durch Poloshirts oder Tops aus Jersey ersetzen, sofern sie keine Spaghettiträger aufweisen. Für Kombinationen aus Ober- und Unterteilen in verschiedenen Farben und Materialien braucht man ein gutes Einfühlungsvermögen. Auch bezüglich der Rocklänge gibt es keinen Knigge mehr. Sie sollte sich allerdings immer in einem gemäßigten Verhältnis zu den hochmodischen Designervorschlägen bewegen. Das Business-Styling als raffinierte Ausführung des sportlichen Looks mit besonderer Betonung der persönlichen Stärken ist immer und überall passend. Echte Sportkleidung sollte aber der Freizeit vorbehalten bleiben. Die Farben können mit der Trendpalette der Saison ident sein. Klassische Schattierungen lassen sich aber besser variieren und sind zeitloser. Das Gleiche gilt für die Schnitte: Je modischer ein Outfit ist, desto kürzer ist der Zeitraum, in dem es getragen werden kann. Da aber eine Geschäftsfrau im hochmodischen Stil des Vorjahres im Kennerumfeld sofort an Glaubwürdigkeit und damit an Autorität einbüßt, ist es ratsam, klassische Schnitte und Farben nur durch modische, leicht auswechselbare Accessoires aufzuwerten.

Dresscode Summer

In Europa verlangt der konservative Dresscode auch bei größter Hitze das Tragen von klassischen Kleidern, Kostümen oder Hosenanzügen samt Strümpfen. Bei informellen Anlässen wird mittlerweile der Verzicht auf Strümpfe teilweise akzeptiert. Voraussetzung dafür sind top gepflegte, glatt rasierte Beine. Um im Sommer nicht allzu sehr ins Schwitzen zu geraten, ist die richtige Materialwahl entscheidend – wie etwa spezielle, feine Baumwollqualitäten oder sommerliche Cool Wool. Im Sommer dürfen offiziell auch keine Sandalen getragen werden. Doch auch hier weicht der gelebte Dresscode vom traditionellen Styling-Knigge ab. Inwieweit das zulässig ist, richtet sich nach der jeweiligen Branche, Stellung und Gepflogenheit.

Business-Make-up

Das Bild der Geschäftsfrau, die sich im Job ihre ganze Weiblichkeit abgeschminkt hat, ist passé und auch echte Powerladies setzen heute auf Erfolgs-Make-up. Doch Zeit ist Geld. Kaum eine Managerin ist gewillt, allmorgendlich stundenlange Schminkprozeduren zu durchlaufen, um in adretter Maquillage am Arbeitsplatz zu erscheinen. Laut Statistik beträgt ihr durchschnittliches Zeitinvestment für perfektes Aussehen morgens etwa 10 Minuten. Wimperntusche, Lippenstift und ein ebenmäßiger matter Teint gehören zu den Grundanforderungen des korrekten Erscheinungsbildes im Berufsleben.
Multifunktional, unkompliziert, strapazierfähig, lang anhaltend, dezent – die Anforderungen an das Make-up sind groß. Kussechte Lippenstifte sowie wasserfester Eyeliner und Mascara verhindern, dass das Make-up verwischt. Schnell trocknende Lacke schützen den Nagellack und lassen die Farben länger leuchten. Für einen Frischekick zwischendurch sorgen Mineralwasser-Sprays oder Erfrischungssprays. Praktisch und unkompliziert sind „All in One"-Produkte, die gleichermaßen für Lippen, Augen und Wangen verwendet werden. Powder Pads sorgen für einen perfekt retuschierten, matten Teint. Besonders wichtig ist die Dosierung des Make-ups: Es sollte die optischen Vorteile hervorstreichen und kleine Fehler kaschieren, ohne wirklich „geschminkt" zu wirken. Der Trick dabei ist, Produkte mit leichten, transparenten Texturen zu verwenden und diese mit subtilen Licht- und Schatteneffekten statt mit harten Kontrasten aufzutragen.
Ideal für den Business-Look sind praktische, unkomplizierte Frisuren, die dem momentanen Zeitgeist entsprechen. So wie die Garderobe sollte die richtige Frisur in erster Linie dem Grundtyp entsprechen und etwas variabel sein. Bei der Haarlänge ist alles möglich, sofern der Schnitt exakt und das Haar gepflegt ist.

Tipps & Tricks

- Es ist Fingerspitzengefühl angesagt, wenn es um die ersten Tage in einem neuen Job geht. Jede Handlung, jeder Satz wird von Kollegen und Vorgesetzten unter die Lupe genommen. In puncto Kleidung ist man gut beraten, im Vorfeld gründlich zu recherchieren, welche Dresscodes in dieser Firma angesagt sind.

- Bei Unsicherheit bezüglich des üblichen Dresscodes einer Firma lohnt es sich, langjährige Mitarbeiterinnen oder auch erfolgreiche Vorgesetzte genau zu beobachten und sich an diesen Vorbildern zu orientieren.

- „Angemessen gekleidet" ist immer ein schwieriger Ratschlag, aber prinzipiell ist es ein guter Tipp, nicht in einer eleganteren und teureren Kleidung, als sie das Topmanagement des Unternehmens trägt, zu erscheinen, sofern man nicht selbst Teil davon ist.

- Vor Geschäftsterminen ist es ratsam, strategische Überlegungen über das vorteilhafteste Styling anzustellen. Hierbei sind – wenn nötig – auch Fauxpas wie beispielsweise das Aufkrempeln von Blusenärmeln erlaubt, um etwa einen lockeren Eindruck und größere Nähe zu vermitteln.

- Karriere-Tipp: Tragen Sie immer den Kleidungsstil, der mit der nächst höheren Position in Ihrem Unternehmen übereinstimmt. Bei einer etwaigen Neubesetzung entsprechen Sie bereits auch optisch der gewünschten Stellung.

- Bei der Wahl der Bekleidung sollten alle Eventualitäten, bei denen unfreiwillige, tiefe Einblicke gewährt werden könnten, bedacht werden – beispielsweise auf die Schenkel, wenn frau Teil einer Podiumsdiskussion ist, oder in das Dekolleté während einer Präsentation.

- Spaghettiträger-Tops – und sei es auch noch so warm – gehören nicht in eine klassische Business-Garderobe und sollten nur unter Jacken getragen werden.

- Provokative, verführerische Looks und extreme Farbkombinationen bei Kleidung, Haaren und Make-up gehören in den Privatbereich.

- Besonders bei Accessoires sollte auf Exklusivität geachtet werden. Edle Schreibgeräte und Taschen verleihen den letzten eleganten Schliff.

„Man soll die Feste feiern, *wie sie fallen!"*
– ein guter Vorsatz, *sofern man dabei*
richtig gekleidet *ist.*

Dresscode Evening

Seit jeher gab es in allen Kulturen eine spezielle Kleidung für festliche und rituelle Anlässe. Deren Ursprünge lassen sich bis in die Steinzeit zurückverfolgen und waren so wie die Mode einem stetigen Wandel unterzogen. Die passende Kleidung ist für den Gast bei feierlichen Anlässen ein unbedingtes Muss. Mitunter ist auf der Einladung der gewünschte Dresscode angegeben, denn so wird auf dieser Veranstaltung eine bestimmte Atmosphäre erzeugt. Allerdings kann die Einhaltung des beabsichtigten Dresscodes auch stillschweigend vorausgesetzt werden. Der Gast zeigt durch die passende Kleidung seine gesellschaftliche Kompetenz. Das Angebot für die Frau reicht vom Kleinen Schwarzen bis zur großen Ballrobe. Doch die korrekte Einhaltung der Dresscodes ist schwierig. Nicht nur deshalb, da viele Einladungen falsche oder mangelhafte Bekleidungsvorschriften indizieren, viele feine Details sind dem Laien gar nicht bekannt. So gibt es zwischen dem Kleinen Schwarzen, einem Cocktailkleid und dem kleinen Abendkleid ebenso Unterschiede wie zwischen dem langen, dem kleinen und dem großen Abendkleid. Auch sollte die Farbe der Robe dem Anlass entsprechen. Es versteht sich von selbst, dass beispielsweise bei Gedenkfeiern das getragene Modell die Farbe Schwarz oder eine dunkle Farbe aufweisen sollte. Bei sehr formellen Anlässen sind gedeckte Farben angebracht. Besonders bei aufwendig gestalteten

Kleidungsstücken prägt sich ein Bild im Kopf des Betrachters ein und es kann nicht bei jeder Veranstaltung der Saison getragen werden. Aus diesem Grund und um den Bezug zu aktuellen Modetrends nicht zu verlieren, benötigt man für feierliche Anlässe von Zeit zu Zeit ein neues Outfit. Die Berücksichtigung dieser Regeln verhilft zum perfekten Auftritt und somit zu einem gelungenen Abend.

Verarbeitung & Qualität

Damen, die aus beruflichen Gründen regelmäßig formelle Abendveranstaltungen besuchen, benötigen zumindest ein Cocktailkleid und ein langes Abendkleid. Maßarbeit lohnt sich, wenn es die Figur oder der Rang und der Namen der Trägerin verlangen, ansonsten bieten sich Konfektionsmodelle an, die in den verschiedensten Qualitäten und Preisen erhältlich sind. Da man sich insbesondere bei Festlichkeiten von seiner besten Seite präsentieren sollte, ist es wichtig, hochwertige und perfekt sitzende Modelle zu tragen.

Schnitte & Dresscodes

Über den genauen Dresscode von Anlasskleidung wird unter Experten leidenschaftlich gestritten, denn bei keiner Bekleidung gibt es so große Meinungsunterschiede. So wird die richtige Wahl der Kleidung zu einer Herausforderung. Wählt man das klassische „Kleine Schwarze" oder weiterentwickelte moderne Varianten? Im Zweifelsfall sollte besser ein konservativer Dresscode bevorzugt werden, um nicht negativ aufzufallen. Etwaige Styling-Fantasien sollten sich bei formalen Anlässen jedoch in Grenzen halten, denn allzu leicht wirken farbliche und schnitttechnische Extravaganzen kostümiert und peinlich anstatt modisch und innovativ. Die Schuhe, natürlich mit Absatz, müssen immer elegant und farblich zur Robe passend gewählt werden.

Erstaunlicherweise ermöglichen die rigiden Vorschriften für Festtagskleidung eine große Vielfalt an Varianten – wenn auch nur in Details. Schier unendliche Dekolletévarianten, Farben, Stoffe, Schnitte und Stile bei Abendkleidern und Roben erlauben nicht nur eine große Individualität, sondern auch perfekt zur Körpersilhouette passende Modelle. Elegante Stolen, Boleros, eventuell Abendhandschuhe, stilvoller Schmuck und eine Abendhandtasche komplettieren den Look. Ebenfalls wichtig sind Strümpfe, die laut klassischem Dresscode ebenso immer getragen werden sollten wie vorne geschlossene Abendschuhe. Für den Weg bis zum Ball ist, wenn aus klimatischen Gründen notwendig, ein bodenlanges Cape die stilvollste Lösung.

Cocktailkleid, Kleines Schwarzes & kurzes Abendkleid

© Peek & Cloppenburg

Im Gegensatz zum Kleinen Schwarzen, das auch untertags getragen werden kann, besticht das Cocktailkleid durch abendliche Stoffe und raffinierte Details, Stickereien, Applikationen wie Perlen, Pailletten & Co. Es sollte ebenso wie das namensgebende Getränk erst nach 17 Uhr getragen werden und hat farblich keine Einschränkungen. Gedeckte Nuancen wirken aber immer eleganter. Die Silhouette kann von körpernah und schlank über die A-Linie bis hin zu Schnitten im Petticoatstil reichen. Neben unzähligen Dekolletéformen kann es auch eine aufgearbeitete Korsage haben und trägerlos sein. Je nach aktueller Mode und Figur variiert die Länge von gemäßigtem Mini über knielang bis hin zu maximal wadenlang. Die richtige Saumlänge richtet sich nach Alter und Anlass. Die sogenannte Chanellänge (knapp unterhalb des Knies) ist immer passend. Ein kurzes Abendkleid ist im Gegensatz zum Cocktailkleid ein „Tanzkleid" und hat immer einen schwingenden Rock. Zudem ist es generell etwas aufwendiger und luxuriöser als das Cocktailkleid. Das „Kleine Schwarze" ist als Ersatz akzeptiert, sollte dann aber mit abendlichem Schmuck kombiniert werden.

Das lange, kleine & große Abendkleid

© www.mytheresa.com

Das lange Abendkleid besticht durch seine schmale Silhouette. Neben abendlichen Stoffen wie Satin, Taft oder Organza zeichnet sich das lange Abendkleid auch durch hochwertige Details wie Spitzen, Pailletten, Stickereien oder aufgearbeitete Korsagen aus. Unter einem kleinen Abendkleid versteht man ein eher schlichteres Modell. Beim großen Abendkleid verschwimmen die Grenzen zur Ballrobe – es darf auch ein weiter, leicht schwingender Rockteil, beispielsweise mit Godetfalten, sowie eine etwas aufwendigere Gestaltung beim Schnitt sowie bei den Details sein. In jedem Fall sind alle beschriebenen Modelle bodenlang – einzige Ausnahme: Kleidet sich der Begleiter laut Einladung in einem dunklen Abendanzug, ist eine Kleiderlänge des kleines Abendkleides bis zum Knöchel gerade noch akzeptabel.

Kleine & große Ballrobe

© Monsoon

Nach althergebrachtem Dresscode differenziert sich die kleine Ballrobe einzig durch einen kleinen Ausschnitt vom großen Abendkleid, das im Gegensatz dazu ein großes Dekolleté aufweist. Für beide Versionen ist ein schwingender Rockteil und Bodenlänge zwingender Dresscode. Abgesehen davon sind die Bezeichnungen und die Übergänge zwischen kleinem Abendkleid, langem Abendkleid sowie kleiner und großer Ballrobe heutzutage fließend. Glänzende Seiden wie Satin oder Duchesse, als Alternative Crépe Marocain, Tüll- oder Ätzspitzen sowie Perlen-Applikationen geben der Ballrobe die nötige Eleganz. Obwohl gerne Schwarz gewählt wird, passen auch andere elegante Farben – solange sie den Teint der Trägerin unterstützen. Die einzige Ausnahme ist Weiß, das Debütantinnen vorbehalten ist. Eine schmale Taille sollte betont werden. Eine geringe Körpergröße kann durch Bahnenschnitte verlängert werden. Quer verlaufende Volants sind in diesem Fall zu vermeiden. Kleiderschnitte sowie Korsagen ergeben mit weiten Röcken geschickt kombiniert ein gelungenes Gesamtbild.

Festtagstracht

© Neckermann

Ein Dirndl zählt zu den weiblichsten Kleidungsstücken einer Frau. Meist großzügige Ausschnitte, schmale Taille und weitfallender Kittel sind typisch und unumgänglich. Die Schultern können zusätzlich durch gepuffte Dirndlblusenärmel betont werden. Festtrachten verlangen nach Seide und Samt. Die Vielfalt der Trachten ergibt sich auch aus den unterschiedlichen Materialien, wie Taft, Jacquard, Brokat, Seide oder Wolle-Seide-Mischungen, sowie verschiedensten Mustern. Nur bei Originaltrachten sind die Farben fix vorgegeben. Moderne Abwandlungen sind nur dann möglich, wenn sie festlich und abendlich sind. Auch wenn ein Dirndl nicht unbedingt der Mode unterliegt, so variiert die Saumlänge leicht je nach aktuellen Trends. War in den letzten Jahren knöchellang beliebt, hat sich seit 2010 daneben auch wieder kniekurz etabliert – diese Länge ist jedoch nicht bei allen Veranstaltungen erlaubt. Auch bei der Tracht gilt: Je länger, desto eleganter – bodenlange oder zumindest knöchellange Dirndl sind für besonders exklusive Anlässe am geeignetsten.

Das Abendkostüm & der Damensmoking

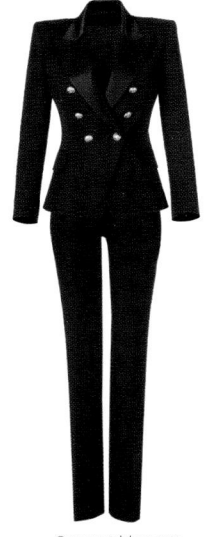

© www.stylebop.com

Bei formellen Anlassen, die für den weiblichen Gast laut Einladung keine bodenlange Robe zwingend vorschreiben, ist der Griff zum eleganten Abendkostüm, Jackenkleid oder Damensmoking passend. Meist aus luxuriösen, oftmals auch schimmernden Satinstoffen gefertigt, sind diese zweiteiligen Ensembles eine gute Alternative zum Kleinen Schwarzen oder Cocktailkleid – bei festlichen Events ist jedoch ein Kostüm kein passender Ersatz. Bei dem von Yves Saint Laurent 1966 erstmals lancierten Damensmoking gelten „fast" die gleichen Regeln wie bei einem Herrensmoking. Strenge Hemdkragen werden jedoch oft durch das Jabot (Rüschenkragen) ersetzt oder statt einer Krawatte oder Fliege wird eine Seidenschleife gebunden. Schnitt und Form werden dem weiblichen Körper angepasst.

Abendjacke, Bolero & Cape

© Madeleine

Feminine Abendkleidung findet in der passenden Abendjacke die perfekte Ergänzung und bekommt durch sie einen formellen Touch. Die Abendjacke ist ebenso wie die feminine Alternative, der taillenkurze Bolero, dessen Ärmellängen von kurz über halblang bis zu lang reichen können, aus festlichen Materialien wie Satin, Seide oder Samt gefertigt und oft mit edlen Applikationen wie Stickereien oder Pailletten versehen. Das Cape ist ein weit geschnittener, ärmelloser Umhang, der verschiedenste Saumlängen haben kann. Bodenlang ist das Cape eine besonders stilvolle Ergänzung zur Ballrobe.

Die Stola

© Otto

Die Stola ist eine breite „Stoffbahn", die als Umhang getragen wird. Als Abendaccessoire aus edlen Stoffen und manchmal sogar aus Pelz gefertigt, sollte sie perfekt auf das festliche Kleid abgestimmt sein. Oft ist sie aus demselben Material wie das Cocktail- oder Abendkleid geschneidert und mit wertvollen Stickereien oder Applikationen versehen.

Die Abendhandtasche

© Picard_Piazza

Die Tasche für den Abend ist klein, elegant und im Stil perfekt auf die Robe abgestimmt. Aus edlem Material ist die kleine Tasche die Vollendung des Gesamtbildes.

Die Abendschuhe

© Armani

Der Schuh für den Abend ist elegant, passend zur Abendgarderobe und unterstreicht das modische Gesamtkunstwerk. Form, Farbe, Absatzhöhe und Verzierungen sind vom persönlichen Geschmack sowie der Veranstaltung abhängig. Slingpumps, Peep-Toes und Sandalen sind die beliebtesten Modelle, wobei auf sehr festlichen Anlässen wie etwa auf Bällen die Schuhe laut Styling-Knigge vorne geschlossen sein sollen.

Die Abendhandschuhe

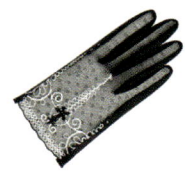
© Roeckl

Entweder kurz, halblang oder lang werden Abendhandschuhe zumeist aus Satin oder Spitze gearbeitet und komplettieren die Erscheinung im langen Abendkleid oder im Ballkleid. Besonders elegant wirken lange Modelle in Kombination mit schulterfreien Kleidern.

Dessous & Strümpfe

© Calvin Klein

Die Wahl der richtigen Unterwäsche, vor allem des perfekt sitzenden BHs, ist für einen gelungenen Auftritt unverzichtbar. Raffinierte Modelle adaptieren sich jedem Ausschnitt und sind eine „unsichtbare" Stütze, die Vorzüge ins richtige Licht rückt und kleine Makel kaschiert. Zur Abendgarderobe werden oft keine Strümpfe getragen, obwohl dies der Dresscode zumeist vorschreibt. Als „gelebte Tradition" ignoriert, sollte aber bei formellen Anlässen keinesfalls darauf verzichtet werden.

Der Schmuck

© Autore

Der Ausschnitt des Kleides wird mit dem passenden Collier wirkungsvoll inszeniert. Ringe, Armreifen oder eine elegante Uhr komplettieren den eleganten Look perfekt. Dabei sollte entweder Echtschmuck, besonders prächtiger Mode- oder edler Vintageschmuck zum Einsatz kommen. Wichtig ist vor allem die hochwertige Optik und nicht der tatsächliche Wert.

Die Uhr

© Jaeger-LeCoultre

Nach strengen Dresscoderegeln sind bei sehr eleganten Anlässen nur Schmuckuhren erlaubt, am besten Modelle mit versteckten Ziffernblatt, die auf den ersten Blick nicht als Zeitmesser erkennbar sind. Diese kleinen, zarten, eleganten Uhren sollten aber zumindest einen abendlichen Look haben und mit Steinen – egal ob echt oder falsch – geschmückt sein. Im Falle von Handschuhen wird die Uhr darüber getragen.

Hüte & Haarschmuck

© Parfümerie FILZ

Untertags sind bei formellen Anlässen Hüte eine stilvolle Komplettierung des Looks, abends sind vor allem Haar-Accessoires und Haarschmuck mit Federn, Strass, Tüll oder funkelnden Kristallen gefragt. Auch Gestecke auf Haarreifen oder Tiaras (Diademe) sind eine Möglichkeit, Dekoratives am Kopf zu platzieren. Damit beim Tanzen nichts verrutscht, werden sie mit Haarkämmen befestigt oder mit langen Bändern im Nacken zusammengebunden.

Make-up & Frisur

© Guerlain

Abend-Make-up sollte eine perfekte Inszenierung bis ins kleinste Detail sein. Glamourös, ausdrucksstark, subtil schimmernd und raffiniert können das Augen Make-up oder aber die Lippen im Fokus der Aufmerksamkeit stehen. Nur in Ausnahmefällen und bei sehr extravaganten Persönlichkeiten sehen stark geschminkte Augen und Lippen toll aus. Irisierende Körperpuder können auf Dekolleté, Schultern oder Armen für zusätzliche schimmernde Highlights sorgen. Auch die Frisur sollte perfekt sitzen und sich vom Alltagslook abheben. Kurzhaarfrisuren lassen sich durch Glanzgele und Haarschmuck festlich „aufpeppen."

„Eleganz heißt nicht, ins
Auge zu fallen, sondern im
Gedächtnis zu bleiben."
Giorgio Armani

Dresscode-Dechiffrierung

Festliche Kleidung, Abendkleidung, Formal, Semi formal, Informal – wenn auf der Einladung nicht die erwünschte Kleidung namentlich genannt wird, ist der Interpretationsspielraum so groß, dass Fauxpas ohne Rücksprache mit dem Gastgeber kaum vermeidbar sind.

Wenig hilfreich sind auch die spärlichen Nachschlagewerke, die einmal bei Formal sowie Semi formal Frack beziehungsweise Smoking einfordern und somit oft offenlassen, ob die Dame nun in der großen Ballrobe, im langen Abendkleid oder zum Smoking ein kurzes Abendkleid tragen soll. Ein anderes Mal wird in einem Styling-Knigge-Buch unter Business-Kleidung Bürokleidung propagiert. Schwierig ist auch der Dresscode „Come as you are". Unbedarfte verstehen darunter die Aufforderung zu freier Stilwahl, entsprechend der eigenen Lust, Laune oder Persönlichkeit. Tatsächlich ist damit gemeint, dass man direkt nach dem Büro zu dieser „After Work"-Veranstaltung kommen kann, ohne vorher eine festliche Garderobe anzulegen. Ein weiteres häufiges Paradoxon: Zwar ist der auf der Einladung geforderte Dresscode genau definiert, trotzdem ist schon von vornherein klar, dass dieser ignoriert werden wird. So ist beispielsweise auf einer Einladung festliche Abendkleidung erwünscht, neben einzelnen langen Abendkleidern werden jedoch mit großer Wahrscheinlichkeit auch Business-Kostüme, sportliche Kombinationen, ja sogar Jeans und Turnschuhe gesichtet werden können. Und schließlich liegt das Problem auch im Detail. Auch wenn der strikte Dresscode auf Bällen Strümpfe und vorne geschlossene Schuhe einfordert, so gehen doch die meisten Damen „ohne", aber dafür mit Sandalen. Ob dies mit Absicht und als Kompromiss für den eigenen Komfort oder aus purer Unwissenheit geschieht, spielt keine Rolle. Tatsache ist, dass der „gelebte Dresscode" die Tradition ignoriert. Darüber hinaus sind bei vielen Einladungen ausschließlich die Herren-Dresscodes angegeben – da Damen einen etwas größeren Spielraum betreffend passender Kleidung haben, was das Ganze aber zusätzlich verkompliziert. Hier ist guter Rat teuer. Bei privaten Veranstaltungen dient die Kleiderwahl der Gastgeber als Orientierung, ansonsten gilt es, den goldenen Mittelweg zu finden oder trotzdem dem eingeforderten Dresscode nachzukommen und großzügig die Fauxpas der anderen zu übersehen. Folgende Empfehlungen sind daher unverbindlich und nur als Inspiration zu verstehen und gelten, wenn der Damen-Dresscode nicht explizit definiert ist. Im Zweifelsfall sollte besser mit dem Veranstalter Rücksprache gehalten werden.

Veranstaltungsart	Einladung: Dresscode	Kleidung
Offizielle, sehr festliche Abendveranstaltung Hochzeit Ball Staatsempfang Pferderennen	**Formal* bis 18 Uhr:** **Full formal Dress** **Cutaway / Cut /** **Morning Suit** (engl.) **Jaquette** (franz.) **Full formal*** (Bezeichnung für eine offizielle / staatliche Veranstaltung oder wenn eine hohe politische Person einlädt oder anwesend ist (Staatsempfang, Events in Botschaften, etc.)) **Formal* ab 18 Uhr:** **Großer Gesellschaftsanzug / Frack** **Full evening dress/** **White tie** (engl.) **Cravate blanche** (franz.)	Bis 18 Uhr: festliches Kleid oder Kostüm **Bei Staatsempfängen:** Orden, die mit einer Schleife an der Brust fixiert werden **Bei königlichen Empfängen:** Verheiratete Damen tragen eine Tiara. **Bei Pferderennen:** elegante, aufwendige Hüte, Handschuhe **Fauxpas:** Business-Kostüm / Anzug Ab 18 Uhr: langes Abendkleid, Ballkleid, traditionelle Festtracht **Abendkleider sind in zwei Längen möglich:** Ballerina – reicht bis zum Knöchel / Full Length – reicht bis zum Boden **Accessoires:** Couture- oder Vintageschmuck, Schuhe passend zum Kleid in Material und Farbe, Clutch, Abendtasche **Fauxpas:** Business-Kostüm / Anzug

Veranstaltungsart	Einladung: Dresscode	Kleidung
Offizielle, festliche Tages- bzw. Abendveranstaltung Hochzeit Ball Festlicher Empfang Festliche Business-Veranstaltung	**Semi formal *** **Festliche Kleidung/** **Festliche Abendkleidung** **Semi formal Dress** (engl.) **Dunkler Anzug /** Dark Suit / Lounge Suit (engl.) Tenue foncée (franz.) **Gesellschaftsanzug** **Smoking** **Black tie / Tuxedo** (engl. / USA) **Cravate noire** (franz.)	Kleines Schwarzes, Cocktailkleid, kurzes oder langes Abendkleid, traditionelle Festtracht **Länge des Kleides:** variiert von über dem Knie bis hin zu 15 cm über dem Knöchel (Tea Length) **Gefragtes Material:** Seide, Satin und Chiffon **Pferderennen /** **Hochzeitsempfänge:** Hüte – simpler als für Formal **Accessoires:** Couture- oder Vintageschmuck, Schuhe passend zum Kleid in Material und Farbe, Clutch, Abendtasche **Fauxpas:** Business-Kostüm / Anzug
Frühabendliche bzw. abendliche elegante Veranstaltung Cocktailparty Empfang Theater-/ Opern-Premiere Hochzeit	**Cocktail*** **Cocktail Dress** (engl.) **Cocktail Robe** (franz.) **Lounge Suit***	Cocktailkleid, Business-Anzug, **Länge des Kleides:** variiert von maximal 10 cm oberhalb des Knies bis hin zu 15 cm über dem Knöchel (Tea Length) **Gefragtes Material:** Seide, Satin und Chiffon **Bei Hochzeiten:** insbesondere helle Töne; Schwarz und die Farbe des Brautkleides sind tabu. **Accessoires:** Hut / Schal / Stola / Pashmina / Clutch / Henkeltasche; der Schmuck sollte dezenter als bei Formal oder Semi formal sein. **Fauxpas:** Bürokleidung
Business-Veranstaltung Business-Meetings der Führungsebene Formelle Business-Veranstaltungen	**Business*** **Business Attire*** **Business Suit** (engl.) **Tenue de Ville** (franz.)	Business-Kostüm / Anzug – am besten in Schwarz, Grau, oder Dunkelblau –, Bluse in offiziellen Farben **Fauxpas:** Büro- und Freizeitkleidung

Veranstaltungsart	Einladung: Dresscode	Kleidung
Modische Veranstaltung Vernissagen Lifestyle-Events Partys	**Fashionable**	Fashionable, also dem Modetrend entsprechend Trendige Accessoires Auch der Veranstaltung angepasst **Fauxpas:** langes Abendkleid
After Work- Veranstaltungen Verschiedenste Events – modisch bis casual	**Come as you are**	Business-Kostüm / Anzug, legere Blusen **Fauxpas:** Freizeitkleidung, Abendgarderobe
Informelle Business- oder Abendveranstaltungen (Casual, aber mit offiziellem Charakter / oft im Freizeit-Bereich – z. B. Golfplatz)	**Smart casual *** **Business casual*** **Informal** (franz.)	Bürokleidung, gehobene Freizeitkleidung, Blazer, eventuell flaches Schuhwerk, schöne gepflegte Stiefel **Fauxpas:** Jeans, Shorts, T-Shirt & Sneakers
Sportliche Veranstaltungen / Events mit Freizeitcharakter	**Casual*** **Tenue décontractée** (franz.)	Gehobene Freizeitkleidung, Blazer, eventuell flaches Schuhwerk, schöne gepflegte Stiefel **Fauxpas:** Festkleidung
Sportliche Freizeitveranstaltungen oder legerere Events mit Freizeitcharakter	**Private casual*** **Informal ***	**Kein Dresscode** **Fauxpas:** Festkleidung
Ländliche Veranstaltungen Hochzeit Ball Ländliche Festveranstaltung	**Tracht**	Je nach Eleganz der Veranstaltung Tracht, Originaltracht oder Festtracht **Accessoires:** der Tracht angepasst **Fauxpas:** „normale" Kleidung, Alltagstracht bei Ballveranstaltungen oder feierlichen Abendfesten
	Originaltracht	Landesübliche Originaltracht / Uniform Fauxpas: „normale" Kleidung, Fantasietracht

* Dresscode-Bezeichnungen in Abstimmung / mit Empfehlung von internationalen Organisationen sowie diplomatischem Korps.

Tipps & Tricks

- Die durchschnittliche Ballbesucherin kann ein Kleid ohne Weiteres länger tragen – zudem gibt es auch die Möglichkeit, es durch kleine Änderungen immer etwas zu „modernisieren". Bei bestimmten beruflichen Positionen kann es aber durchaus strategisch wichtig sein, die Ballroben öfter zu wechseln.

- Da Dresscodes mancherorts unterschiedlich ausgelegt werden, lohnt es sich, beim Veranstalter des Events rechtzeitig nachzufragen, wie der Dresscode genau zu verstehen ist.

- Mindestens eine Woche vor dem Event sollte Abendkleid oder Ballrobe probiert werden – so können Passformfehler beziehungsweise modische Adaptierungen der Abendgarderobe noch rechtzeitig von einer Änderungsschneiderei korrigiert werden.

- Die schönsten Abend- und Ballkleider sind schnell verkauft und gute Schneider haben lange Wartelisten. Die Anschaffung einer etwaigen neuen Abendgarderobe sollte unbedingt zeitgerecht in Angriff genommen werden – zumindest 8 Wochen davor. Bereits zu Beginn der Ballsaison sind die Bestände schon knapp!

- Ein absolutes No-go sind Straßenschuhe und Tagestaschen zur Abendkleidung.

- Bei einer Hochzeit dürfen die Gäste niemals einen formelleren Dresscode tragen als die Braut – beispielsweise ein langes Abendkleid, wenn die Braut kurz trägt. Auch die Farben des Brautkleides sowie Schwarz sind tabu.

- In Kirchen sind Strümpfe und durch Jacke oder zumindest eine Stola bedeckte Schulter Teil des korrekten Dresscodes. Jackenkleid und Kostüm oder Hosenanzug sind üblich. Zwar keine Pflicht, aber eine stilistisch positiv verwertete Kür – das Tragen eines Hutes.

- Trägt der Partner oder Galan einen Frack, muss das Abendkleid unbedingt lang sein. Zu einem Smoking steht ein großes oder ein kleines Abendkleid zur Auswahl.

Stilpersönlich-
keiten

Die Zeit des absoluten Modediktats ist längst vorbei. Individualismus und Persönlichkeit prägen das Modeempfinden der heutigen Zeit. In dieser Vielfalt wird aber auch die Stilorientierung immer schwieriger. In jeder Saison findet man die klassischen Looks – von romantisch über erotisch bis hin zu sportlich – in den verschiedensten Varianten. Die jeweilige Aktualität dieser Stile ergibt sich vor allem über Farbnuancen, Prints und Schnitte, die in jeder Saison leicht variieren und von wenigen Kultdesignern geprägt sind.

Die sogenannten „Key Items", also Schlüsselreize, die die einzelnen Looks definieren, bleiben jedoch abseits gegenwärtiger Modeströmungen immer gleich. Wer seine modische Persönlichkeitspalette einmal gefunden hat, kann mit geschicktem Styling leicht up to date sein. Wie aber findet „frau" ihre Stilpersönlichkeit? So wie Schauspieler in die verschiedensten Rollen schlüpfen können und doch immer ihre ureigenste Persönlichkeit durchstrahlt, so können auch Frauen nach Lust oder Bedarf verschiedene Charaktere verkörpern und dabei sie selbst bleiben. Mit dem richtigen Know-how und dem passenden Styling ist die Verwandlung schnell vollbracht. Natürlich kann kaum eine Frau glaubhaft in jede andere Rolle schlüpfen. Je nach Grundtyp, Alter und Charakter steht jeder Frau ein verschieden großes Repertoire zur Verfügung.

Allerdings ist beim Experimentieren mit neuen Stilpersönlichkeiten eine schrittweise Annäherung zu empfehlen. Stilbrüche sollten vermieden werden, da sie nur bei extravaganten Persönlichkeiten, die souverän mit ihren Stylings spielen, gut aussehen. Sinnvoll ist es, den gewünschten Look anfangs über die geeigneten Accessoires zu betonen und dazu ein relativ neutrales Outfit zu tragen. Denn während ein schlichtes Kleid eher durch eine pfiffige Tasche, extravaganten Schmuck und außergewöhnliche Schuhe „aufgepeppt" werden kann, sieht an einem exzentrischen Kleid eine Allerweltstasche deplatziert aus. Im Idealfall ist jedes Detail auf den jeweiligen Look genauestens abgestimmt. Das gilt sowohl für die Kleidung als auch für Accessoires, Schuhe, Taschen, Make-up und das Parfüm – wobei der aktuelle Modegrad verschieden stark betont werden kann.

© Michael Danler

Ich bin viele

„*Eine* **Frau** *ist*
niemals dieselbe
in verschiedenen Kleidern."
Karin Michaelis
dänische Schriftstellerin

Der passende Look ist eine Symbiose aus körperlicher Beschaffenheit und seelischen Eigenschaften. So entspricht das Wesen einer Frau mit trapezförmigem Körper, kräftigem Knochenbau und androgynen Gesichtszügen in der Regel auch psychologisch dem sportlichen, burschikosen Typ und nicht dem zarten, verletzbaren Sensibelchen. Doch diesem Frauentyp steht selbstverständlich nicht nur der sportliche Look gut. Die Stilrichtung umfasst üblicherweise auch den Androgynen-, den Country- und den Business-Look. Möglicherweise reicht die Persönlichkeitspalette sogar bis zum extravaganten, mystischen oder erotischen Stil. Und auch wenn ein romantisches Erscheinungsbild nicht zum Wesen dieses Frauentyps passt, so können Vertreterinnen doch Elemente daraus verwenden, wenn sie sich einmal femininer geben möchten. Statt Rüschen, Spitze oder Blümchenprints sind wahrscheinlich ein pastellfarbenes, schlichtes Kleid und zartes Make-up die richtige Dosis Romantik.

Darüber hinaus werden diese großteils auf den weiblichen Archetypen basierenden Frauenbilder durch zeitgeistliche Looks wie den Preppy Chic, Glamour Rock, den Boudoir-Stil oder den Bohemian-Look ergänzt. Diese Stile sind zumeist Mischformen der Archetypen und nur einige Saisonen gültig.

Die wichtigste Grundregel für richtiges Styling ist die der Persönlichkeit angepasste Dosierung der einzelnen Looks. Man sollte sich nicht verkleidet fühlen, sondern seine unterschiedlichen Wesenszüge optimal zur Geltung bringen können. Manchmal bedarf es einer schrittweisen Annäherung, bis man einen Look perfektioniert hat. Die Persönlichkeit muss sich erst auf das stilistische Neuland einstellen. Wer bisher nie versucht hat, den inneren Vamp auch nach außen zu verkörpern, wird sich in einer tief dekolletierten, schwarzen Robe und signalroten Lippen wahrscheinlich unwohl fühlen. Ganz abgesehen davon, dass wahrscheinlich weder die passende Garderobe noch das richtige Make-up für diesen Look vorhanden sind.

© Giorgio Armani Archiv

„*Sollten Sie ohne Flügel geboren sein, dann tun Sie nichts, um zu verhindern, dass Ihnen welche wachsen.*"

Coco Chanel

Der romantische Look

**Persönlichkeiten: Kate Winslow im Film „Titanic",
Julia Roberts im Film „Pretty Woman"**

Der romantische Look weckt in uns Erinnerungen an die Kindheit, soll Fantasien und Träume in die Realität übersetzen und die Empfindung einer heilen Welt mit unserer Gegenwart in Verbindung bringen. Das Feminine und Weibliche wird betont. Frau erscheint sanft, weich, zerbrechlich und trotzdem immer etwas unnahbar. Sie lädt ihr Gegenüber zum Philosophieren und Träumen ein und öffnet so auch manchmal sich selbst die Türen zu einer romantischeren Betrachtung des Alltags. Der Look entspricht dem Archetypus der Liebenden. Bei einem Business-Meeting hingegen sollte man diesen Look nur sehr dosiert einsetzen.

Fashion

© www.zalando.de

Die Grundlinie für den romantischen Look ist eine weich fließende Silhouette, die durchaus in mehrere Stufen und Lagen – Layerlook – unterteilt sein kann. Um diese modisch zu aktualisieren, ist der Fantasie keine Grenze gesetzt. Je nach Geschmack kann dieser Look durch Spitzenapplikationen und zierliche Details ergänzt werden. Allerdings gilt hier wie auch sonst immer die Devise: Weniger ist mehr. Auch wenn manche Designer bei ihren internationalen Laufsteg-Shows immer wieder wilde Rüschenorgien feiern, auf der Straße wirken derlei Übertreibungen nur selten wirklich gut. Trotz der Verspieltheit eines Outfits sollte es nie kitschig wirken. Wer von Natur aus ein eher maskuliner Typ mit breiten Schultern und kantigem Gesicht ist, sollte auf zu viele verschiedene kleine Details verzichten und die romantische Seite der Persönlichkeit eher durch weiche Stoffe und dezente Pastellfarben betonen. Weiche Schattierungen und Muster spielen für diese Thematik generell eine wichtige Rolle. Eine freundliche Farbpalette in Rosé-, Grün- oder Blautönen eignet sich ganz besonders gut. Auch die gedämpften Herbsttöne können sehr romantisch wirken. Für das „Darüber" stehen Bolerojacken, Stolas und Pashminas zur Wahl, auf Kostümjacken sollte man allerdings verzichten, da diese zumeist streng wirken. Als Dekolleté sehen Bootausschnitte, Schleifenkragen, gezogene Rundausschnitte oder Spaghettiträger geradezu hinreißend aus. Der romantische Look steht insbesondere üppigeren Frauen hervorragend, die ihre Kurven dekorativ zur Geltung bringen möchten. Es ist relativ leicht, auf diesem Wege auch kleine Schwächen zu überspielen und die Aufmerksamkeit auf jene Vorzüge zu lenken, die frau auch wirklich präsentieren möchte.

Do: weiche, fließende, transparente beziehungsweise semitransparente Stoffe wie Mousseline, Voile, Organza, Baumwolle, Volants, Rüschen, kleine zierliche Streumuster und Allover-Prints, Spitze, Perlen, Strassapplikationen, Stickereien

Don´t: kantige Schnitte oder starke Farbkontraste wie beispielsweise Schwarz-Weiß-Kombinationen, steife, schwere Materialien, dunkle, schwere oder knallige Farben wie Schwarz, Blitzblau oder Signalrot, geometrische oder großflächige Muster, Schulterpolster

Accessoires

© Pandora

Zierliche, verspielte Accessoires ergänzen den romantischen Look perfekt. Bei den Taschen unterstreichen feine, transparente oder besonders weich fallende Materialien die sanften Linien der Kleidung. Die Wahl der Farben sollte Ton in Ton zum Outfit ausfallen. Zartgliedrige Schmuckstücke betonen diesen Stil perfekt. Bei Schuhen wirken Modelle mit zarten Applikationen wie beispielsweise Blüten, kleine Riemchen und Schnallen zierlich und betonen schlanke Fesseln. Sommerliche Sandalen können flach sein, geschlossene Schuhe sollten einen schmalen Absatz haben oder zierliche Ballerinas sein.

Taschen: mit Handgriff, Beutel in Häkeloptik, weiche, transparente, leicht schimmernde Materialien wie Seide oder Organza, zierliche Applikationen, flexible Henkel wie Kordel oder Kettchen

Schmuck: zarte Kettchen, Perlen, bunte, transparente Farbsteine, Strass-Schmuck, ziseliertes Metallgeschmeide. Bei den Uhren sind feminine, kleine und zarte Modelle die richtige Wahl.

Schuhe: Riemchensandalen, zierliche Stilettos, Pantoletten, Mules, Pumps, im Winter schmale Stiefeletten mit Zierrat wie beispielsweise einem Pelzrand

Don´t: große Taschenmodelle, geometrische, starre Formen, harte Oberflächen, dominante Henkel, massive, dekorative Schmuckstücke, große Sportuhren, geometrisches, modernes Design, überladene Optik, Schuhe mit Plateausohlen, Lackleder, klobige Formen wie zum Beispiel Bergschuhe, Kontrastfarben zum Outfit

Frisur

Je nach Anlass, Jahreszeit und der zur Verfügung stehenden Haarlänge und -struktur gibt es zahlreiche Varianten für die romantische Frisur. Generell darf das Haar ruhig ein bisschen „undone" aussehen, um der Frisur die Strenge zu nehmen. So können kleine Strähnchen aus der Frisur gezupft oder mit Spangen, Clips und Schleifen unstrukturierte Effekte herausgearbeitet werden.

Do: weich fallende Haare, Wellen, Locken, verspielte Hochsteckfrisuren, Ponys, dezente Glanzeffekte, kleine, zierliche Spangen, Bänder etc.

Don´t: viel Gel, harte Stufenschnitte, strenge Bananen, knallige oder unnatürliche Farben, große moderne Spangen, Plastikklemmen

Make-up

Untertags genügt es meist, die Augen mit sehr natürlichen Lidschattierungen zu betonen, am Abend darf es ruhig etwas auffälliger sein. Allerdings sollten zarte Farben und sanfte Abstufungen immer Vorrang genießen. Um den Augenrand stärker zur Geltung zu bringen, wird zusätzlich ein Kajalstift verwendet. Dieser kann mit dunklem Lidschatten, der über der dünnen Kontur aufgetragen wird, verwischt werden. So wirkt er natürlicher. Glanzeffekte verleihen Augen, Wangen und Lippen einen verführerischen Schein. Ein Hauch von transparentem, losem Puder rundet das Meisterwerk ab. Mit Rouge sollte man eher sparsam umgehen, ein zarter rosiger Schatten (leichte Apfelbäckchen) verleiht jedoch jedem Gesicht einen jugendlich frischen Touch. Auch die Lippen wirken dezent geschminkt harmonischer. Lipgloss statt oder über dem Lippenstift glänzt verlockend und frisch. Beim Nagellack können entweder transparenter Glanz oder natürliche Farben verwendet werden. Auch „French Manicure"-Nägel sehen sehr schön aus.

Teint: leichte, transparente Foundation, zartes Rouge, dezent in der Mitte des Wangenknochens aufgetragen, matte Optik, die aber durch Glanzeffekte aufgepeppt werden kann

Augen: Pastellfarben, Beige- und Skin-Nuancen, matte oder irisierende Effekte, verwaschene Übergänge

Lippen: Glosseffekte, natürliche Rosé-, Apricot- oder Lila-Nuancen

Don´t: starke, künstlich wirkende Farben bei Augen- und Lippen-Make-up, flüssiger, dicker Lidstrich, Lippenkonturstift im Kontrast zur Lippenfarbe, Knallfarben wie zum Beispiel Ferrari-Rot, glänzender – speckig wirkender – Teint, zu kompakt aufgetragene Foundation, hart konturiertes Rouge

Düfte

Subtil duftende Parfüms unterstreichen das zarte, feine Erscheinungsbild. Ein Hauch des Parfüms erscheint wesentlich intensiver als eine ganze Duftwolke. Nicht selbst verführen, sondern durch den Lockruf der blumigen Duftaura zur Verführung aufrufen, ist das Ziel.

Do: leichte, süße und blumige Düfte mit Duftnoten wie beispielsweise Rose, Veilchen, Mimose, Vanille

Don't: schwere, dramatische Duftnoten mit großem Anteil an Moschus und Patschuli, sportlich, androgyne Düfte mit einem hohen Anteil an Zitrusnuancen oder Vetiver

„*Erotische Mode* ist das Kunststück,
so *ausgezogen* zu sein, dass man immer
noch für *angezogen gilt.* "
Jeanne Moreau

Der erotische Look

Persönlichkeiten: Dita van Teese, Marylin Monroe

Macht, Leidenschaft, das ewige Spiel der Verführung – die erotischen Waffen einer Frau. Ein Look, um Männern zu gefallen oder andere Frauen zu übertrumpfen. In jedem Fall strahlt der Vamp Macht aus, zeigt zugleich aber auch die verführerischen Eigenschaften einer Katze. Dieser emotionale Cocktail gepaart mit dem richtigen Styling ist eine der interessantesten Spielarten in der weiblichen Typen-Palette und entspricht dem Archetypus der Verführerin. In allen Situationen, in denen andere Frauen ein wesentlicher Faktor sind wie etwa im Büro, kann dieser Look mehr schaden als nützen. Aber auch im Freizeit-Bereich wirkt man mit einem dramatischen Auftritt eher deplatziert.

Fashion

© Intimissi

Beim erotischen Look steht die Kunst, Stärken zu betonen und Schwächen zu kaschieren, besonders im Vordergrund, da Männer, die von diesem Erscheinungsbild fasziniert sind, auf optische Reize verstärkt reagieren. Im richtigen Outfit wirkt auch ein kleiner Busen äußerst anziehend und eine Rundung zu viel, perfekt verpackt, durchaus reizvoll. Dies resultiert aus der Tatsache, dass die eigentliche erotische Anziehungskraft nicht von einem einzelnen Körperteil ausgeht, sondern auf der Gesamtharmonie und dem raffinierten Zusammenspiel von Ent- und Verhüllung beruht. Nicht das, was man tatsächlich sieht, regt die Fantasie an, sondern nur, was man erahnen kann. Egal ob kurzer oder langer Rock, tiefes Dekolleté oder nackte Taille, zu viel zu zeigen, wirkt vulgär, zu wenig verfehlt meist die Wirkung. Die Entscheidung über den individuell optimalen Mittelweg muss jede Frau für sich selbst treffen. Entsprechend dem persönlichen Grundtyp wird das Kleidungsstück mit einer Kostümjacke, einem Bolerojäckchen oder einer Stola beziehungsweise einem Pashmina ergänzt. Figurfreundlich sind auch mehrere Schichten aus transparenten Materialien übereinander getragen oder die Kombination von transparent und blickdicht. Weiche, fließende Materialien wirken femininer als exakt geschnittene Teile, in denen man auch als Vamp entweder sehr korrekt oder aber auch ein wenig aggressiv wirken kann. Je nach körperlicher Beschaffenheit sollte man Stylingschwerpunkte setzen. Kaum eine Frau ist so perfekt gebaut, dass sie Dekolleté, Hüften, Beine und Gesicht gleichwertig präsentieren kann. So ist es oft von Vorteil, einen Schwerpunkt zu setzen und diesen entsprechend zu betonen.

Do: klare Linien bei der Silhouette, unterstützende Maßnahmen wie Water- oder Wonderbra, formgebende Strumpfhosen, fantasievolle Details wie etwa Schleifen, die Farben Rot und Schwarz, Stoffe aus Spitze oder mit Glanzeffekten, beispielsweise beschichtet, changierend oder gelackt, Netzstrümpfe

Don´t: sehr verspielte Details, zu viel Haut, ausdrucksschwache Farben wie Beige, Taupe und wässrige Pastellfarben, zu enge, zu kurze oder zu großflächig transparente Kleidung, liebliche Muster wie Millefleurs

Accessoires

© Armani

Hier gilt dasselbe wie bei der Bekleidung: Klare Linien, kräftige Farben und Stylingschwerpunkte unterstreichen das Erscheinungsbild positiv. Hat man beim Outfit zum Beispiel das Dekolleté als Blickfang gewählt, kann man mit dem richtigen Schmuckstück die Wirkung verdoppeln. Die optimale Wahl hängt allerdings auch vom Grundtypus ab. Material, Form und Farbe hängen ausschließlich vom zugehörigen Outfit ab. In hohen Schuhen kommen natürlich die Beine am besten zur Geltung. Wirkt die Haltung in hohen Schuhen unsicher, helfen oft ein paar Übungsstunden zu Hause. Hilft das auch nicht, ist ein Kompromiss zwischen Optik und Können noch immer die beste Lösung.

Taschen: kleine, feminine Modelle

Schmuck: großer, auffälliger Schmuck, Gold, Broschen, Schmuckstücke, die den Blick auf bestimmte Körperpartien lenken, hochkarätige Optiken

Schuhe: Zierliche, hohe Schuhe, fersenfreie Modelle und Loafers gelten als besonders sexy. Zudem sind Sandalen, Riemchenschuhe, kniehohe und schlanke Stiefel mit Absatz empfehlenswert.

Don´t: rustikale Accessoires, sehr große Taschenmodelle, billige Materialien, Accessoires in Handarbeitsoptik wie etwa Häkeltaschen, kleiner, zierlicher Schmuck, Fantasieschmuck aus billigem Material, derbes oder rustikales Schuhwerk, Sportschuhe

Frisur

Kaum ein weibliches Attribut wirkt so erotisch wie eine offene, lange Löwenmähne. Die Probleme dabei sind jedoch: Wer besitzt schon so eine Haarpracht? Wem passt sie tatsächlich? Was tun, wenn sie gerade als absolut „out" gilt? Die Antwort ist sehr einfach. Im Rahmen der eigenen Möglichkeiten sollte man eine Frisur wählen, mit der man sich wohlfühlt und die zum Outfit passt. Alles andere ist peinlich. Ein leicht destrukturierter Look oder Hochsteckfrisuren wirken sehr sexy.

Do: dramatische Hochsteckfrisuren, denn ein schöner Nacken kann sehr verführerisch wirken, kleine Löckchen, die charmant aus der Frisur gezupft werden, offene, füllige Haare, Geleffekte, Highlights durch Glanzsprays oder heller gefärbte Strähnchen

Don´t: bunte Strähnchen, biedere Frisuren, falsche Haarteile und angeschweißte Strähnen, die man als solche erkennt

Make-up

Schon immer galten Mund, Haare und Fingernägel als erotische Schlüsselreize bei Männern. Demnach gilt es genau diesen Körperteilen verstärkte Aufmerksamkeit beim Make-up zu schenken. Ein weiterer wichtiger Erotikfaktor ist der Farbe Rot beizumessen. Ein roter Mund wirkt, wenn er groß und voll ist, erotischer als kleine schmale Lippen. Deshalb darf ruhig getrickst werden. Glosseffekte lassen die Lippen feucht erscheinen und setzen zudem verführerische Glanzpunkte. Auch die Augen werden möglichst plastisch geschminkt, was jedoch nicht automatisch auffälliges Make-up bedeutet. Intensive Blicke erreicht man einerseits durch Eyeliner oder Kajal und andererseits durch gezielt eingesetzten Lidschatten. Als Faustregel gilt: Sind die Lippen stark betont, sollte man die Augen dezenter schminken und umgekehrt. Nie oder, besser gesagt, fast nie werden beide Partien gleich stark geschminkt. Einzige Ausnahme: bei großen abendlichen Anlässen wie zum Beispiel einem Ball. Ebenfalls wichtig sind gepflegte Nägel in beliebiger Länge mit einem Nagellack in Rot oder in natürlichen Nuancen.

Teint: dezent deckende Foundation, modellierende Effekte an Wangen und Stirnpartie, Betonung der Backenknochen, warme, etwas stärkere Rouge-Nuancen

Augen: dramatische, dunkle Schattierungen oder natürliche, plastische Farbverläufe, Highlights, Glanzeffekte, akzentuierter Lidstrich

Lippen: Glosseffekte, satte, warme Farbnuancen und die Farbe Rot in allen Schattierungen wie Ferrari-Rot, Weinrot, Koralle oder Bordeaux

Don´t: stark deckende, maskenhafte Foundation, auffälliges, dunkles Rouge, starkes Augen-Make-up kombiniert mit stark geschminktem Mund, falsche Wimpern, signalrote Lippen, außer sie passen perfekt zum Styling

Düfte

Mehr als bei allen anderen Frauentypen haben Düfte eine ganz besondere Signalwirkung auf das Gegenüber und wirken als heimliche Verführer. Es ist wissenschaftlich bewiesen, dass manche Substanzen menschlichen Pheromonen (Sexuallockstoffen) ähneln und ganz subtil erotische Botschaften verströmen. Wichtig ist jedoch eine vorsichtige Dosierung - insbesondere bei schweren Düften

Do: süße und schwere Düfte – Amber, Ylang-Ylang, Patschuli , Moschus, Rose

Don´t: spritzige leichte Düfte mit neutraler Aussage, sportlich androgyne Düfte etwa mit hohem Anteil an Zitrusfrüchten, herbe, maskuline Düfte

"*Ohne* den kleinen *Unterschied* macht die ganze *Gleichheit keinen Spaß.*"
Unbekannt

Der androgyne Look

Persönlichkeiten: Kate Moss, Marlene Dietrich

Das Liebäugeln mit der Androgynität und die Lust, weibliche und männliche Grenzen zu vermischen, stecken in „fast" jeder modernen Frau und können sehr apart und sexy wirken. Dieser Look entspricht dem Archetypus der Amazone. Grundvoraussetzung für eine knabenhafte Erscheinung ist entweder der passende Körperbau – schmal und zierlich – ohne ausladendes Becken oder üppigem Busen. Dieser Look betont nicht das Maskuline, sondern das androgyne und die jugendliche Frische einer unausgereiften Erscheinung. Die zweite Variante verstärkt durch das Styling maskuline Aspekte einer ausgereiften Persönlichkeit.

Fashion

© Otto

Zweifellos wirkt eine Frau im klassischen Nadel-streifanzug am Abend trotz ihres maskulinen Auftretens überaus sexy. Doch der Garçonne-Look muss nicht immer im klassischen Stil als Hosenanzug getragen werden. Im Prinzip betonen alle geraden Schnitte und alle von Männern getragenen Kombinationen diesen Look. Jeans und T-Shirt sind die gängigste Variante, Tank-Top und Worker-Jeans eine jugendlich-freche Spielart.

Auch die meisten sportlichen Outfits entsprechen diesem Stil. Die aktuelle Mode bietet eine breite Palette an Unisex-Modellen an, die gleicherma-ßen von Männern und Frauen getragen werden können. Wichtig ist, die Taille und den Busen nicht zu sehr zu betonen, denn diese Merkmale sind typisch weiblich. Hüftig geschnittene Hosen, schmale Blusen, T-Shirts oder hüftlange Pullover unterstreichen die zarte Silhouette. Es sollte aber darauf geachtet werden, dass das Outfit nicht zu auffällig ist, da man extravagante Kleidung immer mit einem weiblich-raffinier-ten Erscheinungsbild assoziiert – und gerade das sollte der androgyne Look nicht sein. Frauen, die eine gerade Körperform haben (möglicherweise auch einen breiten Rücken) werden sich in diesem Look ganz besonders wohlfühlen. Ihnen passt Kleidung mit einem auffälligen Dekolleté oder einer betonten Taille nicht. Wenn maskuline beziehungsweise androgyne Frauen femininer wirken wollen, dann können sie das durch eine fließende Silhouette, weiche Stoffe oder den Layer-Look erzielen. Auch lange Röcke stehen diesem Frauentyp außerordentlich gut. Frauen mit sehr weiblichen Rundungen können den androgynen Look nicht überzeugend darstellen, allerdings durch männliche Kleidungsstücke wie einen grauen Hosenanzug, maskuline Schuhe und Accessoires ihren Look in diese Richtung akzentuieren.

Do: dezente Schulterpolster, schwere oder maskuline Stoffe wie Baumwolle, Wollstoffe, Tweed oder Nadelstreif, steife Hightech-Materialien, Leder, Blusen beziehungsweise Hemden, Hosen

Don´t: Hotpants, breite Gürtel, Blumenprints, Rüschen, Spitze, transparente, weich fallende oder feminine Stoffe (Seide, Jersey, Organza)

Accessoires

Der androgyne Look kann durch die passenden Accessoires sehr gut akzentuiert werden. Hüte oder Kappen kaschieren beispielsweise eine allzu feminine Frisur und wirken außerordentlich apart. Aber auch Brillen mit eckigen Gläsern und dominanten Fassungen verleihen allzu weiblichen Gesichtszügen einen maskulinen Touch. Schmuck hingegen sollte eher dezent ausfallen. Ohrstecker und eine etwas größere sportliche Uhr sind das richtige Maß. Vorsicht geboten ist bei Krawatten und Hosenträgern – ein Zuviel an männlicher Garderobe wirkt eher kostümhaft als natürlich. Die Schuhe können flach und von Herrenschuhmodellen inspiriert sein. Gedeckte Farben wirken maskuliner als lebendige Nuancen.

Taschen: eckige Taschen, Kuverttaschen, Aktentaschen, harte Materialien, Rucksäcke, Body Bags

Schmuck: Edelmetalle wie Weißgold, Platin, Silber oder Stahl, Ohrstecker, sportliche oder maskuline Uhren.

Schuhe: flache Schuhe, Pumps für den Abend, grobe Schuhe, dezente Farben, Lackoptik

Don´t: Taschen aus weichen Materialien wie etwa Beutel, üppiger, verspielter Schmuck, plakative Ohrringe; grazile hohe Schuhe zu sportlichen Kleidungsstücken, feminine Stilettos

Frisur

Je nach Ausgangsfrisur sind die verschiedensten Stylings möglich. In jedem Fall gilt aber, die Optik eines bubenhaften Kurzhaarschnitts oder einer Jungmädchenfrisur zu erreichen. Das wird bei langem Haar durch einen Knoten beziehungsweise Zopf oder eine Banane erreicht, bei kürzerem Haar durch Frisuren, die mit Gel knapp an den Kopf modelliert werden. Locken wirken immer femininer als glattes Haar, ein lockiger Kurzhaarschnitt à la Sharon Stone kann einen besonders hübschen Kontrast zu androgyner Kleidung bilden.

Do: bei kleinem Kopf anliegende Frisuren, Gel, nach hinten oder nach oben gestecktes Haar

Don´t: offenes langes Haar, lange, gelegte Locken, große Köpfe durch toupiertes Haar, voluminöse Frisuren

Make-up

Wenn es die Hautqualität erlaubt, kann gänzlich auf eine Foundation verzichtet werden. In jedem Fall sollte aber der Teint sehr natürlich wirken. Sommersprossen sehen bei diesem Look ganz bezaubernd aus und sollten keinesfalls überdeckt werden. Auch die Lippen kommen fast ohne Make-up aus. Statt Rouge wird ein etwas dunkleres, deckendes Puder verwendet und mit einem großen Pinsel die Schläfenpartien, der untere Backenknochenrand und die Kinnlade modelliert. Dieser Kunstgriff lässt das Gesicht etwas härter und somit burschikoser aussehen. Wer von Natur aus ein sehr kantiges Gesicht hat, kann es durch hauchdünne Apfelbäckchen aus roséfarbenem Rouge absoften. Die Augen dürfen etwas stärker betont werden. Allerdings sollte man sich auch hier einer natürlichen, matten Farbpalette bedienen und nur die Augenform durch dezente Schattensetzung herausmodellieren. Schwarzer Kajal erscheint meist zu hart und gekünstelt. Auch die Wimperntusche sollte nur etwas dunkler als die natürliche Haarfarbe sein. Lange Fingernägel und bunter Nagellack sollten vermeiden werden.

Teint: natürlich, die Gesichtsform mit dunkleren Schatten leicht modellieren, transparenter Nagellack

Augen: natürliche Farbnuancen wie Beige-, Braun- und Grautöne; Wimperntusche in natürlichen Schattierungen, dezent nachgezogene Brauen

Lippen: Lipgloss, matter, unauffälliger Lippenstift

Don´t: dicke Foundation, auffälliges Rouge, Lidschatten in kräftigen Farben, flüssiger schwarzer oder bunter Eyeliner, Glanzeffekte, schwarze, blaue oder bunte Wimperntusche, auffälliger Lippenstift, starke Lippenkonturen, unnatürliche Farben

Düfte

Spannend sind Duftkompositionen, die mit der maskulinen Seite im weiblichen Wesen kokettieren. Gefragt sind entweder Unisex-Düfte oder sogenannte Duftpaare, die zwar ähnliche Grundkomponenten haben, aber ganz klar den einzelnen Geschlechtern zugeordnet sind. Wichtig ist, dass trotz herber oder maskuliner Noten nur eine ganz subtile Duftaura bemerkbar ist.

Do: Unisex-Düfte, florale Männerparfüms, Parfüms mit frischen Duftnuancen wie Zitrusfrüchten, Lemongras, maskulinen Duftnoten wie Patschuli oder Sandelholz
Don't: schwere, dramatische Düfte, strenge männliche Düfte, blumig liebliche Parfüms; auch aufdringliche Parfüms sind für diesen Look ungeeignet und wirken derb.

„*Stil* ist, eine **Identität** zu erwerben, ***nicht*** ein **Label.**"

Tom Ford
(amerikanischer Modedesigner)

Der Avantgarde-Look

Persönlichkeiten: Maria Callas, Anna Piaggi

Der Avantgarde-Look richtet sich selten nach aktuellen Modeströmungen, sondern ist vielmehr eine einzigartige, gekonnte künstlerische Inszenierung. Die Frau erhebt sich selbst zum Kunstwerk, setzt sich somit auch über alle gängigen Modekonventionen hinweg und entspricht dem inneren Frauenbild der Muse. Nicht das Feminine, Weibliche soll betont werden, sondern das Außergewöhnliche und Eindrucksvolle. Wer nicht von Natur aus diesem Look entspricht, sollte sich ihm nur vorsichtig nähern. Denn zwischen Genialität und Scheitern ist oft nur ein schmaler Grat.

Fashion

© Guess

Avantgardemode kann man rund um die Uhr tragen, sollte dabei jedoch nie den intellektuell-ironischen Aspekt aus den Augen verlieren. Der Betrachter wird mit ungewöhnlichen Perspektiven oder Optiken konfrontiert, in der Absicht, Mode nicht zu ernst, sondern eher spielerisch zu sehen, auch wenn sie mit versteinerter Miene zur Schau gestellt wird. Die Tagesmode zeichnet sich weniger durch einen auffallenden Look aus als durch besondere Stoffe, extravagante Details und unkonventionelle Schnitte. Hightech-Materialien wie Lackoptiken, Kunstfasern und dreidimensionale Oberflächen kommen ebenso zum Einsatz wie bewusst naturnahe oder grob wirkende Stoffe, zum Beispiel Leinen, Seide und künstlerisch bearbeitete Textilien (Handdrucke, Batik, Malerei). Eine erstklassige Qualität ist sowohl bei den Stoffen als auch bei der Verarbeitung ganz besonders gefragt. Schnitte werden vielfach dazu verwendet, die Silhouette mittels spezieller Nähte und ungewöhnlicher Proportionen zu verfremden und weisen manchmal auch witzige oder überraschende Details auf – überlange Ärmel, bizarre Falten, wattierte Details, oder interessant platzierte Schlitze. Für den Abend gelten die gleichen Regeln, allerdings darf alles noch extremer und überzeichneter sein. Theatralische Stoffe, abstrakte Silhouetten und bizarre Roben sind durchaus erwünscht. Die Lieblingsfarbe der Avantgardisten ist natürlich Schwarz. Knallfarben dienen gegebenenfalls als effektvolle Details. Wie schon erwähnt, sieht sich die Avantgardemode als Kontrapunkt und Statement gegen das Trendestablishment. Daher obliegt es der Trägerin selbst, eine Trennlinie zwischen Extravaganz und schlechtem Geschmack zu finden, eine generelle Richtlinie würde den Sinn dieser Stilrichtung infrage stellen.

Do: qualitativ hochwertige Stoffe, Non-Colours, Schwarz

Don´t: billige Stoffe, schlechte Verarbeitung, oberflächliche Erotik durch provokante Schnitte

Accessoires

© Jörg Kaiser

Ganz im Gegensatz zur auffälligen Kleidung sind die Accessoires für diesen Look eher minimalistisch zu wählen. Es würde überladen wirken, wenn man einem avantgardistischen Outfit auch noch üppiges Geschmeide hinzufügt. Sparsam eingesetzt, dürfen die Accessoires allerdings auch aufsehenerregend sein. So sind ungewöhnliche Taschenformen, moderner, extravaganter oder künstlerisch bearbeiteter Schmuck sowie Designerschuhe geradezu ideal.

Vorsicht ist bei Style-Surfing geboten. Wer mehrere Stilelemente miteinander verbinden möchte, sollte Schwerpunkte setzen oder neutralere Accessoires wählen. Schuhfetischisten sind übrigens mit diesem Look ganz besonders gut beraten.

Taschen: qualitativ hochwertig, außergewöhnlich, Designertaschen

Schmuck: ausgefallener Schmuck (entweder modern oder antik), eher minimalistische Formen, Anhänger, Amulette, Halbedelsteine, klassische oder extravagante Uhren

Schuhe: ausgefallene, trendige Schuhe

Don´t: große oder billige Taschen, minderwertige Materialien, üppiger, verspielter Schmuck, kommerzielle Schuhe

Frisur

Bei den Frisuren gilt dasselbe wie beim Make-up. Die Palette reicht von extrem künstlichen Stylings über natürliche Schnitte bis hin zu leicht „undone" wirkenden, bohemienartigen Köpfen. Der Stil kann individuell gewählt werden und ist vor allem vom Grundtyp der Trägerin abhängig. Allerdings sind klare Linien, grafische Formen und schlichte Frisuren passender als komplizierte Hochsteckfrisuren oder aufwendig gedrehte Locken. Die puristischste Variante ist jedoch sicher das lässig mit einer Spange hochgesteckte Haar.

Do: schlichte Frisuren, klare Formen, glattes Haar

Don´t: bunte Strähnchen, verspielte Frisuren

Make-up

Eine grundsätzliche Regel besagt: Je ungewöhnlicher und dominanter das Modestyling ausfällt, desto zurückhaltender st das Make-up. Allerdings ist es Teil des Spiels, eben nicht der allgemeinen Erwartungshaltung zu entsprechen. Dementsprechend groß ist die Schminkpalette: Selbstbewusste Persönlichkeiten, speziell im fortgeschrittenen Alter, können sich durchaus „en nature" zeigen, ohne jegliche Verschönerungstricks und aufwendige Malerei. Schließlich ist die Ausstrahlung, unabhängig von Schönheitsidealen, oft so stark, dass sie ohne Hilfsmittel auskommt. Aber auch akribisch genau gesetzte Make-up-Akzente, dramatische Effekte und Nude-Make-up sind möglich. Manchmal besteht ein Zusammenhang mit einem philosophischen Standpunkt, weshalb die Bedeutungslosigkeit von herkömmlichen Schönheitsidealen unterstrichen werden soll. So werden markante Gesichtszüge geschickt betont, um die Persönlichkeit noch stärker hervorzuheben. Welche der Varianten im Einzelfall vorzuziehen ist, hängt letztlich vom Charakter, der Persönlichkeit und dem individuellen Geschmack ab.

Teint: blasser Teint, stark glänzende oder extrem matte Foundation

Augen: stark betont oder sehr natürlich, matte, rauchige Lidschatten, Non-Colours

Lippen: stark betont oder sehr natürlich

Don´t: braun gebrannter Teint, grelles Make-up, Augen- und Mundpartie gleich stark betont, kräftiges Rouge, extrem kommerzielle Looks

Düfte

Auch bei den Parfüms steht das Außergewöhnliche, Einzigartige im Vordergrund. Kommerzielle Allerweltsdüfte disqualifizieren die Trägerin. Limitierte Editionen, Insider- oder Geheimtipps, Klassiker, die fast niemand mehr kennt oder ungewöhnliche Duftkompositionen sind genau das Richtige. Je nach Outfit kann man zwischen schweren, spritzigen oder klassischen Düften wählen.

Do: Eau de Parfums, Duftklassiker, exklusive Düfte; rare oder außergewöhnliche Ingredienzen wie Tinte, Leder, Metall, Gaiachhölzer, aber auch Iris und Freesie sind typische Duftnuancen.

Don't: Eau de Toilette, billige Düfte, aufdringliche Parfüms, kommerzielle Modedüfte

> „Je mehr man auf der *Höhe* der *diesjährigen* Mode steht, desto mehr ist man bereits hinter der *nächstjährigen* Mode zurück."
>
> *Gilbert K. Chesterton*

Der extravagante Look

Persönlichkeiten: Grace Jones, Vivienne Westwood

Die Trägerin des extravaganten Looks ist immer am Trendpuls der Zeit. In ihr stecken Luxusweib oder Revolutionärin. Um eine extravagante Wirkung zu erzielen, gehören eine ordentliche Portion Mut, Selbstsicherheit, gutes Trend-Know-how und ein bisschen Selbstironie dazu. Eigentlich ist Extravaganz eine Gratwanderung zwischen gutem Geschmack und der absoluten Übertreibung einer Stilrichtung. Durch richtiges Styling lässt sich aus einem „normalen" Kleidungsstück leicht ein extravagantes Outfit machen. Mit etwas Fantasie und einigen trendigen Accessoires kann sogar aus einem banalen Business-Kostüm ein aufregendes Ereignis werden.

Fashion

Für die richtige Gewichtung der Einzelteile gibt es eine Faustregel: gezielt Schwerpunkte setzen. Das gilt sowohl für Farben als auch für Materialien, Stile und Accessoires. Am besten ist, sich für eine Grundfarbe zu entscheiden, die auch sehr ausgefallen sein kann, und das restliche Styling darauf abzustimmen. So können mehrere Farben gut miteinander kombiniert werden. Das Gleiche gilt auch für Muster, wobei man höchstens zwei oder drei verschiedene Dessins mischen sollte. Bevorzugt man Stilmischungen, sollten ebenfalls nicht mehr als zwei oder maximal drei Elemente kombiniert werden – Jeans mit Haute Couture, Bohemien mit einem Touch Exotik, beschichtete Hightech-Stoffe mit edlem Touch. Um am Puls der Zeit zu bleiben, ist eine regelmäßige Information aus Medien und Boutiquen unerlässlich. Die Ausnahme der Regel: Manche Kleidungsstücke sind so extravagant und individuell, dass sie sich keinem Modetrend unterwerfen. Diese „Outstanding Styles" können oft sehr viele Jahre hindurch getragen werden, ohne an Aktualität zu verlieren. Je ausgefallener das Outfit, desto seltener sollte man es zeigen, da es einen hohen Wiedererkennungswert besitzt. Ein weiterer wichtiger Punkt ist der gewählte Look. Wer sich extrem kleidet, darf von seinem Grundtyp nicht zu sehr abweichen, sonst wirkt er unglaubwürdig. Ein sehr sportlicher Grundtyp kann sich daher nur sehr dezent verspielt kleiden. Ein extravagantes Styling in dieser Richtung (Rüschen, Spitzen, Millefleurs-Prints, die Farbe Rosé) steht ihm aber sicher nicht gut.

Do: den Grundtyp beibehalten, Schwerpunkte setzen (Farbe / Stil / Muster), nur topaktuelle Trends tragen; je ausgefallener der Look, desto seltener sollte man ihn präsentieren.

Don´t: radikale Typveränderungen, mehrere Farben im gleichen Verhältnis miteinander kombinieren, mehrere Saisonen den gleichen Look tragen

Accessoires

© Louis Vuitton

Bei keinem anderen Look spielen Accessoires eine ähnlich wichtige Rolle. Während ein Outfit mit einer ausgefallenen Farbe, einem Schnitt oder Stil auch durch verschiedene Kombinationen nicht wesentlich verändert werden kann, gelingt dies mit Accessoires sehr wohl. So wirken beispielsweise eine violette Lacktasche und farblich passende Schuhe zu einem weißen Hosenanzug vollkommen anders als zu einem schwarzen Kleid. Beide Looks bestechen jedoch durch eine auffällige Extravaganz, die durch das Accessoire vermittelt wird. Ist die Kleidung ausgefallen, so sollten die Accessoires in Farbe und Stil exakt auf das Outfit abgestimmt sein. Andernfalls schlagen sich die beiden Stilrichtungen. In jedem Fall müssen Tasche, Schuhe oder Schmuck den jeweiligen Look unterstützen. Zwar verlangen ausgefallene Outfits nicht unbedingt nach ungewöhnlichen Accessoires, aber es ist sicher ein Plus. Extravagante Schmuckstücke sind auffällig und meist groß. Sie wirken am besten zu schlichten Outfits.

Taschen: dem jeweiligen Stil angepasst, bei schlichten Outfits auch Kontrastfarben möglich

Schmuck: dem jeweiligen Stil angepasst, extravagant, auffällig oder neutral

Schuhe: dem jeweiligen Stil und der aktuellen Mode angepasst

Don´t: billig wirkende Taschen, Alltagstaschen, große Taschen zu eleganten Kleidungsstücken, Schmuck und Schuhe im extremen Stilbruch zur Kleidung

Frisur

Markante Frisuren, wie ein exakt geschnittener Pagenkopf, oder kräftige Farben wirken zu extravaganter Kleidung immer toll. Aber auch jeder anderen Frisur kann man durch richtiges Styling einen außergewöhnlichen Touch verleihen. Man sollte jedoch immer darauf achten, den Grundschnitt nur in Richtung eines Extrems zu trimmen und ohne dabei zu übertreiben. Exakt arrangierte Locken oder Wellen, Gel und ein mit System zerzauster Schopf sind einfache Varianten. Wenn das restliche Styling sehr ausgefallen ist, sollte die Frisur nie dominieren, sondern sich dem Stil der Kleidung anpassen und eine möglichst klare Aussage haben.

Do: markante Schnitte, kräftige Farben wie Blauschwarz, Platinblond oder Tizianrot

Don´t: übertriebenes Styling, ausgewachsene Schnitte

Make-up

Ein extravagantes Styling verlangt nach einem extravaganten Make-up. Schrille Farben, ungewöhnliche Texturen, unkonventionelle Schattierungen sind erlaubt, solange der Look zum Outfit passt. Aktuelle Make-up-Trends – bei den internationalen Laufstegshows kreiert – werden geschickt nachgeahmt. Manche Kosmetikfirmen entwickeln spezielle „Star Products", die eigens für extreme Looks entworfen sind. Natürlich gibt es aber auch abseits der aktuellen Trends allgemeingültige Stylingtricks für ein extravagantes Make-up. So wie die Kleidung sollte auch das Make-up den Grundtyp der Person hervorheben und betonen. Das richtige Augen-Make-up hängt stark vom jeweiligen Modetrend ab. Prinzipiell kann man jedoch bei extravaganter Kleidung die Augen kräftiger beziehungsweise farbiger schminken und die Augenform individueller betonen. Der Lippenstift sollte farblich exakt auf die Kleidung abgestimmt werden. Ein stark glänzendes Gloss zieht alle Blicke auf sich. Manchmal ist jedoch auch weniger mehr. Der Nude-Look, also ganz natürlich wirkendes Make-up, kann zu sehr extravaganter Kleidung ebenfalls einen ganz besonderen Reiz haben.

Teint: Glanzeffekte, modellierte Gesichtszüge, Schönheitspunkt

Augen: charakteristische Punkte betonen, ungewöhnlicher Farbenmix, Katzenaugen, Lidschattenbalken, Glitter, Glanz – wenn gerade in Mode

Lippen: Betonung der Lippenform, kräftige, ungewöhnliche Farben

Don´t: maskenartig wirkender Teint, zu viel Rouge; auffällige oder starke Farben in Kontrast zur Kleidung, eigenwillige Lippenformen übertrieben betont

Düfte

Bei den Düften gibt es eine breite Palette, die hervorragend zu extravaganter Kleidung passt. Zum einen eignen sich alle „eigenwilligen" Parfüms, die unkonventionelle Kompositionen vorweisen, also nicht die üblichen Basis-, Herz- und Kopfnoten, oder Düfte mit ungewöhnlichen Ingredienzen wie zum Beispiel Tomate oder Schokolade. Zum anderen entsprechen die neuesten Modedüfte den Anforderungen exakt – zumindest, solange sie nicht von jedem getragen werden. Auch mit schon fast vergessenen Klassikern kann man eine olfaktorisch extravagante Ergänzung finden.

Do: extravagante Duftnuancen wie Tomaten, Sternjasmin, Freesien, Sahne oder Tangelos

Don't: langweilige, gewöhnliche Düfte, Modedüfte der letzten Saison, kontra-stilistische Düfte zum Outfit wie etwa ein androgynes Parfüm zum orientalischen Look

"*Moden kommen und gehen.*
Stil ist unvergänglich."
Yves Saint Laurent
(französischer Modeschöpfer)

Der neoklassische Look

Persönlichkeiten: Audrey Hepburn, Coco Chanel

Der klassisch elegante Stil ist immer en vogue. Zeitlos und schön war das Aushängeschild zahlreicher Stilikonen unseres Jahrhunderts. Wer eine ausgeprägte Persönlichkeit besitzt, muss sich nicht immer durch hochmodische Kleidung definieren, sondern lässt sie durch dezente Kleidung wirken. Dieser Stil entspricht dem Archetypus der Königin. Ob bei einem Business-Meeting, einem Cocktail-Event, im Theater, beim Dinner oder beim Bummeln, man ist eigentlich immer passend gekleidet. Nur bei sportlich legeren Anlässen sollte man den Look etwas auflockern, sonst ist man leicht „overdressed".

Fashion

© Peek & Cloppenburg

Mit dem klassischen Look verbindet man Stilikonen aus der Filmbranche oder der High Society. Sie zeigen sich nur in exakt sitzenden Kostümen, Kleidern oder Hosenanzügen und bestechen durch ihre allgemeingültige, klassische Schönheit. Auch im Spiegel der Zeit betrachtet, wirken sie selbst in hochmodischen Outfits niemals peinlich oder lächerlich – und das, obwohl sich der Modegeschmack im Laufe der Jahrzehnte stark verändert hat. So verfremden sie nie die feminine Silhouette zugunsten der aktuellen Modeströmung, sondern tragen immer klassische Kleidungsstücke wie Etuikleider, feminine Kostüme oder Mousseline-Kleider, die sich jede Saison bei den verschiedensten Kollektionen in etwas abgewandelten Formen wiederfinden. Farben und Muster betreffend wählt man Kleidungsstücke am besten aus dem persönlichen Farbtyp-Repertoire und nicht aus der aktuellen Farbskala. Ein weiterer wichtiger Punkt ist die Passform. Sie unterstreicht nicht nur die individuellen Vorzüge positiv, sondern muss auch perfekt sein. Schlecht fallende Kleidung gilt natürlich auch als absoluter Fehltritt. Alles in allem verlangt dieser Look eine wohldurchdachte Inszenierung. Sämtliche Kleidungsstücke müssen perfekt passen und exakt aufeinander abgestimmt sein. Das Bild beginnt beim Make-up und führt über die Kleidung bis hin zu den Accessoires und der Frisur. Nur so kann dieser Look seine volle Wirkung entfalten.

Do: feminine Silhouette, exakte Passform, gute Qualität und Verarbeitung, dem Körperbau angepasste Schnitte, auf den Farbtyp abgestimmte Kleidung

Don´t: schlecht sitzende Kleidung, Micro Mini, schlechte Stoffqualitäten oder schlampige Verarbeitung

Accessoires

© Hermès

Accessoires sind mit diesem Look untrennbar verbunden. So hat sich auch das Bild der gut behüteten Audrey Hepburn in unser Modegedächtnis geprägt oder Jacky O. Kennedy in ihren legendären schwarzen Brillen. Ohne „Zickentäschchen", einen passenden Hut, dunkle Sonnenbrillen oder feine Handschuhe wirkt die klassische Kleidung oft zu schlicht. Deshalb offenbart sich die edle Extravaganz des Looks meist erst durch kunstvoll designte Accessoires. Das gilt für Schmuck und Uhren genauso wie für Taschen, Gürtel, Halstücher, Handschuhe, Schuhe oder Strümpfe. Apropos Strümpfe, egal wie heiß es ist, Beinkleider sind ein absolutes Muss. Ganz besonders edel wirken sie mit Naht oder mit dezentem Netz. Sie sollten entweder Ton in Ton mit dem Outfit oder in Kontrastfarben gehalten sein. Besonders Schwarz-Weiß-Kombinationen wirken sehr stilvoll.

Taschen: klassische Taschenformen wie etwa Baguette-, Henkel- oder Spangenverschlusstasche, kleine formschöne Taschen, hochwertige Qualität

Schmuck: Perlen, Broschen, Edelsteine, zierliche, edle Metalle wie Gold oder Silber, klassischer oder schlichter, moderner Schmuck

Schuhe: Stilettos, Ballerinas, Trotteurs, Mules, Barockabsätze, Riemchenschuhe, grazile Sandalen, kleine, verspielte Details wie Maschen und Spangen

Don´t: mittelmäßige oder billig wirkende Accessoires, sehr große oder sportliche Taschen, Rucksäcke, Body Bags und Schlabbertaschen, große Umhängetaschen, protziges Geschmeide, billiger Modeschmuck, unedle Materialien wie Gummi, Holz oder Kunststoff, Stilbrüche wie derbe Schuhe zu eleganter Kleidung, Plateauschuhe

Frisur

Auch bei der Frisur gilt Perfektion als oberstes Gebot. Niemals würde sich die elegante Frau mit schlampig hochgestecktem Haar oder herausgewachsenem Schnitt zeigen. Während bei anderen Looks eine gewisse Natürlichkeit und Lässigkeit gefragt ist, sollte beim neoklassischen Look das Haar nicht nur gepflegt, sondern auch „frisiert" wirken. Damit ist nicht unbedingt gemeint, dass perfekt gedrehte Locken steif wie ein Helm auf dem toupierten Kopf sitzen müssen, ein Mindestmaß an frisurtechnischem Aufwand darf jedoch nicht fehlen.

Do: Spangen, Schleifen, Haarreifen oder Bänder, exakte Schnitte

Don´t: Gummibänder, nicht nachgefärbter Haaransatz, Neonfarben, künstlich wirkende Strähnchen

Make-up

Perfekt aufgetragenes Make-up, fein gezeichnete Gesichtszüge, klassisch feminine Schönheit – dieser Stil ist eine Hommage an die Weiblichkeit. Ganz egal welchen Alters die neoklassische Frau ist, der Look unterstreicht die Vorzüge jedes Gesichts. Voraussetzung dafür ist allerdings eine perfekt aufgetragene und dezente Grundierung. Texturen, die kleine irisierende Partikel enthalten, lassen den Teint durch die Lichtbrechung besonders ebenmäßig erscheinen und verleihen einen samtigen Schimmer. Das passende Rouge wirkt natürlich und hat einen leicht rosigen oder beigen Ton. Bei den Lippen darf der korrekt aufgetragene Konturenstift niemals fehlen, die Lippenfarbe sollte auf die Farbe des Outfits abgestimmt sein. Schön und dezent sind matte oder halbmatte Lippenstifte. Diese haften auch besser als glänzende Produkte Ebenso kann man beim Lidschatten zwischen matten und leicht schimmernden Varianten wählen. Farben sind, wenn sie auf die Augenfarbe oder auf das Outfit abgestimmt sind, erlaubt. Sehr edel wirkt auch ein flüssiger Lidstrich.

Teint: gut deckende, aber dezente Foundation, dezentes Rouge

Augen: flüssiger Lidstrich, gut definierte Augenbrauen, natürliche Farbtöne

Lippen: nachgezogene Lippenkonturen, matter oder seidig glänzender Lippenstift

Don´t: dunklerer Teint als die Hautfarbe, starkes Rouge, schlampig aufgetragener Lidschatten, verschmierte Wimperntusche, grelle Farben; verronnener Lippenstift, starker Glosseffekt, Knallfarben

Düfte

Die transparente, elegante Linienführung der klassischen und neoklassischen Düfte vermittelt noble Frische gepaart mit einem Schuss würziger Extravaganz. Je nach Stil können verschiedene Duftvarianten gewählt werden. Die Palette reicht von Duftklassikern bis hin zu den neuen Nobelparfüms. Allerdings sollte das Parfüm immer auf den Look abgestimmt sein – also entweder frisch und spritzig, blumig oder pudrig.

Do: Klassiker wie Chanel N°5, elegante, florale Duftnoten wie Lilie, Rose, Hyazinthen, Irisblüten, Neroli oder Amber

Don't: extreme Modedüfte, Eau de Toilette. schwere, dramatische Düfte, sehr kommerzielle Düfte

Styling-
Praxis

Unsere Konsumkultur ist darauf ausgerichtet, Ware zu kaufen und diese nach dem Gebrauch einfach wegzuwerfen. Diese Vorgehensweise mag bei qualitativ minderer Bekleidung auch nötig sein, da sie schnell an Form und Farbe verliert, verschleißt, schäbig wirkt und darüber hinaus möglicherweise einem kurzlebigen Trend folgt. Heutzutage geht leider oft Quantität vor Qualität. Besonders im Business-Alltag kommt billige Kleidung jedoch oft teuer zu stehen, da sie auf Geschäftspartner häufig so wirkt, wie sie ist – billig. Das Tragen von Kleidung minderer Qualität mag einem jungen Berufseinsteiger möglicherweise gerade noch verziehen werden, aber ab einem gewissen Alter oder einer guten Position wirkt es peinlich. Des Weiteren mangelt es qualitativ schlechter Kleidung zumeist an entsprechendem Tragekomfort, und Kunstfasern nehmen Gerüche stärker auf, was besonders bei Stress oder Hitze zu einem beträchtlichen Geruchsproblem führen kann. Hochwertige Kleidung ist üblicherweise weitaus länger tragbar – vorausgesetzt sie wird beim Kauf strategisch klug ausgewählt und entsprechend sorgsam gepflegt. Dies beginnt mit einer übersichtlich arrangierten, gut durchdachten und perfekt zusammengestellten Garderobe, die eine optimale Lagerung der Kleidung erlaubt. Diese Ausgangsbasis ermöglicht eine sinnvolle Erweiterung durch gezielte Einkäufe. Es ist in jedermanns Interesse, die Kleidung durch entsprechende Pflege möglichst lange in einem guten Zustand zu erhalten, schließlich ist sie die Visitenkarte der Persönlichkeit – und für jeden sichtbar. Für einen perfekten Auftritt – auch auf Reisen – sorgt entsprechendes Know-how beim Kofferpacken und bei der Fleckenbekämpfung.

> „Wer an den *Spiegel* tritt,
> um sich zu *ändern,*
> der hat sich schon *geändert.*"
>
> Lucius Annaeus Seneca
> (römischer Philosoph)

Kleider: DKNY/M Missoni

„Wir brauchen Mut, um alte Kleider wegzuwerfen, die ihre besten Tage hinter sich haben."

Fridtjof Nansen
(norwegischer Staatsmann)

Garderobencheck

Niemand ist vor Fehlkäufen gefeit, aber auch zu enge oder zu weite Kleidung, abgestoßene Blusenkragen, kleine Flecken , abgetragene oder ausgebeulte Kleidungsstücke werden im Alltagsstress oft übersehen. Und so wie es manchmal nicht möglich ist, den Wald vor lauter Bäumen zu sehen, kann die Garderobe bei einem unübersichtlichen oder überfüllten Schrank nicht optimal zusammengestellt werden. Grundsätzlich ist zu jedem Saisonbeginn ein Schrank-Check-up sinnvoll, um unbedachten Spontankäufen entgegenzuwirken und gezielt nach Neuem Ausschau zu halten. Abgesehen von den Basics gibt es eine Menge reizvoller Möglichkeiten für die Garderobenerweiterung – wie neue Trendfarben, besondere modische Kombinationen und spezielle Must-haves verschiedenster Stile. So wie sich die Persönlichkeit stetig weiterentwickelt, ist auch die Mode ein dynamischer Prozess, der von Zeit zu Zeit Veränderung verlangt.

1. Ausrangieren

Um zu einer perfekt zusammengestellten Garderobe zu gelangen, gilt es zuerst, alle Kleidungsstücke auszuräumen und am besten auf einem Bett oder einem auf dem Boden liegenden Leintuch auszubreiten. Danach sollte jedes Kleidungsstück anprobiert und vor einem Ganzkörperspiegel kritisch betrachtet werden. Sieht die Kleidung noch neuwertig aus, ist sie bereits abgetragen oder durch Flecken, Risse beschädigt und nicht wiederherstellbar? Passt die Farbe zum Teint? Harmoniert der Schnitt mit dem Körperbau? Handelt es sich um ein Einzelstück, das mit nichts kombiniert werden kann, und lohnt es sich, extra dafür etwas Neues einzukaufen? Zu welchen Anlässen kann das

Kleidungsstück getragen werden, und wie oft bieten sich diese Gelegenheiten? Wann wurde es das letzte Mal getragen? Ist der Look mittlerweile altmodisch und unzeitgemäß? Passt die Größe nicht (mehr), und lohnt sich ein Besuch beim Schneider, um etwaige Änderungen vorzunehmen? Diese Checkliste gilt nicht nur für Bekleidung, sondern auch für Accessoires wie Gürtel und Schuhe. Nach Anprobe jedes Kleidungsstücks ist folgende Sortierung in drei Stapel hilfreich: 1. Stapel: passt perfekt, 2. Stapel: vielleicht noch tragbar, 3. Stapel: nicht mehr brauchbar. Erfahrungsgemäß können auch 90 % des 2. Stapels aussortiert werden.

Die Entscheidung darüber, welche Kleidungsstücke ausrangiert werden müssen, fällt naturgemäß schwer. Hilfreich ist die Unterstützung durch eine Vertrauensperson mit Geschmack oder eine professionelle Farb- und Stilberaterin. Sie kann darüber hinaus auch eine Shoppingliste für eine sinnvolle Ergänzung der Garderobe zusammenstellen und beim späteren Einkauf beraten.

2. Aufbau der Garderobe

Je nach Vorlieben, Möglichkeiten und Bedarf gilt es nun anhand der ausgesuchten Kleidungsstücke, die Garderobe neu aufzubauen. Dabei muss einerseits auf Farben und andererseits auf Stile geachtet werden. Die perfekte Zusammenstellung einer Garderobe hängt von Beruf, Position, Budget, Geschmack, Freizeit- und Sportaktivitäten und natürlich auch vom Klima ab.

Eine optimal zusammengestellte Garderobe besteht aus 1–2 Basicfarben pro Saison, die durch klassische und modische Nuancen ergänzt werden. Typische Basicfarben für den Winter sind dunklere, gedeckte Nuancen wie Blau, Braun- und Grautöne, die für den Sommer mit helleren, frischeren Nuancen dieser Farbgruppen ergänzt werden. Modischere Varianten sind Khaki, Schlamm, Weinrot, Pflaume, Tannengrün, Camel oder Beige. Schwarz und Reinweiß sind praktisch und asaisonal, stehen allerdings nur den wenigsten Frauen – vor allem bei Oberteilen. Ein entsprechendes Sortiment an Outdoor-Jacken und -Mänteln sowie Accessoires wie Schuhe, Taschen, Schals oder Mützen in den jeweiligen Grundfarben erleichtert das Styling und erlaubt maximale Kombinationsmöglichkeiten.

Die eher zeitlosen Basics wie Hosen, Röcke, Jacken, Blusen, Tops, Pullover sollten perfekt zum Typ und Körperbau passen und qualitativ hochwertig sein. Idealerweise können diese Basics auch untereinander kombiniert werden. Dies ist jedoch zumeist schwierig, da die einzelnen Farbtöne und Stoffqualitäten oft nicht identisch sind – und nichts ist schwieriger zu kombinieren als sehr Ähnliches. Diese Grundausstattung gilt es nun, durch farbige und modische Highlights zu ergänzen. Auch hier zählt in erster Linie die richtige Farbwahl, dann Passform und Stil. Hier sind ebenfalls umfangreiche Styling-Variationen möglich, sofern die Kleidungsstücke in gut kombinierbaren Farbgruppen ausgewählt werden.

Auch wenn es aufwendig ist, lohnt es sich, alle Kombinationsmöglichkeiten inklusive Accessoires und Schmuck einmal vor dem Spiegel auszuprobieren. Das vermeidet böse Überraschungen, wenn in Eile ein Outfit gewählt werden muss. Erfahrungsgemäß ergeben sich auch dadurch neue Stylingideen, und Fehlendes wird offensichtlich.

3. Ordnung schaffen

Je nach persönlicher Vorliebe kann der Schwerpunkt der neuen Schrankordnung nach Farbthemen, Stilen oder Sortimenten beziehungsweise einer Kombination daraus erfolgen. Hierbei sind Kreativität und Experimentierfreude gefragt. Jene Kleidungsstücke oder Produktgruppen, die häufig getragen werden, sollten so platziert werden, dass sie gut sichtbar und leicht erreichbar sind. Weniger oft gebrauchte Textilien wie Festtagskleidung können oben oder in der zweiten Reihe gestapelt werden, ebenso wie saisonale Stücke (Winter- und Sommergarderobe). Hierbei ist Geduld gefragt, denn zumeist muss einige Male nachjustiert werden, bis für alles der richtige Platz gefunden wird.

4. Einkaufen

Nun gilt es, die übrig gebliebenen Kleidungsstücke sinnvoll zu ergänzen und etwaige Stilkorrekturen oder Veränderungen vorzunehmen. Letzteres ist manchmal schwer, alleine zu bewerkstelligen, da es nur noch wenige Geschäfte mit einer kompetenten und ehrlichen Verkaufsberatung gibt. Hier kann der Einsatz einer Personal Shopperin ebenfalls sinnvoll sein. Denn die Farbwahl hängt nicht nur von persönlichen Präferenzen ab, auch das richtige Zusammenspiel zwischen Haut-, Haar-, Augen- und Kleidungsfarben hat Einfluss auf die Wirkung des Outfits. Zudem haben Farben eine psychologische Wirkung auf das Gegenüber und das kann strategisch genützt werden. Auch bezüglich Schnitt und Stil ist ein Feedback – und sei es durch eine Verkaufsberaterin oder Freundin – von Vorteil.

Bei gezielten Ergänzungen der Garderobe ist es sinnvoll, Spontankäufen zu widerstehen und mehrere Shops zu besuchen. Auch vor dem Kauf geistig oder auf einem Merkblatt notierte Anforderungen abzurufen, bewahrt vor so manchem Fehlkauf. Passt das neue Kleidungsstück von Farbe, Muster, Schnitt und Stil her perfekt? Wie teuer kämen etwaige Änderungen und sind diese überhaupt möglich? Womit kann ich es kombinieren? Habe ich schon Ähnliches im Schrank? Wie viele Saisonen beziehungsweise wie oft kann ich es tragen? Fühle ich mich darin wohl? Erst bei genau durchdachter Beantwortung dieser Fragen sollte ein Kauf getätigt werden.

Tipps & Tricks

- Je öfter ein Kleidungsstück getragen wird, umso mehr lohnt es sich, in Qualität und Passform zu investieren.

- Der Aufbau einer neuen Garderobe erfolgt am besten zu Saisonbeginn, da zu diesem Zeitpunkt die Auswahl am größten ist, oder zu Saisonende, da hier viele Modelle günstig abverkauft werden.

- Der Aufbau einer neuen Garderobe braucht üblicherweise zwei Saisonen, bis er vollkommen abgeschlossen ist. Neben einem zu geringen Budget, das zumeist einen Großeinkauf verhindert, sind in den seltensten Fällen auch alle gewünschten Teile im Shop lagernd.

- Wenn die Garderobe hinterfragt oder erneuert wird, ist es möglicherweise auch an der Zeit, Frisur und Kosmetikkonzepte aufzufrischen.

- Wer seinen Stil oder den Farblook verändern möchte, sollte bedenken, dass es bei großen Veränderungen bis zu zwei Jahren dauert, um sich selbst an sein komplett neues Erscheinungsbild zu gewöhnen. Aus diesem Grund ist eine langsame, schrittweise Annäherung an den neuen, gewünschten Look sinnvoll.

- Teuer bedeutet nicht immer bessere Qualität als ein etwaiges Alternativprodukt, allerdings gibt es Marken, die klare Statements vertreten, Signale setzen und einen Einblick in die Persönlichkeit der Trägerin geben. Dies sollte bei der Auswahl neuer Kleidung berücksichtigt werden.

- Qualität vor Quantität heißt es insbesonders, wenn es um die klassische Garderobe geht. Da diese über Jahre hinweg getragen werden kann, lohnt es sich, zu besseren – vermutlich aber auch teureren – Produkten zu greifen. Im Schlussverkauf sind auch viele Basics und Klassiker vergünstigt.

Gut gepflegt

„*Mode* ist das wichtigste *Mittel* der Textilindustrie gegen die zunehmende Haltbarkeit *der Stoffe.*"

Emilio Schuberth
(italienischer Modeschöpfer)

In der Geschäftswelt fördert ein gepflegtes Äußeres nicht nur das Ansehen, sondern auch berufliches Weiterkommen. Schmutz, Knitterfalten und sonstige Abnützungserscheinungen der Kleidung bewirken schnell das Gegenteil. Es bedarf eines respektvollen Umgangs sowie richtiger Lagerung, Reinigung und Pflege von Kleidung, damit diese langfristig schön bleibt. Besonders qualitativ hochwertige Materialien zeichnen sich nicht nur durch einen besonders guten Tragekomfort, sondern auch durch eine entsprechend lange Haltbarkeit aus – vorausgesetzt, sie werden „richtig" gepflegt. Falsche Handhabe hingegen kann irreversible Schäden verursachen. Oft scheitert eine langfristige schöne Optik von Kleidung jedoch nicht am Unwillen der Trägerin, sondern vielmehr an ihrer Unwissenheit.

Richtige Pflege

Kostüm & Hosenanzug

© Popp & Kretschmer

Die richtige Pflege beginnt bereits bei der Aufbewahrung. Um die Form von Jacken und Blazern zu wahren, sollten ausschließlich breite, gut geformte Bügel verwendet werden. Auch für Röcke und Hosen gilt: Falsche Haken hinterlassen unliebsame Druckstellen im Stoff oder verformen die Kleidung. Holzklemmhaken mit Filz- oder Schaumstoffpolsterung sind besser geeignet als Clip-Haken. Dampfbehandlungen bei Kostümen oder Hosenanzügen beseitigen nicht nur Knitterfalten, sondern versorgen die Wollfasern gleichzeitig mit Feuchtigkeit und gewährleisten damit deren Elastizität. Darüber, wie oft Kostüme und Hosenanzüge trotzdem in die Putzerei gebracht werden sollten, sind sich die Fachleute uneinig. Wobei es hierbei weniger um die Wirkung der Reinigungsprozedur geht als um die Tatsache, dass unsachgemäßes Bügeln die Fasson ruinieren kann. Zusätzlich brauchen jedes Kostüm und jeder Hosenanzug Schonung – das bedeutet, diesen nach dem Tragen mindestens einen Tag Ruhe an einem gut durchlüfteten Ort zu gönnen. Grundsätzlich empfiehlt es sich, Flecken punktuell zu behandeln und chemische Reinigungen nur bei starker Verschmutzung in Anspruch zu nehmen. Die einzige Ausnahme bilden Baumwollanzüge und -kostüme, da Baumwolle eine regelmäßige Reinigung verlangt.

Baumwollkleidung

© www.stylebop.com

Vor dem ersten Tragen sollte Baumwollkleidung unbedingt gewaschen werden, da die meisten Gewebe noch hohe Pestizidrückstände enthalten, die sich aber nach mehrmaligem Waschen minimieren. Mit einem Dampfbügeleisen ist das Bügeln von Baumwollstoffen üblicherweise kein Kunststück. Wichtig ist jedoch, die Kleidungsstücke nicht zerknüllt im Wäschekorb antrocknen zu lassen und das Gewebe vor dem Bügeln entsprechend anzufeuchten und circa eine halbe Stunde ruhen zu lassen. So können etwaige Falten komplikationslos ausgebügelt werden. Gestrickte Baumwollkleidung sollte unbedingt liegend getrocknet werden, da sie sonst überlang wird und ihre Form verliert.

Seidenbekleidung

© www.stylebop.com / Ralph Lauren

Chiffon, Georgette, Seidenbrokat, Organza und Taft sollten nur professionell geputzt werden. Helle Satinstoffe sowie Dessous aus Seide können mit der Hand oder in der Maschine gewaschen werden. Um das Gewebe zu schonen, sollten die Kleidungsstücke aus Seide hierfür in einen Wäschesack oder Kissenbezug gegeben werden. Da Seidenfasern schmutzabweisend sind, genügt eine kleine Menge Feinwaschmittel. Eine abschließende Spülung mit etwas hellem Essig erhöht die Farbintensität. Beim Trocknen sind direkte Sonneneinstrahlung und die Nähe zu Heizkörpern zu vermeiden. Gebügelt wird die Seide am besten feucht, mit niedriger Temperatur und auf der Rückseite, um Abdrücke der Nähte zu vermeiden. Dampf sollte nicht verwendet werden, da dieser Wasserflecken hinterlassen kann. Achtung: Motten lieben Seidenstoffe. Lavendel oder Mottenstreifen beugen diesen unliebsamen Tieren vor.

Strickbekleidung

© Madeleine

Strickbekleidung sollte immer nur liegend gelagert werden, da sie sonst ihre Form verliert. Ebenso wie Wollkostüme haben hochwertige Strickprodukte eine hohe Selbstreinigungskraft und können – ohne zwischenzeitiges Waschen – mehrmals getragen werden. Unangenehme Gerüche „verduften" nachhaltig, wenn man die Kleidung über Nacht gut durchlüften lässt. Eine „Dampfbehandlung" mit einem Dampfbügeleisen oder eine kurzzeitige feuchte Lagerung in der Dusche bringen die Fasern wieder in Form. Kleine Schmutzpartikel lassen sich durch Schütteln oder Ausklopfen leicht entfernen, gröbere Verschmutzungen sollten am besten gleich mit einem feuchten Tuch und mildem Waschmittel behandelt werden. Wollsachen sollten prinzipiell mit der Innenseite nach außen, einem speziellen Wollwaschmittel und ohne Weichspüler gewaschen werden, da sonst die Fasern ihre Spannkraft verlieren. Auch für den Trockner sind nur die wenigsten Produkte geeignet. Strickbekleidung sollte immer liegend getrocknet werden. Um die Trocknungszeit zu verringern, ist es ratsam, sie davor auf ein Handtuch zu legen, sie damit einzurollen und kurz zusammenzudrücken.

Lederbekleidung

© www.stylebop.com / Versace

Vor dem ersten Tragen sollte die Kleidung mit einem farb-losen FCKW-freien Imprägnierspray eingesprüht werden, um sie widerstandsfähiger, wasser- und schmutzabwei-sender, weich und geschmeidig zu machen. Lederbeklei-dung – ausgenommen Lederhosen – ist am besten hän-gend in einem Schrank bei mäßiger Luftfeuchtigkeit und unter keinen Umständen in einem Kunststoffsack aufzu-bewahren, da Leder Luft und die darin enthaltene Feuch-tigkeit braucht. Feuchte Lederbekleidung sollte auf einem Formbügel bei normaler Zimmertemperatur und immer in angemessenem Abstand zu Hitzequellen getrocknet werden. Kragen, Taschengriffe und Ärmelenden sollten regelmäßig mit der Kreppbürste oder mit dem Lederradierer behandelt werden. Veloursleder gibt anfangs einen sogenannten Schleifstaub ab und sollte deshalb mit einem Spe-zialschwamm, einem Reinigungstuch oder einer Lederbürste gepflegt werden. Alternativ kann das Leder mit der Saugdüse des Staubsaugers oder mit einer Kle-befusselrolle gereinigt oder ausgeklopft werden. Regentropfen und Verschmut-zungen können mit einem Schwammtuch oder einer Kreppbürste abwechselnd gegen und mit dem Veloursstrich vorsichtig weggebürstet werden. Verklebte, glänzende oder verschmutzte Stellen – beispielsweise an Taschengriffen oder Ärmelenden – werden mit der Kreppbürste oder dem Ledergummi abgerieben. Grobe Verschmutzungen können mit Velours-Cleaner ausradiert werden.

Schuhe

© www.mytheresa.com

Schuhe sollten vor dem ersten Tragen immer mit einem Imprägnierspray behandelt werden – auch Sandalen. Da-durch weisen sie nicht nur Wasser, sondern auch Schmutz besser ab. Aufbewahrt werden sie am besten in einem gut belüfteten Schrank. Geschlossene Schuhe sollten zusätzlich immer von Schuhspannern in Form gehalten werden. Beim Anziehen ist es ratsam, einen Schuhlöffel zu benutzen, um die Hinterkappe zu schonen. Die Behandlung mit hochwerti-ger Schuhcreme oder Wachspolitur dient ebenfalls der Pflege des Leders – auch die Sohlen sollten immer mitbehandelt werden. Ein besonderes Augenmerk gilt auch den Absätzen. Abgetragene Absätze sehen nicht nur schrecklich aus, sie können auch nicht mehr korrekt repariert werden. Lederschuhe freuen sich so wie Kostüme nach dem Tragen über einen Tag Pause.

Uhren

© Zenith

Gehäuse und Metallband sollten bei wasserdichten Uhren circa einmal monatlich mit einer Zahnbürste sowie mit lauwarmem Seifenwasser gereinigt und danach mit einem Mikrofasertuch trocken gerieben werden. Bei nicht wasserdichten Uhren darf nur ein feuchtes Tuch verwendet werden. Einmal jährlich sollte die Uhr von einem Uhrmacher kontrolliert und auf Wasserdichtheit überprüft werden. Mechanische Zeitmesser sollten alle 2–4 Wochen aufgezogen werden, um die Geschmeidigkeit der Öle zu erhalten. Achtung: Uhren niemals auf Magnetfelder wie Lautsprecher oder Kühlschränke legen.

Schmuck

© Palido

Grundsätzlich sind Schmuckstücke durch spezielle Fächer und Ringschienen getrennt aufzubewahren, um das Verkratzen von polierten Flächen und weichen Steinen zu verhindern. Silber sollte in möglichst luftdichten abgeschlossenen Behältnissen wie Plastiktüten gelagert werden, um ein Anlaufen oder Oxidieren zu verhindern. Der Schmuck sollte erst nach der Morgentoilette angelegt werden, da Cremen, Make-up und Parfüm die Oberflächen beschädigen oder verunreinigen können. Besonders Schmuckstücke mit weichen Steinen wie Türkis, Lapis oder Koralle verändern ihre Farbe bei Fettkontakt und leiden unter chemischen oder mechanischen Einflüssen wie Putzmitteln oder Stoßkontakt, der beispielsweise bei Haus- und Gartenarbeit oder Sport entsteht. Leicht verschmutzter Schmuck kann üblicherweise mit einer weichen Zahnbürste, etwas Geschirrspülmittel und warmem Wasser entfernt werden. Perlenketten verlangen bei der Aufbewahrung nach einer besonders weichen Unterlage, beispielsweise ein Leder- oder Samtsäckchen. Sie dürfen unter keinen Umständen praller Sonne, Salzwasser, Hitze sowie Parfüms oder Haarsprays – sogar in geringer Dosis – ausgesetzt werden. Schmuck sollte nie selbst mit einem Ultraschallgerät gereinigt werden, da dies für viele Verarbeitungsmethoden nicht geeignet ist. In angemessenen Intervallen ist ein Check-up des Schmucks und der Perlenketten bei einem Juwelier für eine professionelle Reinigung sowie der Überprüfen der Perlenschnur anzuraten.

Brillen

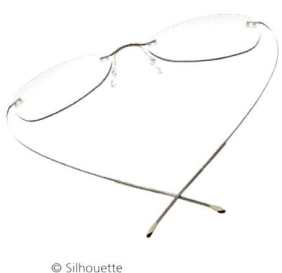

© Silhouette

Wenn möglich sollten Brillengläser immer feucht geputzt werden, am besten täglich mit klarem Wasser und etwas Brillen- oder verdünntem Geschirrspülmittel, um alle Staubpartikel zu entfernen. Ergänzend kann ein Brillenspray mit fettlösender Wirkung verwendet werden. Dieser verhindert Schlieren auf den Gläsern. Danach sollte die Brille mit einem weichen, saugfähigen Tuch trocken gerieben werden. Viele Optiker bieten ein kostenloses Brillenservice an. Hierbei wird die Brille in einem Ultraschallbecken schonend gereinigt, die Festigkeit von Gläsern und Schrauben kontrolliert und der Sitz der Brille überprüft. Um Gläser und Rahmen vor Verformung, Bruch und Kratzern zu schützen, empfiehlt es sich, Brillen immer in einem festen Brillenetui aufzubewahren.

Hüte

© Accessorize

Falls keine Hutschachtel oder -hülle vorhanden ist, wird der Hut im Schrank so gelagert, dass weder Krempe noch Krone geknickt werden. Werden Hüte, übereinander gestapelt, dann nie mehr als sechs Hüte und zudem sollten spezielle Schaumstoffringe zur Separierung und Schonung verwendet werden. Für die regelmäßige Pflege eines Hutes eignen sich am besten verschiedene, qualitativ hochwertige Hutbürsten. Feuchtigkeit und Nässe sind keinem Hut zu empfehlen. Ist er doch in den Regen gekommen, sollte er auf keinen Fall auf der Heizung oder in deren unmittelbarer Nähe getrocknet werden. Ebenfalls ein Sakrileg ist es, ihn im Auto aufzubewahren oder lange praller Sonne auszusetzen. Filzhüte werden dadurch blasser, weicher und geraten aus der Form, Strohhüte und Panamahüte trocknen aus und werden brüchig. Letztere sollten prinzipiell nicht zu trocken gelagert und von Zeit zu Zeit mit Wasser eingesprüht werden. Schmutzflecken können mit einem feuchten Tuch und etwas Seife entfernt werden, solange sie nicht in das Stroh eingedrungen sind. Ist ein Hut außer Form geraten, kann bei kleinen Schäden die Innenseite behutsam bedampft werden, gröbere Verformungen kann zumeist nur ein guter Hutmacher beheben.

Tipps & Tricks

- Kleidung aus Wollgeweben sollte regelmäßig mit einer Naturhaarbürste ausgebürstet werden. Dies pflegt den Stoff und optimiert die Passform. Bei stark verschmutzten Stellen kann die Bürste mit Wasser oder bei dunklen Stoffen mit schwarzem Kaffee angefeuchtet werden.

- Wolle besitzt starke selbstreinigende Kräfte, die bei sorgfältiger Pflege chemische Reinigungen minimieren.

- Beim Kauf von Blusen sollte sichergestellt werden, dass sie nach dem ersten Waschen nicht eingehen, ansonsten ist ein etwaiges Einlaufen von Ärmeln und Kragen zu berücksichtigen und eine größere Konfektionsnummer zu wählen.

- Bei Blusen sollten zuerst Kragen und Manschetten von außen nach innen gebügelt werden – ohne dabei die Spitze des Bügeleisens verstärkt aufzusetzen –, um die Ecken zu schonen. Danach Ärmel, Rückenseite, Schulterpartie und schließlich die Vorderseite bügeln. Anschließend sollte die Bluse über einem Bügel auskühlen, bevor sie gefaltet wird.

- Bügelfreie Modelle sind entsprechend pflegeleicht, die Stiftung Warentest weist allerdings bei vielen dieser Produkte auch auf schädliche, erhöhte Formaldehyd-Werte hin.

- Werden die Blusen im Schrank nicht mit geschlossenen Knöpfen auf (Form-) Bügeln gelagert, sondern übereinander gestapelt, sollten sie immer gegengleich beziehungsweise seitenverkehrt gelegt werden, um die Kragen zu schonen.

- Abgenützte Blusenkrägen und Manschetten sind ein absolutes No-go.

- Werden Schuhe nach der Pflege fest und schnell mit einem Nylonstrumpf poliert, bewirkt dies einen besonders intensiven Glanz.

- Faserfussel auf der Kleidung – insbesondere auf Wolle – lassen sich mit speziellen Rasierern oder im Zweifelsfall mit Haartrimmern gut entfernen.

- Mäntel, Hosenanzüge und Kostüme sollten regelmäßig ausgebürstet, bedampft und saisonal in der Putzerei gereinigt werden.

- Vor dem Waschen müssen immer alle Knöpfe und Zippverschlüsse der Kleidung geschlossen werden.

- Baumwolle kann ab einer Waschtemperatur von 40°C und auch im Trockner etwas einlaufen. Dies sollte beim Kauf der Kleidung beachtet werden.

- Wer die Länge seiner Freizeithosen aus Baumwolle ändern lassen will, sollte diese unbedingt vorher waschen, da Baumwolle eingehen kann.

- Helle und dunkle Textilien müssen getrennt gewaschen werden, ebenso wie verschiedene Farbgruppen. Hilfreich sind sogenannte Farbfangtücher, die frei werdende Farbe binden und so ein Verfärben der Textilien verhindern.

- Dampfbehandlungen, indem beispielsweise Kostüme oder Hosenanzüge nach dem Duschen in die dampfgefüllte Duschkabine gehängt werden, beseitigen Knitterfalten und gewährleisten deren Elastizität.

- Wäsche mit Lycra-Anteil wie Socken, Unterwäsche und Slips sollten nicht in den Trockner gegeben werden.

- Empfindliche Kleidungsstücke können bei reduzierter Temperatur im Wäschetrockner (an-)getrocknet werden.

- Glanz- oder druckempfindliche Kleidung muss mit einem trockenen Bügeltuch oder auf der Rückseite gebügelt werden.

- Strümpfe und Socken sollten nicht oder nur sehr schonend im Trockner getrocknet werden, da sie an Elastizität verlieren, eingehen können und bei minderer Qualität sogar die Farbe mit der Zeit ausbleichen kann.

- Ledergürtel sollten von Zeit zu Zeit mit wenig transparenter Schuhcreme an der Außenseite behandelt und sorgfältig poliert, Stoffgürtel bei Bedarf mit sanftem Waschmittel gewaschen werden.

Flecken-First-Aid

Für jede Fleckenart gibt es spezielle Putzmittel, die mehr oder weniger effektiv den Schaden beheben können. Besonders auf Reisen sind Fleckenstifte praktisch, die kaum größer als ein Kugelschreiber sind, in jede Handtasche passen und zudem nicht ausrinnen können. Doch üblicherweise passieren Missgeschicke nicht an Orten, an denen die passenden Fleckenentferner vorhanden sind. Abhilfe oder Linderung schaffen Hausmittel, die leicht und schnell verfügbar sind. Bei flüssigen Flecken hilft es, diese zuerst mit einem saugfähigen Tuch abzutupfen und danach sanft nachzubehandeln. Wolle und Baumwolle sind relativ unempfindlich und aufgrund ihrer Schmutz abweisenden Eigenschaft lohnt sich ein Versuch, den Fleck zu beseitigen. Es sollte dabei allerdings nicht zu fest gerieben werden. Seide und feine Kunstfasern sind heikel. Hier gilt es das kleinere Übel abzuwägen: entweder „bekleckst" den Tag zu verbringen oder zu riskieren, dass der Fleck aufgrund der Erstbehandlung auch in der Reinigung nicht mehr entfernt werden kann. Insbesondere Reinseidenmodelle dürfen nur chemisch gereinigt werden, da die Behandlung mit Wasser Ränder verursacht. Je schneller ein Fleck behandelt wird, desto besser sind die Erfolgschancen, dass das Kleidungsstück unbeschadet bleibt.

Bierflecken lassen sich mit lauwarmem Wasser und Seifenwasser auswaschen.

Blutflecken müssen in feuchtem Zustand mit viel kaltem (!) Wasser ausgewaschen werden.

Eigelb lässt sich üblicherweise leicht entfernen, sofern nicht zu fest gerieben oder heißes Wasser verwendet wird. Zuerst die Reste vorsichtig mit einem Messer wegkratzen, danach mit Salz oder Essigwasser beträufeln und abschließend mit lauwarmem Seifenwasser nachreinigen.

Fettflecken können mit klarem Schnaps oder Kartoffelmehl vorbehandelt und anschließend mit kohlensäurehaltigem Mineralwasser ausgespült werden. Dabei sollte nicht allzu fest gerieben werden, da sonst das Fett noch tiefer in das Gewebe eindringt. Ebenfalls sehr effektiv ist, den Fleck vor der Behandlung mit Schnaps mit Butter ein- und danach einfach wegzureiben. Die Butter bindet das Fett und verhindert das Eindringen in das Gewebe.

Grasflecken sollten nicht mit Wasser behandelt werden. Besser geeignet sind Essigessenz, Zitronensaft oder klarer Schnaps.

Kaffee oder Tee – Aufgrund der Vielfalt der Sorten sind genaue Angaben schwierig. Mindernd wirkt die Behandlung mit Salz oder viel lauwarmem Wasser. Ist das Getränk mit Milch vermischt, sollte zuerst kaltes Wasser zur Anwendung kommen.

Kakaoflecken sollten anfangs nur mit kaltem Wasser behandelt werden. Danach genügt es, mit warmem Salzwasser nachzureinigen.

Kaugummi lässt sich leicht von Textilien entfernen, wenn man diese in ein Gefrierfach legt. Ist dies nicht möglich, lohnt sich ein Versuch mit klarem Schnaps.

Kugelschreiberflecken sind zumeist nicht gänzlich zu entfernen. Den Fleck zuerst mit Haarspray zu besprühen und ihn danach mit Essig, Milch oder Zahnpasta wegzureiben, kann helfen.

Kürbiskernöl- und Karottenflecken müssen ausgebleicht werden. Dafür genügt es, die betroffenen Kleidungsstücke für mehrere Stunden direkt in die Sonne zu hängen. Allerdings kann dabei auch die Farbe der Textilien verblassen.

Lippenstiftflecken sollten so schnell wie möglich mit klarem Schnaps und anschließend mit Seifenwasser behandelt werden.

Make-up lässt sich mit frischen, weichen Brotkrümeln gut „wegradieren". Danach mit Seifenwasser, Zitronensaft oder klarem Schnaps nachreinigen.

Obstflecken von roten Früchten können gemildert werden, indem man den Fleck sofort mit Zitronensaft oder Essig durchtränkt oder mit einer rohen Kartoffel einreibt. Alternativ helfen auch längeres Spülen mit kaltem Wasser und das Einweichen in Milch – am besten in Sauermilch.

Rotweinflecken müssen sofort mit reichlich Salz bedeckt werden – wenn möglich sollte dies über Nacht einwirken. Danach ausbürsten und eventuell vorsichtig mit Wasser nachbehandeln. Auch Weißwein wirkt durch seinen hohen Säuregehalt fleckenlösend. Bei unempfindlichen Geweben wie Baumwolle ist es effektiver, den Fleck vor dem Salz noch zusätzlich mit Zitronensaft zu beträufeln.

Schweißflecken sollten so schnell wie möglich mit in Wasser verdünntem, weißem Essig entfernt werden.

Spinatflecken sollten mit einer rohen Kartoffel abgerieben und anschließend mit Seifenwasser abgewaschen werden.

Tinte sollte entweder mehrmals mit Salz bedeckt oder in Milch gelegt und nach einiger Zeit mit lauwarmem Wasser ausgespült werden.

Tomatenflecken müssen so schnell wie möglich mit warmem Seifenwasser behandelt und gründlich nachgespült werden.

Wachsflecken lassen sich am besten entfernen, indem sie auf der Stoffinnenseite mit heißem Wasser benetzt werden und zugleich versucht wird, das Wachs aus dem Gewebe zu drücken.

Tipps & Tricks

Anstelle von Seife eignen sich auch Geschirrspülmittel und Haarshampoo zur Fleckenentfernung. Letzteres ist besonders bei empfindlichem Gewebe ratsam.

Kohlensäurehaltiges Mineralwasser hat einen stärkeren Reinigungseffekt als normales Wasser.

Leder darf nie mit harten Lösungsmitteln – wie etwa Aceton, Benzin oder Nagellackentferner – behandelt werden.

Bei der Fleckenentfernung kann anstatt Schnaps auch Rasierwasser oder Eau de Toilette verwendet werden – je höher der Alkoholgehalt, umso besser.

Wenn die Herkunft der Flecken nicht sicher ist, dann sollte man auf keinen Fall selbst tätig werden – jede chemische Reinigung wird durch eine vorherige falsche Behandlung erschwert.

Globetrotter

© Rimowa

„Ich möchte *Weltbürger* sein,
überall zu Hause und, was
noch entscheidender ist,
überall unterwegs."
Erasmus von Rotterdam

Die Geschichte des Reisens ist so alt wie die Menschheit selbst. Waren früher die Wege beschwerlich und die Kleidungsstücke in sperrigen Truhen oder Kastenkoffern verpackt, so ist es heutzutage dank der verschiedensten Gepäckmodelle möglich, stilvoll und komfortabel zu reisen. Geschäftsreisen, Kongressbesuche, Urlaubsaufenthalte – Gelegenheiten bieten sich oft, doch eine gelungene Reise beginnt mit der richtigen Vorbereitung. Hierbei gilt es, das passende Gepäckstück zu wählen und Kleidung sowie Accessoires so gekonnt zu verpacken, dass sie unbeschadet und möglichst knitterfrei am Zielort ankommen. Die meisten hochwertigen Gepäckmodelle sind hierauf perfekt abgestimmt: Sie besitzen robuste Außenmaterialien und zumeist ein raffiniertes Innenleben mit Trennwänden, Schutznetzen, Schuhsäcken und Schmutzwäschebeuteln sowie speziellen Fixiervorrichtungen, damit die Kleidung auch bei einem halb leeren Koffer nicht verrutscht.

Koffer packen

Zuerst werden jene Kleidungsstücke in den Koffer gelegt, die kaum verknittern oder schwer sind – wie beispielsweise Nachthemd, Pyjama, Unterwäsche, Strümpfe, Sport- oder Strickbekleidung. Danach werden heikle oder zerbrechliche Gegenstände wie der Kulturbeutel sowie sperrige Dinge wie Schuhe eingepackt und etwaige Freiräume mit klein zusammenlegbaren, unempfindlichen Textilien wie Socken oder Slips ausgefüllt. Zudem ist es ratsam, die schweren Sachen auf jene Kofferseite zu legen, auf der sich die Rollen befinden. Abschließend werden knitterempfindliche Kleidungsstücke wie Blusen in den Koffer gegeben. Diese sollten immer gegengleich gelegt werden – das bedeutet, dass bei einer Bluse der Kragen nach oben und bei der darauf liegenden der Kragen seitenverkehrt nach unten zeigen soll. So entsteht ein kleiner „Luftpolster", der das Verdrücken minimiert. Zum Schluss kommen Röcke, Hosen, Jacken und Blazer in den Koffer. Die Schulterpartie des Blazers mit Strümpfen oder Slips auszufüllen, verhindert ein Flachdrücken. Anschließend kann eine Hose oder ein Rock innen im Brustbereich des Blazers platziert werden, um noch mehr Körper zu schaffen. Das verhindert, dass die Fasson zu sehr zusammengepresst wird. Zuletzt werden die Ärmel und der Schoßteil über dem Brustteil gefaltet. Um möglichst knitterfreie Kleidung zu gewährleisten, sollte die Garderobe nicht zu gedrängt oder gar gepresst liegen. Gegen etwaiges Verrutschen, sollte der Koffer nur halb gefüllt sein, helfen Gurte und spezielle Inlays, die auch separat gekauft werden können.

Tipps & Tricks

- Ist kein Schuhputzmittel vorhanden, können Lederschuhe auch mit einer Creme oder Bodylotion aufpoliert werden.

- Ist kein Schmutzwäschesack vorhanden, kann hierfür auch ein eigens dafür mitgenommener Polsterüberzug oder der Wäschesack des Hotels verwendet werden.

- Wer Blusen, Röcke, Hosen und Blazer in Seidenpapier schlägt und erst dann zusammenlegt, verhindert unschöne Legekanten.

Irmie Schüch-Schamburek,
Autorin, Trend- & Style-Expertin, ist als Inhaberin der Trend-consulting Agentur Trendvision für Unternehmen als Trend-, Style- und systemischer Wirtschafts-Coach tätig und bietet auch unter anderem Personal Shopping Service an. Zudem ist die Trend-Expertin auf Vorträge und Workshops zu den Themen Styling, Trends, Mode, Uhren und Schmuck spezialisiert. Zahlreiche Bücher sowie Sach- und Themenguides zeigen ihre jahrelange Erfahrung und Kompetenz in diesen Bereichen. Darüber hinaus ist sie als Fachjournalistin für viele Medien tätig.
Infos unter: www.trendvision.at

Danksagung

Ohne die Unterstützung zahlreicher Personen wäre das vorliegende Buch in dieser Form nicht möglich gewesen.

An erster Stelle gilt mein Dank meinen Mitstreitern, die mit mir aus der Idee eines Stylingbuches in kürzester Zeit gleich zwei greifbare Endprodukte, „dresscode man" und dresscode woman", herstellten: meinen Verlegern Stanzi und Bernhard Borovansky, die mir den Auftrag zu diesem Buch gaben, bei Sandra Hartlauer für ihren unermüdlichen Einsatz bei den Recherchen sowie ihren kompetenten Input, meiner Lektorin Anita Luttenberger, Caro Strasnik, meiner Freundin und Fotografin, die mit unglaublichem Engagement, enormer Schnelligkeit und teilweise auf recht unkonventionelle Weise die Fotos für dieses Buch geshootet hat, sowie bei Chris Räckers, Birgit Indra und Claudia Benavente, die mich ebenfalls bei den Textrecherchen unterstützten.

Was wäre ein Stylingbuch ohne Bildmaterial zur Veranschaulichung des Geschriebenen. Daher möchte ich mich bei all jenen Unternehmen bedanken, die mir aus ihren Archiven Fotomaterial zur Illustrierung zur Verfügung gestellt haben, insbesondere bei der Firma Jonak (Giorgio Armani, Hermès, Versace, D&G), Louis Vuitton, Parfums Christian Dior, Popp & Kretschmer, Peek & Cloppenburg, Intimissimi, Calzedonia, Madeleine, Monsoon, www.stylebop.com, www.zalando.de, Wolford, Piaget, Pandora, Calvin Klein Watches, Wella, Triumph, Michael Danler, M Missoni, Ralph Lauren, Jones sowie meiner Fotoredakteurin Manuela Lammerhuber und dem Hotel Mercure, für die Shooting Location.

Des Weiteren gilt mein Dank Schwarzkopf sowie der österreichischen Landesinnung für Bekleidungsgewerbe, die mir bei Fachfragen zur Seite standen.